CW01637502

Atlas des Vikings

DEJA PARUS DANS LA COLLECTION ATLAS

- Atlas du nouvel état du monde
- Atlas de l'environnement dans le monde
- Atlas de la santé dans le monde
- Atlas des religions dans le monde
- Atlas des Etats-Unis d'Amérique
- Atlas du débarquement et de la bataille de Normandie
- Atlas de la Terre
- Atlas des désordres du monde

Atlas des Vikings, collection «Atlas / Mémoires», publié par les Editions Autrement, 17 rue du Louvre, 75001 Paris.
Tél. : (1) 40.26.06.06. Fax : (1) 40.26.00.26

Edition originale parue en langue anglaise sous le titre **The Penguin Historical Atlas of the Vikings,** Penguin Books Ltd, Harmondsworth, Middlesex, Grande-Bretagne, 1995. ISBN : 0-14-0-51328-0.

ISBN : 2-86260-569-7
Dépôt légal : 1er trimestre 1996
Imprimé et broché par Bath Press en Grande-Bretagne.

Atlas des Vikings

JOHN HAYWOOD

Traduction de l'anglais par Martine Selvadjian
revue et préfacée par Régis Boyer

Editions Autrement – Collection Atlas / Mémoires

Préface

C'est certainement une œuvre pie que de publier cet Atlas. Il viendra combler une évidente lacune en offrant tout ce qui manque aux ouvrages existant en France : des cartes, des croquis, des tableaux synoptiques, des illustrations bien choisies, d'habiles reconstitutions, de louables mises au point, etc. Il y a trop longtemps qu'en France, nous naviguons dans les fameuses «brumes du Nord» à cet égard, et il est grand temps de substituer à notre absurde «drakkar» un authentique *knörr* et d'asseoir des vues étayées de solides documents sur des considérations qui sortent d'un impénitent romantisme dûment orchestré par de complaisants films américains. Les hommes et les femmes qui rendirent possible l'extraordinaire mouvement que l'on a coutume d'appeler le «phénomène viking» n'ont pu parvenir à de tels résultats que parce qu'ils disposaient de soubassements culturels, historiques et socio-politiques de premier ordre. Malgré les enthousiasmes et les déformations qui paraissent inévitables en la matière, l'auteur anglais a dûment mis en valeur cette page exemplaire de notre histoire européenne occidentale et je gage que l'amateur ou l'étudiant retireront grand profit de l'étude attentive des documents qu'on lui offre ainsi, clairement et systématiquement. Voici un outil de travail de premier ordre et par là, tout est dit !

Car nous savons maintenant que les Scandinaves qui déferlèrent sur le monde connu de leur époque et qui en refoulèrent même les limites, à l'Ouest comme à l'Est, n'étaient absolument pas les pillards sans vergogne non plus que les surhommes ou les envoyés de Satan que des témoins ou bien complaisants ou bien épouvantés ont voulu voir en eux. Ce n'est pas notre faute si les clercs timorés de notre Moyen Age ont implanté dans notre inconscient collectif des images de sang et de tempêtes, d'effrayante invincibilité et de «colonisations» irrésistibles que rien ne permet de vérifier, encore moins d'entériner.

Les Vikings furent avant tout des commerçants extrêmement doués et bien équipés pour ce genre d'activités (ils le demeurent aujourd'hui encore) qui sévissaient sur de grands axes lentement découverts puis balisés : a-t-on, par exemple, jamais pris garde au fait qu'aucune de nos sources ne fasse état de difficultés d'ordre linguistique partout où ils passaient ! N'est-ce pas la preuve qu'ils avaient leurs habitudes, leurs «agents» dans les comptoirs qu'ils avaient fondés bien avant 800 ? Ne voit-on pas que, inscriptions runiques à l'appui, leur objectif principal était d'acquérir des richesses, *afla sér fjár*, avant de rentrer chez eux ? Ne devrait-on pas insister sur le fait que, lorsque des témoins impartiaux - les Arabes, par exemple, sur les «routes de l'Est»- nous les décrivent, ils jettent sur eux un regard d'ethnologues, pour ainsi dire, jamais de vaincus terrorisés ?

Que des circonstances vraiment exceptionnelles (délabrement de l'Empire carolingien trop vaste, risible pusillanimité de tant de souverains francs ou anglo-saxons, interruption du trafic en Méditerranée du fait des Arabes) aient favorisé leurs entreprises et les aient amenés comme malgré eux à substituer progressivement le pillage au négoce, voire les entreprises d'établissement sur place aux longs voyages périlleux, cela, si l'on ose dire, s'inscrit dans une logique claire. Mais ils furent mercenaires autant que prédateurs, colons autant que dévastateurs et dès que la conjoncture ne leur fut plus favorable, ils surent se fixer en faisant valoir leurs évidentes qualités d'ordre, d'organisation, d'administration, d'énergie surtout qui expliquent qu'en Russie (qu'ils ont fondée en tant qu'Etat) comme en Normandie ou dans le Danelaw, ils aient fourni des «cadres» aux structures existant avant eux, et non infesté l'Occident. Après tout, ils étaient trop peu nombreux, et il faut en finir avec les hordes innombrables et hurlantes, ou ces flottes de plusieurs centaines d'esquifs qu'ils auraient menées un peu partout!

C'est là notre «mythe» viking et l'auteur du présent *Atlas* ne l'évite pas toujours bien sûr. Mais il me semble qu'il fournit assez de témoins pour que le lecteur fasse de lui-même les rétablissements qui s'imposent! On pourra contester aussi le point de vue résolument anglo-saxon qui est adopté trop souvent ou une visible complaisance à dépeindre des aventures qui ne furent que rarement conformes à nos légendes.

Cela n'ôte rien à la valeur nonpareille de ce phénomène, surtout ainsi étalé sur près de trois siècles (environ 789-1100). Et il est certaines conséquences de cette page d'Histoire - qui ne sont pas toutes dites ici - qui mériteraient mieux qu'une simple mention. Après tout, on peut avancer que ces Scandinaves furent les premiers véritables «Européens», qu'ils ont grandement contribué à fixer la configuration de nos cartes politiques, qu'ils ont fait entrer leurs propres pays dans la problématique du modernisme de ce temps-là. Sans parler de fleurons absolument admirables comme celui auquel on a coutume de donner le nom, faute de dénomination adéquate, de «miracle islandais». Mais, de grâce, trêve de sang et de viol, de feu et de prétendue «barbarie». Ne craignons pas de l'affirmer: les Vikings furent des hommes de haute culture, au sens le plus vaste et le plus noble du terme, et ils surent exploiter avec un sens étonnant de la conjoncture les éventualités qui leur furent offertes. Ce genre de conjonction se rencontre assez rarement pour que nous soyons en droit de nous émerveiller.

Mais enfin... On va parler avec quelque loisir, dans le présent volume, de ce Haraldr Hardradi (l'Impitoyable) qui fut à Byzance et en Angleterre, qui gouverna la Norvège et voulut dévaster le Danemark et qu'admira malgré lui l'Anglais Harold Godwinson - au demeurant, responsable quasi direct du triomphe de Guillaume le bâtard à Hastings et de la surprenante évolution historique qui s'ensuivit. Sait-on que ce que fut aussi un très grand scalde, l'un de ces poètes, donc, qui s'entendaient à ciseler les strophes les plus élaborées, les plus sophistiquées qu'ait jamais enfantées notre Occident? Il suffit, en sa personne, à donner la mesure de la valeur *humaine* de ces Vikings.

Régis Boyer

Sommaire

John Haywood est écrivain et mène une carrière universitaire. Son dernier livre s'intitule *Dark Age Naval Power* (Routledge, 1991). Récemment, il a aussi été le codirecteur de *The World of Romans* (Cassel/Time Life, 1993) et a collaboré à *The Time Guide to the People of Europe* (1994).

Les causes du phénomène viking

Durant la dernière décennie du VIIIe siècle, les Vikings quittent leurs patries perdues dans les brumes du Nord, jusqu'alors méconnues et surtout ignorées des autres peuples européens, et par une série d'attaques sur les côtes anglaises, irlandaises et françaises, font brusquement irruption dans l'histoire de l'Europe. Pourquoi, après des siècles de silence, les Scandinaves ont-ils pris la mer pour semer la terreur dans tout l'Occident ?

Ci-dessus : *durant les siècles précédant l'âge viking, la Scandinavie était gouvernée par une aristocratie guerrière dont la puissance et le prestige reposaient sur la guerre et le pillage. La noblesse signalait son rang par le port d'armes et d'armures au luxe ostentatoire, comme ce casque en fer décoré de bronze provenant d'un bateau-tombe du VIIe siècle retrouvé à Vendel, en Suède.*

A l'époque des premiers raids vikings, des souverains puissants comme l'empereur des Francs, Charlemagne, et le roi Offa de Mercie avaient restauré un climat de paix et une prospérité que l'Occident n'avait pas connus depuis la chute de l'Empire romain. Les ports, les villes et les monastères n'étaient pas défendus. Pour la première fois, des pillards païens, enfreignant le principe sacré d'immunité qui protégeait l'Eglise en temps de guerre, s'en prenaient au clergé et à ses biens. En outre, grâce à l'extrême mobilité de ses bateaux, ce nouvel ennemi était susceptible de surgir à tout moment, en n'importe quel point du littoral et des fleuves navigables. Les premiers raids visaient les villages et les monastères côtiers, où les Vikings s'emparaient des biens peu encombrants et capturaient des prisonniers pour les revendre sur les marchés d'esclaves. Par la suite, l'expansion viking évolua vers la conquête et la colonisation de nouvelles terres. Au total, la période viking s'étend approximativement sur trois siècles, d'environ 789 à 1100, durant lesquels les Vikings joueront un rôle décisif dans l'histoire politique et sociale d'une grande partie de l'Europe occidentale et orientale, et subiront eux-mêmes l'influence des cultures autochtones.

L'expansion viking s'est exercée sur une aire géographique immense, comprenant à peu près le monde connu de l'époque et même quelques terres au-delà. Les raids affectèrent l'ensemble du littoral d'Europe occidentale, et le Bassin méditerranéen ne fut pas épargné non plus. Vers l'est, les Vikings remontèrent les grands fleuves russes jusqu'à la mer Noire et la mer Caspienne qu'ils traversèrent pour attaquer Constantinople et le califat abbasside. Ils se fixèrent partout dans les îles britanniques, en Normandie et, dans une moindre mesure, ils favorisèrent le développement des villes en Russie. La recherche de nouvelles terres qui déboucha sur la colonisation des terres inhabitées de l'Atlantique Nord – îles Féroé, Islande et Groenland – et la découverte de l'Amérique du Nord où ils tentèrent vainement de s'établir, les amena à aborder des rivages jusqu'alors inexplorés. En s'aventurant dans les eaux arctiques de la mer Blanche et le long de la côte ouest du Groenland jusqu'à la baie de Melville, les marchands et les chasseurs vikings, à la recherche de peaux et d'ivoire de morse, firent reculer davantage les frontières du monde connu. Mais la multiplicité des fronts sur lesquels l'activité viking s'est exercée nous fait trop facilement oublier que le Nord fut aussi le théâtre de nombreux raids ; les Vikings n'hésitaient pas à piller leurs congénères quand l'occasion se présentait.

Bien que le mot « viking » ait fini par désigner tous les Scandinaves vivant durant cette période, le sens de *víkingr* pendant l'âge viking proprement dit ne s'appliquait qu'à ceux qui s'embarquaient pour une expédition (en norrois : *fara í víkingu*). Il ne concerne donc pas la majorité des Scandinaves de l'âge viking, paisibles agriculteurs et artisans qui ne quittaient jamais leurs terres. Mais pour bon nombre d'autochtones, *fara í víkingu* représentait un moyen d'acquérir, le temps d'un raid, l'argent ou le prestige nécessaire à l'achat d'une ferme pour s'établir. Inversement, les Vikings ne furent pas toujours des Scandinaves : Irlandais, Anglo-Saxons, Francs, Bretons et Slaves se sont, de temps à autre, alliés à eux. Bien que l'emploi abusif du mot « viking » ait suscité d'inutiles controverses sur quelques aspects importants de l'histoire des Vikings (le problème de leur barbarie, notamment), le terme est à présent si bien ancré dans l'usage qu'il serait vain de vouloir l'appliquer aux seuls « pirates ».

Le courroux divin

Les victimes n'avaient aucune peine à expliquer les raids : ceux-ci étaient le châtiment divin pour les péchés des hommes. Dans son *Sermon du Loup aux Anglais* qu'il rédigea après la victoire de Sveinn à la barbe fourchue en 1014, l'archevêque de York, Wulfstan, développe ce thème : « Voici longtemps que tout va mal ici et à l'étranger, dévastations et persécutions frappent sans cesse toutes les contrées, et voici longtemps que les Anglais sont écrasés et découragés à cause de la colère de Dieu ; et les pirates sont, avec Son aide, si invincibles au combat qu'un seul d'entre eux met souvent à lui seul dix de nos guerriers en fuite, parfois moins et parfois plus, tout cela à cause de nos péchés. [...] Que peut-on voir dans tous ces événements sinon l'expression évidente du courroux de Dieu envers son peuple ? » (*English Historical Documents* I, trad. D. Whitelock, Oxford, 1979.)

Pour l'historiographie moderne, le problème des causes de l'expansion viking n'est toujours pas résolu. On a souvent suggéré que la croissance démographique a provoqué le besoin de trouver de nouvelles terres. Certes, la population scandinave a connu un essor durant les siècles précédant les premiers raids, et il s'est poursuivi durant et après l'âge viking. De nouvelles terres ont été défrichées, de nouveaux établissements ont vu le jour et la production de fer a augmenté pour répondre à une demande croissante en outillage. La superficie totale des terres arables étant relativement réduite en Scandinavie, on pouvait s'attendre à ce que l'occupation des sols atteignît rapidement un seuil de saturation. La Norvège n'a pas atteint l'autosuffisance alimentaire depuis le Moyen Age et, jusqu'à une époque récente, Norvège et Suède ont connu d'importantes vagues migratoires qui ont coïncidé avec un accroissement démographique. Des mouvements similaires sont attestés avant l'âge viking. Les Cimbres et les Teutons qui envahirent l'Empire romain en 113 av. J.-C. étaient probablement originaires de la péninsule jutlandaise, et il est généralement admis que de nombreuses peuplades germaniques – y compris les Gots, les Burgondes et les Vandales – qui déferlèrent au Ve siècle de notre ère sur l'Empire romain venaient de Scandinavie. Dans sa *Getica*, Jordanes, un historien got du VIe siècle, qualifie la Scandinavie d'« officine des peuples » et de « matrice des nations ». Durant l'âge viking proprement dit, les mouvements migratoires prirent également une ampleur considérable et il n'est sans doute pas fortuit que les premiers établissements scandinaves, datant de la première moitié du IXe siècle, aient été fondés par des Norvégiens dans les îles du nord et de l'ouest de l'Ecosse et dans les îles Féroé.

Il reste que les acteurs de la première phase de l'expansion viking furent surtout des pillards et non des colons. Plus de quatre-vingts ans s'écoulèrent avant l'apparition des premiers établissements importants. L'Islande ne fut pas colonisée avant les années 870, période durant laquelle furent également fondés les premiers comptoirs danois dans l'est de l'Angleterre. Les Norvégiens commencent à s'établir dans le nord-ouest de l'Angleterre autour de 900 et la fixation des Danois en Normandie remonte à 911. En dépit de l'intense activité viking en Irlande, l'implantation scandinave y resta très superficielle. Quant aux Rus – les Suédois qui régnèrent en Europe orientale –, ils ne furent jamais plus qu'une poignée de guerriers d'élite ; les

Ci-dessus : *ce Bouddha en bronze provenant du nord de l'Inde a été acheminé au VIe ou VIIe siècle de notre ère jusqu'à la ville marchande suédoise de Helgö. Ce type de découverte prouve que les Scandinaves avaient établi des échanges commerciaux avec des contrées fort lointaines bien avant les débuts de l'âge viking.*

sujets des villes qu'ils gouvernèrent restèrent majoritairement slaves. Aussi, est-il très peu probable que la surpopulation et la quête consécutive de nouvelles terres aient pu constituer la cause principale de l'expansion viking. En revanche, il est plus vraisemblable que l'absence d'opposition sérieuse rencontrée lors des raids de pillage ait incité les Scandinaves à s'établir.

Une autre thèse évoque la supériorité technique des Vikings dans le domaine de la navigation. La Scandinavie du VIIIe siècle aurait vu le perfectionnement du bateau à voile : les larges bateaux à rames utilisés auparavant se prêtaient aux opérations de piraterie dans les eaux abritées du littoral mais n'étaient pas adaptés à de lointaines expéditions maritimes. L'adoption de la voile aurait ouvert de nouveaux horizons aux Vikings. Sans cette arme absolue, l'expansion viking n'aurait sans doute pas été possible, mais il est certainement exagéré de prétendre que le bateau est à l'origine du phénomène. Bien que l'archéologie n'ait pas encore permis d'établir l'utilisation de la voile sur les bateaux prévikings, les pierres gravées de la fin du VIIe siècle de l'île de Gotland, et une autre du VIIe siècle récemment découverte en Jutland représentent des bateaux à voile. Il est donc possible que les Scandinaves aient possédé des navires adaptés à la haute mer avant le début des raids vikings. Enfin, nous savons que des raids maritimes hors de la Scandinavie ont été entrepris avant l'âge viking : le plus ancien raid connu fut lancé par les Erules – originaires du Jutland – sur le Rhin inférieur en 287 de notre ère.

Commerce et raids de pillage

Le commerce a sans doute été un facteur déterminant. C'est en tout cas la thèse la plus convaincante pour justifier l'expansion suédoise vers l'est. L'Occident au VIIIe siècle connut une période de stabilité politique qui favorisa le retour de la croissance économique. Il en résulta un essor des échanges commerciaux avec la Scandinavie, où l'offre en marchandises de luxe comme les fourrures, l'ambre et l'ivoire de morse, et sans doute des articles encore plus prestigieux comme les peaux, était abondante. Vers le milieu du VIIIe siècle, les Suédois avaient déjà commencé à se fixer dans des comptoirs autochtones comme celui de Staraïa Ladoga, sur la rive orientale de la Baltique, d'où ils collectaient des tributs en fourrures destinées à alimenter le marché occidental. A la même époque, les commerçants arabes pénétraient le marché d'Europe orientale en remontant la Volga et le Don. Les pièces de monnaie arabes, fabriquées dans un métal d'argent de grande qualité et connues sous le nom de *dirhams,* commencèrent à circuler dans cette région, incitant les Suédois à progresser plus avant vers l'est pour établir des contacts directs avec ce nouveau marché lucratif.

L'afflux des richesses résultant de l'essor du commerce avec l'Occident a sans doute encouragé les raids. La piraterie viking ayant pour cible les bateaux de commerce était certainement endémique en mer Baltique avant de se généraliser dans la mer du Nord. Et, dès le début des attaques à l'ouest, il semble que les pillards connaissaient les cibles lucratives. C'est sans doute lors de pacifiques voyages de commerce que les Scandinaves ont pris conscience des richesses non défendues que recélaient les ports et les monastères côtiers de l'Europe occidentale. Nous savons aussi qu'avant le début des raids les Anglo-Saxons et les Francs étaient en contact avec les Scandinaves ; s'il faut en croire le clerc northumbrien Alcuin, qui écrivit après le sac du monastère de Lindisfarne en 793, les Scandinaves étaient des hôtes si familiers que ses compatriotes avaient même adopté leur coiffure. Lors d'un raid sur Portland vers 789, l'accueil réservé aux Vikings suggère également que les Anglo-Saxons commerçaient avec eux ; trois bateaux en provenance du Hördaland en Norvège se présentèrent dans le port. Le bailli du roi Beaduheard, croyant avoir à faire à des marchands, invita l'équipage à se rendre à la résidence royale de Dorchester. Cette méprise lui coûta la vie. Les communautés côtières et les bateaux de commerce furent la cible d'opérations similaires jusqu'au XIIe siècle.

Rivalités pour le pouvoir et départs en exil

Bon nombre de chefs vikings étaient des exilés de sang royal ; cela nous permet de formuler une dernière hypothèse. Durant l'âge viking et la période précédente, la société scandinave se transforme et on assiste à une concentration progressive du pouvoir entre les mains d'un nombre de chefs de plus en plus restreint. Or, cette même société continue de générer une classe nombreuse de nobles pouvant de plein droit briguer la succession au trône. La concurrence était rude et les conflits fréquents et sanglants. Les prétendants écartés n'avaient guère d'autre recours que l'exil – comme Oláfr Tryggvason au Xe siècle, qui partit en expédition viking – pour accroître leur fortune et leur renommée, s'attacher la fidélité d'une poignée de guerriers et rentrer ensuite revendiquer une part de pouvoir. Knútr le Grand ne dérogea pas à cette règle ; il s'illustra par une série de conquêtes à l'étranger avant d'imposer son autorité aux Danois.

A défaut de pouvoir régner sur leurs compatriotes, d'autres Vikings, comme Eiríkr à la hache sanglante, se consolèrent avec un royaume étranger. Ecarté du trône de Norvège par son frère, Eiríkr s'installa sur le trône de York en 948. Ivarr, Hálfdan et les autres chefs vikings de la grande armée danoise qui envahit l'Angleterre en 865 semblent avoir conçu, dès le départ, le dessein d'établir leur souveraineté outre-mer. Les expéditions du roi du Danemark Sveinn à la barbe fourchue eurent pour leur part une vocation politique ; craignant que certains Vikings ambitieux, encouragés par leurs succès militaires, ne soient un jour tentés de contester son autorité, il lança une campagne de raids afin d'impressionner ses éventuels rivaux par ses richesses et ses prouesses militaires. Au cours du XIe siècle, l'essor de la monarchie fit entrer les pays scandinaves dans le rang des royaumes médiévaux d'Europe. Avec la mise en place d'une fiscalité centralisée assurant à la couronne des revenus réguliers, la nécessité de recourir au pillage disparut. L'intérêt pour les raids déclina et l'âge viking prit fin.

A droite : *cette pièce d'argent a été frappée dans la ville portuaire de Quentovic, sur la côte française de la Manche, durant le règne de l'empereur Charlemagne (799-814). Le bateau de commerce gravé au centre symbolise la prospérité économique croissante de l'Europe occidentale à cette période. Vers la fin du VIIIe siècle, l'afflux des richesses incita les Scandinaves à se tourner vers la piraterie.*

Chronologie : 0-824

SCANDINAVIE

Vers l'an 0 : émergence d'une aristocratie guerrière dans le sud de la Scandinavie.
Vers 400-600 : construction de centres fortifiés à Eketorp et Ismantorp, sur l'île d'Oland. Migration des Jutes et des Angles vers l'Angleterre.

Vers 550 : l'écrivain got Jordanes mentionne des sites scandinaves.

Vers 600-800 : émergence des royaumes danois, norvégien et suédois.

Vers 700 : bateau-tombe à Vendel.

Vers 720 : Angantyr roi de Danemark.
Vers 725 : Willibrord dirige la première mission chrétienne en Scandinavie.
726 : construction d'un canal à Kanhave, Danemark.

737 : la construction du premier *Danevirke* est achevée.

808 : Godfred, roi des Danois, détruit la ville slave de Reric et convoie des marchands à Hedeby ; extension du *Danevirke*.
810 : Godfred est assassiné.

813 : campagnes des rois danois pour rétablir leur autorité à Vestfold, Norvège.

823-824 : Ebo, archevêque de Reims, part en mission en Scandinavie.

GRANDE-BRETAGNE ET IRLANDE

Vers 425-500 : migration des Saxons vers l'Angleterre.

597 : saint Augustin de Canterbury commence à convertir les Anglo-Saxons.

635 : saint Aidan fonde le monastère de Lindisfarne.

664 : le synode de Whitby consacre la domination de l'Eglise romaine en Angleterre.

vers 789 : attaque de Portland par des Vikings norvégiens.
793 : sac du monastère de Lindisfarne.
795 : premiers raids mentionnés sur l'Ecosse et l'Irlande.

EUROPE OCCIDENTALE

Vers 455 et 460 : raid des Erules sur l'Espagne.

Vers 528 : Hygelac, roi des Geatas, lance un raid sur la Frise et le Rhin.

Vers 570 : raids danois en Frise.

799 : raid viking en Aquitaine.
800 : Charlemagne organise la défense contre les Vikings.

810 : raids lancés par Godfred sur la Frise.

EUROPE ORIENTALE

vers 750 : premier établissement suédois à Staraïa Ladoga.

MONDE

410 : sac de Rome par les Wisigoths. Honorius, premier empereur d'Occident, abandonne les Britanniques à leur sort.

476 : chute de l'Empire romain d'Occident.
482 : Clovis roi des Francs.

511 : mort de Clovis ; division de l'Empire franc.

535 : début de la reconquête de l'Italie par les Byzantins.

622 : fuite de Mahomet à Médine (*hégire*) : début de l'ère musulmane.

642 : conquête de l'Egypte par les musulmans.

711 : début de la conquête de l'Espagne par les musulmans.

732 : Le roi franc Charles Martel repousse les musulmans à Poitiers.

750 : califat Omeyyade renversé par la dynastie Abbasside ; des Omeyyades exilés s'emparent de l'Espagne.

800 : Charlemagne est sacré empereur à Rome.

814 : mort de Charlemagne ; Louis le Pieux lui succède.

825-906

SCANDINAVIE	GRANDE-BRETAGNE ET IRLANDE	EUROPE OCCIDENTALE	EUROPE ORIENTALE	MONDE
Vers 825 : Hedeby commence à battre monnaie. 826 : Haraldr Klakk, roi danois, est baptisé à Mayence. Première mission de saint Anschaire au Danemark. 829-830 : première mission de saint Anschaire auprès des Svíar de Birka.	Vers 825 : les Vikings chassent des Féroé les ermites irlandais.			827 : les musulmans envahissent la Sicile. 830-834 : la guerre civile déchire l'Empire carolingien.
	832 : Armagh pillée à trois reprises en un mois. 839-840 : premier hivernage des Vikings en Irlande. 841 : établissement d'une base viking à Dublin.	834-837 : Dorestad est pillée chaque année.	839 : les Suédois atteignent Constantinople.	
850 : saint Anschaire fait construire des églises à Ribe et à Hedeby. 854 : Horik, roi du Danemark, périt durant la guerre civile.	850 : premier hivernage des Vikings en Angleterre.	842 : premier hivernage des Vikings en France. 843-885 : Frise sous domination danoise intermittente. 844 : premier raid viking sur l'Espagne. 845 : sac de Hambourg et de Paris. Premier *danegeld* versé aux Vikings.		846 : des pirates musulmans pillent le Vatican. Vers 850 : les chrétiens d'Espagne repoussent les musulmans jusqu'au Douro.
Vers 860 : Gardarr Svavarsson explore la côte est de l'Islande.		859-862 : raid de Björn Flanc de fer et de Hásteinn en Méditerranée. Vers 862 : Charles le Chauve ordonne la construction de ponts fortifiés pour se défendre contre les Vikings.	860 : première attaque rus sur Constantinople. Vers 862 : Rurik prend le pouvoir à Novgorod. Prise de Kiev par Höskuldr et Diri.	Vers 863 : les missionnaires byzantins Cyrille et Méthode partent convertir les Slaves. Schisme de Photios (entre les Eglises romaine et orthodoxe).
Vers 870-930 : colonisation de l'Islande.	865 : la Grande Armée danoise envahit l'Angleterre. 867 : les Danois prennent York. 870 : conquête danoise de l'Est-Anglie. Vers 870 : fondation de la principauté des Orcades. 871-899 : Alfred devient roi du Wessex. 874-914 : «Quarante Années de répit» en Irlande. 876-879 : premier établissement danois en Angleterre. 878 : victoire d'Alfred contre les Danois à Edington. Reconnaissance du Danelaw par le traité de Wedmore.		Vers 882 : Oleg réunit Kiev et Novgorod.	
Vers 885-900 : victoire de Haraldr Hárfagri à la bataille de Hafrsfjördr : unification de presque toute la Norvège.	886 : les Danois sont expulsés de Londres.	885-886 : Les Vikings assiègent Paris. 891 : Arnulf vainc les Vikings sur la Dyle.		888 : démembrement de l'Empire carolingien ; Eudes roi des Francs de l'Ouest, Arnulf roi des Francs de l'Est.
Vers 900 : colonisation norvégienne du nord-ouest de l'Angleterre. 902 : les Vikings sont expulsés de Dublin. 902-954 : conquête du Danelaw par les Saxons de l'Ouest.				Vers 900 : renouveau du pouvoir byzantin en Turquie et dans les Balkans.

Chronologie : 907-1024

SCANDINAVIE

930 : création de l'*Althing* islandais.
934 : l'empereur germanique Henri Ier l'Oiseleur défait les Danois.

948 : nomination d'évêques à Ribe, Hedeby et Arhus.

958 : mort de Gormr le Vieux.
960 : Haraldr Blátönn restaure l'autorité danoise sur la Norvège.

Vers 965 : Haraldr se convertit au christianisme.
968 : renforcement du *Danevirke* par crainte d'une invasion des Germains.
Vers 970 : fondation de Sigtuna.
974-981 : Hedeby occupée par les Germains.

Vers 980 : construction des forts circulaires au Danemark.
986 : début de la colonisation du Groenland par Eiríkr Raudi (le Rouge).

995 : Oláfr Tryggvason unifie la Norvège. Oláfr Sköttkonungr unifie les Svíar et les Götar.
1000 : Oláfr Tryggvason tué à la bataille de Svöldr.
vers l'an 1000 : expéditions maritimes vers le Vinland.

1015 : Oláfr Haraldsson conquiert la Norvège.

1027 : construction à Roskilde de la première église en pierre du Danemark.

1030 : mort d'Oláfr Haraldsson à la bataille de Stiklarstadir. Canonisé peu après.

GRANDE-BRETAGNE ET IRLANDE

917 : les Vikings reprennent Dublin.

937 : victoire des Anglais contre une alliance entre Scandinaves et Ecossais à la bataille de Brunanburh.

954 : Eiríkr Blódöx est tué à Stainmore : fin du royaume viking de York.

980 : reprise des raids vikings sur l'Angleterre.

991 : victoire d'Oláfr Tryggvason contre les Anglais à Maldon.

1014 : victoire de Brian Boru à Clontarf contre une alliance entre Leinster et Scandinaves.

1016-1035 : Knútr roi d'Angleterre.

Vers 1030-1035 : bataille de Tarbet Ness : Thorfinnr, jarl des Orcades, étend son autorité à presque tout le nord de l'Ecosse.

1042 : fin de la domination danoise sur l'Angleterre.

EUROPE OCCIDENTALE

911 : Rollon fonde la Normandie.

914-936 : les Vikings occupent la Bretagne.

1002 : Sveinn Tjúguskegg établit une base en Normandie pour attaquer l'Angleterre.

EUROPE ORIENTALE

907 : les Rus attaquent Constantinople.
911 : traité signé entre les Rus et Byzance.
912-913 : raids vikings en mer Caspienne.

941 : Igor assiège en vain Constantinople. Traité. Assimilation des Rus à la population slave.

964-971 : campagnes de Sviatoslav contre les Bulgares, les Khazars et les Byzantins.

Vers 980 : constitution de la garde varègue à Constantinople.

988 : conversion de Vladimir, prince de Kiev, au christianisme orthodoxe.

1019-1054 : apogée de la puissance de l'Etat de Kiev-Novgorod.

1041 : expédition vers l'est d'Ingvarr inn Vidförli.

MONDE

936-973 : Othon Ier empereur de Germanie.

941 : Hugues Capet roi de France.

Vers 965 : épuisement des mines d'argent du califat.

978 : guerre entre Francs de l'Ouest et de l'Est. Ethelred roi d'Angleterre (jusqu'en 1016).

1002 : le califat musulman de Cordoue éclate en petites royautés.

1042-1066 : Edouard le Confesseur roi d'Angleterre.

1043-1500

SCANDINAVIE

1043 : victoire de Magnús le Bon contre les Wendes à la bataille de Lyrskov Hede, près de Hedeby.
1047-1064 : querelles entre Haraldr Hardrádi, roi de Norvège, et Sveinn Estridsson, roi du Danemark.

1085 : le plus ancien octroi de terre à l'Eglise. Knútr IV doit renoncer à ses projets de reconquête de l'Angleterre.

1107-1111 : le roi norvégien Sigurdr Jórsalafari conduit une croisade en Terre sainte.
1122-1133 : Ari Thorgilsson le Savant rédige l'*Islendingabók* (le Livre des Islandais)
1147 : attaque danoise des Wendes païens lors de la deuxième croisade.

1155-1170 : guerres civiles en Scandinavie.

1163 : Magnús Erlingsson roi de Norvège : premier souverain scandinave couronné par l'Eglise.
1169 : conquête de Rügen par les Danois et début de l'expansion en Baltique.

1261 : le Groenland passe sous domination norvégienne.
1262-1264 : l'Islande passe sous domination norvégienne.

1341 : les Esquimaux occupent l'Etablissement de l'Ouest au Groenland.

1380 : les Esquimaux occupent l'Etablissement intermédiaire au Groenland.

Fin du XIVe siècle : extinction des dernières colonies scandinaves au Groenland.

GRANDE-BRETAGNE ET IRLANDE

Vers 1050 : création d'un évêché aux Orcades.

1066 : Haraldr Hardrádi tué à la bataille de Stamford Bridge.
1069 : Sveinn Estridsson envahit l'Angleterre.

1075 : dernière invasion de l'Angleterre par les Danois.
1079 : bataille de Skyhill, sur l'île de Man : Gudrødr (Crovan) unifie Man et les Hébrides.

1095 : Malcolm Canmore, roi d'Ecosse, reconnaît la souveraineté norvégienne sur les Hébrides.
1103 : Magnús Berfættr (« le Déchaux »), roi de Norvège, est tué lors d'un raid dans l'Ulster.

1153 : le roi Haraldr Eysteinn lance un raid de pillage sur la côte est de l'Angleterre depuis la Norvège.

1156 : Sumarlidi prend les Hébrides du sud à Gudrødr II de Man.

1170 : conquête de Dublin par les Anglo-Normands.

1263 : Hákon défait à Largh par les Ecossais.
1266 : la Norvège cède les Hébrides et Man à l'Ecosse.

1469 : le Danemark cède les Orcades et les Shetland à l'Ecosse.

EUROPE OCCIDENTALE

1071 : conquête du sud de l'Italie par les Normands.

EUROPE ORIENTALE

1043 : dernière attaque de Constantinople par les Rus.

1271 : fin du règne de la dynastie de Rurik en Russie.

MONDE

1055 : prise de Bagdad par les Turcs seldjoukides.

1071 : victoire des seldjoukides contre les Byzantins à Mantzikert.

1085 : Alphonse Ier, roi de León, prend Tolède aux musulmans.

1095-1099 : première croisade.

1147-1148 : deuxième croisade.

1155 : Frédéric Barberousse sacré empereur.

1187 : prise de Jérusalem par Saladin.
1204 : prise de Constantinople lors de la quatrième croisade.
1237-1242 : les Mongols déferlent sur l'Europe orientale.

1337 : début de la guerre de Cent Ans entre la France et l'Angleterre.

1347 : la Grande Peste ravage l'Europe.

1453 : prise de Constantinople par les Turcs ottomans. Fin de la guerre de Cent Ans.

I : Les origines

L'environnement naturel, culturel et politique des pays scandinaves a façonné le mode de vie des Vikings. La rudesse du climat, la pauvreté des sols, la tradition maritime et les rivalités entre chefs guerriers ont poussé les Scandinaves à venir dévaliser leurs riches voisins du Sud.

Les Vikings étaient originaires des trois Etats scandinaves actuels : Danemark, Norvège et Suède. La Scandinavie est une immense aire géographique qui s'étend sur quelque 2 000 km, du sud de la péninsule jutlandaise au cap Nord, bien au-delà du cercle polaire arctique. Ses frontières au nord et au sud ne sont pas clairement définies. Au nord, la péninsule se fond dans la toundra russe. Au sud, l'étroite frontière entre le Danemark et l'Allemagne n'est fixée que depuis 1920. Les sols du Jutland du Sud sont peu fertiles et, jusqu'au développement de l'agriculture moderne, cette région resta faiblement peuplée et servit de zone-tampon entre populations scandinaves et germaniques.

Le sud de la Scandinavie – qui comprend le Jutland, les îles danoises et les provinces suédoises de Scanie, Småland, Halland et Blekinge – est une extension peu élevée de la plaine d'Europe du Nord. Bien que couverte de vastes étendues de terres sablonneuses et stériles formées par l'accumulation d'alluvions fluviaux après l'ère glaciaire, cette région possède les meilleurs sols de Scandinavie. Avec ses lacs, ses marais et ses épaisses forêts, le sud de la Suède, dont l'altitude dépasse pourtant rarement 300 m, a constitué un obstacle naturel entre Danois et Suédois jusqu'au XVIIe siècle.

La côte ouest de la péninsule scandinave est dominée par une chaîne de montagnes issue d'un ancien plissement, connue durant l'âge viking sous le nom de *Kjölr* – « la Quille », tant elle ressemble à une coque de bateau

Le fort circulaire en pierre de Gråborg compte parmi les plus grands élevés sur l'île suédoise d'Oland durant la période des grandes migrations, époque marquée par d'intenses rivalités entre les centres de pouvoir.

renversé. Les falaises abruptes du versant ouest se dressent sur la mer. Le versant est décline en pente douce jusqu'au golfe de Botnie et rejoint les terres basses qui entourent les lacs Väner et Mälar en Suède. A l'ouest, le littoral est découpé en fjords profonds qui pénètrent parfois jusqu'à plus de 160 km à l'intérieur des terres. Au large de cette côte, les eaux abritées du *skärgård*, une série de récifs et d'îlots rocheux faiblement émergés, offrent un passage à la navigation. C'est cette route maritime baptisée Nordrvegr – la « Route du Nord » – qui a donné son nom à la Norvège. L'épaisse calotte glaciaire qui recouvrait la péninsule scandinave pendant la glaciation a érodé les sols de la Norvège et de la Suède du Nord. Ces sols sont généralement minces, caillouteux, détrempés et stériles ; seules la région du Trøndelag autour du fjord d'Oslo et celles des lacs Väner et Mälar possèdent des sols fertiles. Durant la glaciation, la péninsule scandinave s'est enfoncée sous les eaux. Avec le retrait des glaces, le niveau du sol a progressivement remonté. Depuis l'âge viking, la surface des terres émergées continue de croître et de gagner sur la mer. Ce phénomène s'observe surtout dans le centre de la Suède : durant l'âge viking, le lac Mälar était encore un bras de mer offrant un accès facile vers l'intérieur des terres. Or, ces voies navigables sont devenu de moins en moins praticables. Ainsi, la baisse du niveau de la mer a contribué au déclin de certains ports et centres commerciaux de l'âge viking, comme Birka sur le lac Mälar et Kaupangr à l'embouchure du fjord d'Oslo.

Le climat et l'agriculture

Le climat scandinave est océanique à l'ouest et continental à l'est. A cause de l'influence tempérante du Gulf Stream, la côte norvégienne connaît des étés frais et, malgré son altitude élevée, des hivers doux. Ces conditions ne sont guère favorables à la culture des céréales, mais l'élevage est pratiqué jusqu'aux îles Lofoten, à plus de 190 km au nord du cercle polaire arctique. Les eaux norvégiennes sont libres de glace toute l'année. Dans l'arrière-pays, le climat se dégrade rapidement ; en altitude, les hivers sont rudes et les chutes de neige abondantes. Néanmoins, la région montagneuse était appréciée pour ses pacages durant l'été et pour ses marais riches en minerai de fer. Le climat suédois est beaucoup plus sec, la chaîne montagneuse norvégienne faisant écran aux précipitations venant de l'ouest. Les étés sont chauds et ensoleillés, mais l'éloignement du Gulf Stream est responsable de la rudesse des hivers ; chaque année, la glace rend la mer Baltique impraticable à la navigation pendant plusieurs semaines et parfois plusieurs mois. Le Danemark et le sud de la Suède connaissent un climat mi-océanique, mi-continental, caractérisé par des précipitations modérées, des étés chauds et des hivers froids sans être rudes, climat propice à l'élevage et à l'agriculture. La clémence des températures combinée à la richesse des sols fait que le Danemark et le sud de la Suède sont les régions agricoles les plus riches.

L'importance de l'environnement naturel est surtout remarquable dans le domaine des communications. Le relief montagneux, les forêts et les marais ont depuis toujours entravé la circulation à l'intérieur de la péninsule scandinave : aussi les longs voyages avaient-ils lieu durant l'hiver, quand le gel rendait le terrain plus praticable. Mais la Scandinavie offre aussi des eaux abritées en bordure côtière, des fjords, des lacs et des rivières navigables ; dès l'âge de pierre, le bateau devint le moyen de transport principal, de sorte que les Vikings étaient les héritiers d'une longue tradition de navigateurs et de constructeurs de bateaux. La pauvreté des sols ajouta à l'attrait de la navigation et incita les Scandinaves à exploiter les ressources maritimes. La chasse au phoque et au morse procurait des revenus commerciaux et un complément alimentaire appréciables. Durant les périodes de forte croissance démographique surtout, le manque de terres arables a pu également inciter les Scandinaves à émigrer.

La géographie a aussi joué un rôle considérable dans la vie politique des pays scandinaves. C'est au Danemark et dans le sud de la Suède que les

L'art, la religion et les pratiques d'inhumation durant toute la préhistoire scandinave témoignent de l'importance du bateau et de la mer. Les chefs étaient fréquemment inhumés dans des bateaux ou dans des tombes entourées d'un alignement de pierres figurant les contours d'un bateau, comme cette sépulture de l'âge du bronze retrouvée sur l'île suédoise de Gotland.

communications terrestres et maritimes étaient le plus aisées. Pourvue des meilleurs sols et du meilleur climat, cette région pouvait subvenir à l'alimentation d'une population plus dense. C'est là qu'émergea le premier royaume unifié, et ce royaume domina le monde scandinave jusqu'au XVIIe siècle. A l'inverse, le relief compartimenté de la Norvège favorisa le développement de forts particularismes régionaux. Les régions du Trøndelag et du fjord d'Oslo étaient les plus fertiles et les plus densément peuplées, mais leur éloignement favorisa le développement de centres de pouvoir concurrents qui entrava le processus d'unification du pays.

Les premiers Scandinaves

Les premières traces de présence humaine en Scandinavie remontent à l'apogée de la glaciation, environ 11 000 ans avant notre ère. Des chasseurs nomades suivaient alors les migrations saisonnières des troupeaux de rennes au travers de ce qui était alors le nord de la toundra germanique, jusqu'au sud de la Scandinavie. Il y a environ 8 000 ans, les tribus de chasseurs-cueilleurs remontèrent vers le nord en suivant le recul des glaces et commencèrent à se fixer en Scandinavie. Afin de couvrir un plus vaste territoire de chasse et de cueillette, ces tribus semi-nomades se déplaçaient d'un campement saisonnier à l'autre en fonction des saisons et y séjournaient pendant quelques mois. Comme l'archéologie n'a pas apporté la preuve irréfutable d'une seconde vague migratoire plus tardive, il est vraisemblable que les Vikings sont les descendants directs de ces chasseurs-cueilleurs. Vers 4 000 av. J.-C., ces premiers Scandinaves adoptèrent l'agriculture, probablement au contact des peuplades voisines établies au sud. Vers 2 000 av. J.-C., l'outillage en bronze remplaça le silex, et le fer apparut vers 500 avant notre ère. Bien que les agriculteurs de l'âge de pierre aient vécu dans des fermes isolées, les imposantes sépultures collectives du mégalithique attestent l'existence d'une identité culturelle commune. Pendant l'âge du bronze, on assiste, du moins dans les régions fertiles, à un regroupement de l'habitat en communautés villageoises. La présence d'une habitation plus spacieuse parmi des fermes de plus petite taille suggère que ces communautés étaient dirigées par un chef. La mise au jour d'un petit nombre de tombes garnies d'un riche mobilier funéraire confirme l'émergence d'une classe dirigeante durant cette période. Pendant l'âge du fer (vers 500 av. J.-C. à l'an mille de notre ère), le clivage entre les différentes classes sociales ira s'accentuant.

Les débuts de l'âge du fer dit celtique (500 av. J.-C. – 0) semblent avoir été marqués par un recul de la démographie, peut-être dû à un refroidissement du climat. La croissance reprend dès la fin de cette période et se poursuivra pendant le reste de l'âge du fer. Les découvertes archéologiques les plus importantes sont des offrandes votives d'armes, de chaudrons, de poteries et de nourriture, ainsi que plusieurs corps humains sacrifiés rituellement et précipités dans les tourbières. Grâce au tannin contenu dans les argiles bleues, ces corps nous sont parvenus dans un remarquable état de conservation.

C'est durant l'âge du fer romain (0 à 400 de notre ère) et l'âge du fer germanique (400-800) qui lui succède que les traits caractéristiques de la société viking se mettent en place. L'absence de sources littéraires empêche de reconstituer dans le détail les transformations sociales et politiques qui s'opèrent à cette époque. Néanmoins, l'archéologie et la comparaison avec l'histoire mieux documentée des peuplades germaniques au sud permettent de retracer les grandes lignes de cette évolution.

Pour l'âge du fer romain, les objets retrouvés sont presque exclusivement des armes, vraisemblablement déposées en offrandes votives après des victoires au combat. L'importante proportion d'armes romaines, exhumées surtout au Danemark, suggère que les Scandinaves furent souvent impliqués dans des combats avec les peuplades germaniques du sud, elles-mêmes en contact avec l'Empire romain. L'apparition de sépultures guerrières garnies d'armes démontre l'importance croissante de la guerre et l'ascension politique d'une élite guerrière. Certaines de ces tombes contiennent des objets prestigieux. Cela donnerait à penser que cette élite guerrière a compté dans ses rangs des chefs ou peut-être des roitelets. La découverte d'objets domestiques romains comme des poteries et des pièces de monnaie, ainsi que d'objets plus luxueux comme la verrerie, des articles en argent et des bijoux atteste des échanges commerciaux directs ou indirects avec le monde romain. Les marchés saisonniers, dont le site coïncide fréquemment avec celui d'un centre de culte, comme à Lundeborg, au Danemark, connaissent un essor rapide. On n'est guère surpris de retrouver la plus forte concentration d'objets romains dans le sud de la Scandinavie. En effet, ces découvertes ne sont pas également réparties, et la concentration importante de ces objets au Sjælland suggère l'émergence dès la fin de l'âge du fer romain d'un pouvoir centralisé, peut-être d'un royaume, suffisamment puissant pour contrôler le trafic sur un vaste territoire.

L'influence exercée par l'Empire romain sur les peuplades germaniques du sud est sans doute indirectement responsable des transformations qui

Durant l'âge du fer, les sacrifices humains étaient fréquents en Scandinavie. Les victimes étaient jetées dans les tourbières, accompagnées d'autres offrandes, et grâce au tannin contenu dans les argiles bleues, ces corps nous sont parvenus intacts. L'homme de Tollund, retrouvé dans le Jutland au Danemark, porte encore autour du cou la cordelette avec laquelle il fut préalablement étranglé ou pendu.

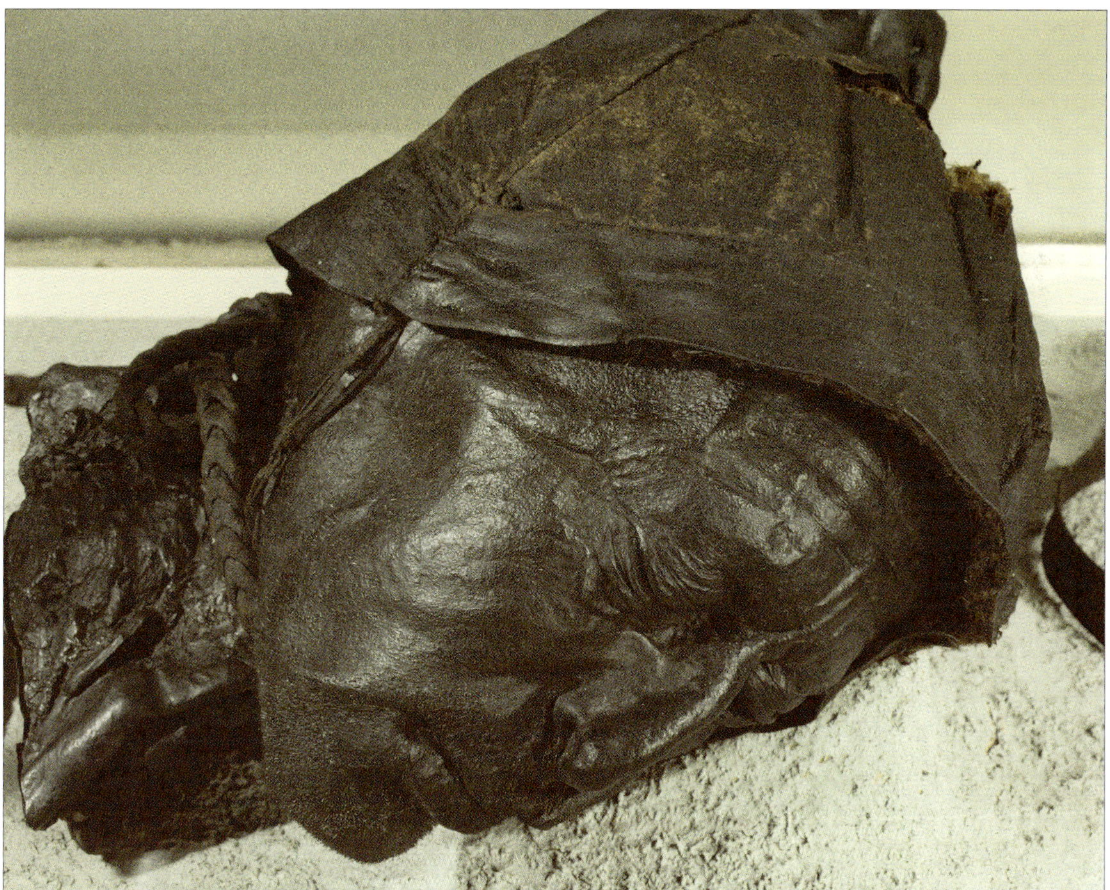

Au cours des siècles précédant l'âge viking, les techniques de construction des bateaux progressèrent considérablement. Cette pierre gravée du VIIIe siècle provenant de Gotland montre un bateau à voile du début de la période viking ainsi que des fresques inspirées par la mythologie germano-nordique.

s'opèrent dans la société scandinave : par le biais du commerce, des alliances militaires, du pillage et du mercenariat, les peuples germaniques en contact direct avec les Romains se sont considérablement enrichis, et ont dû finir par attirer la convoitise de leurs voisins nordiques moins nantis. Par le prestige et les richesses acquis lors des raids de pillage en terre germanique, certains Vikings se sont sans doute rapidement démarqués au sein de la société scandinave. Il est probable que l'âge du fer romain ait vu le développement du *comitatus*, une institution fort bien attestée chez les peuples germaniques à la même époque. Le *comitatus* était formé de jeunes guerriers qui rentraient au service d'un chef ou d'un roi victorieux. La loyauté des guerriers impliquant des récompenses, la garde restait unie dans la mesure où le chef avait les moyens de rétribuer ses services. Par le pillage et les tributs de guerre, un chef pouvait s'enrichir plus rapidement qu'en usant de procédés pacifiques comme l'exploitation de ses terres ou le contrôle du commerce. Il en résulta une société prédatrice où la concurrence était rude et la victoire au combat un moyen d'accroître ses biens et son rang. Cela favorisa aussi la centralisation du pouvoir entre quelques chefs et la formation de clans, soit qu'elle fût le résultat des alliances militaires – qui permettaient de lever une armée plus nombreuse ou de se défendre plus efficacement contre les attaques –, soit qu'elle résultât des rivalités internes, les tribus les plus fortes ayant subjugué les plus faibles. Il est permis de penser qu'un processus de ce type se déroula vers le VIe siècle, à l'issue duquel les Danois finirent par dominer la Scandinavie du Sud.

Durant l'âge du fer germanique ancien, ou période des grandes migrations (400-600), un nombre considérable de forteresses furent élevées dans l'ensemble de la Scandinavie. Plus de 1 500 ont été mises au jour. Etant donné que la Scandinavie n'eut guère à souffrir des invasions pendant cette période, la constructions de ces forteresses suggère que les rivalités internes entretenaient un climat de troubles et d'insécurité permanent. Bon nombre de ces forteresses ont certainement été des centres de pouvoir locaux. Le fait que l'habitat tend alors à s'éloigner des côtes indique que la piraterie prospérait. Les premières traditions littéraires, bien qu'agrémentées de détails fantaisistes, confirment que l'époque fut dominée par d'incessants conflits entre tribus rivales. On l'a dit, la Scandinavie reste en marge du phénomène migratoire ; pourtant, les Jutes et les Angles, deux peuplades originaires du Jutland, émigrèrent au Ve siècle vers l'Angleterre en même temps que les Saxons. On ignore les causes qui précipitèrent leur départ, mais il se peut fort bien qu'elles aient cherché à fuir l'hostilité de tribus voisines.

L'émergence des royaumes

L'archéologie a révélé que durant l'âge du fer germanique récent (600-800), dernière période de l'âge du fer qui précède immédiatement l'âge viking, des royaumes régionaux forts ont commencé à se développer. L'un de ces royaumes était situé dans l'Uppland en Suède, au nord du lac Mälar, autour du centre de culte païen de Gamla Uppsala. Dans les environs immédiats, à Vendel et à Valsgärde, on a retrouvé des cimetières abritant des tombes au mobilier funéraire très riche, incluant des bateaux et des armes d'apparat. Ce sont probablement les sépultures des rois de la dynastie des Svíar, qui donna son nom à la Suède. Le Jutland fut également le centre d'une royauté précoce, même si les preuves reposent largement sur la découverte d'ouvrages défensifs fortifiés et non de vestiges funéraires.

En 726, un canal fut creusé dans un isthme sur l'île danoise de Samsø, vraisemblablement afin de régler la navigation et, en 937, un rempart, le *Danevirke*, fut élevé au sud en travers de la péninsule jutlandaise – la dendrochronologie, la science qui étudie la croissance des cernes du bois sur les troncs d'arbres, a permis de dater ces ouvrages avec une extrême précision. La réalisation d'ouvrages d'une telle envergure ne peut qu'avoir été le fait de chefs puissants, quels qu'ils fussent, capables d'administrer les ressources et la main-d'œuvre d'un vaste territoire. C'est à cette époque que le centre commercial de Ribe au Jutland fut fondé. On a suggéré qu'un certain roi Angantyr, que Willibrord rencontra lors d'une mission au Jutland au VIIIe siècle, est responsable de l'ensemble de ces réalisations. Angantyr est donné par une source comme le roi des Danois, sans que l'on puisse toutefois établir s'il s'agissait de toute la population ou seulement des Danois du Jutland. La présence de tumulus à Borre et à Oseberg dans le Vestfold souligne l'émergence d'une royauté dans cette région de la Norvège durant la période qui précède immédiatement l'âge viking. Durant la période viking proprement dite, ces Etats embryonnaires et précaires donneront naissance aux royaumes médiévaux de Danemark, de Suède et de Norvège.

Cette broche ciselée dans le style de Vendel provenant d'Aker en Norvège illustre la richesse et la splendeur de l'aristocratie scandinave à la fin de l'âge du fer.

Le monde scandinave

L'environnement naturel, l'omniprésence de la mer surtout, a façonné l'histoire des pays scandinaves.

« L'intérieur de ce territoire, tout entier baigné par les flots, est visité par l'océan [...]. Du fait de ses côtes découpées par les courants du large, le Danemark a peu de terre ferme qui ne soit morcelée [...]. Dans ce paysage, le Jutland s'affirme, occupant la première place au sein du royaume danois. »
Saxo Grammaticus, *La Geste des Danois, vers 1200.*

La Scandinavie jouit d'un climat clément grâce à l'influence du Gulf Stream. Mais son relief et son sol ne sont guère propices à l'agriculture. Au Danemark, le plus petit des pays nordiques, on trouve la plus grande superficie de terres arables. Ainsi, durant l'âge viking, la population danoise fut plus nombreuse, plus riche et plus évoluée politiquement que ses voisines. La Norvège ne possède que deux vastes régions cultivables : les environs de Trondheim au nord, et ceux du fjords d'Oslo, au sud. A cause de l'éloignement et de la difficulté des communications entre ces deux régions, deux centres de pouvoir concurrents se sont développés. Cette rivalité a retardé les progrès de l'unification politique du royaume de Norvège jusqu'au XIIe siècle. Les pays nordiques ont connu, durant les phases de forte croissance démographique – et l'âge viking en fut une –, des mouvements migratoires dus au manque de terres cultivables.

Compte tenu de la pauvreté des ressources agricoles, la pêche constituait une source d'alimentation essentielle, tandis que la géographie rendait les trajets par voie d'eau plus facile que sur terre. La maîtrise des techniques de construction des bateaux et la connaissance de la navigation étaient donc des atouts déterminants, à fortiori pour les Danois établis dans les îles. En Norvège, le relief montagneux et le littoral fortement découpé ralentissaient les déplacements terrestres ; faire du cabotage au large des fjords abrités était le moyen le plus rapide et le plus sûr pour atteindre une destination. En Suède, les rivières et les lacs permettaient de pénétrer les régions très boisées ; pour traverser le pays sur de longues distances, on préférait attendre l'hiver, quand les marais et les rivières étaient gelés.

L'expansion norvégienne s'est réalisée vers l'ouest : vers l'Ecosse, l'Irlande, les îles Féroé, l'Islande, et, de là, vers le Groenland puis l'Amérique du Nord. Les Danois, qui contrôlaient les voies maritimes reliant la mer Baltique à l'embouchure du Rhin, ont naturellement porté leur intérêt sur la Frise avant de déferler sur l'Angleterre et l'Empire franc. Les Suédois, auxquels il ne restait qu'un seul débouché, la route de l'est, remontèrent les grands fleuves d'Europe orientale jusqu'au cœur de la Russie.

La Scandinavie, terre de contrastes : les falaises abruptes du fjord de Geiranger en Norvège (à droite) *et la région rurale des environs de Brendeshøj au Danemark* (ci-dessous). *Au second plan, on aperçoit la baie de Sejero et, au-delà, la pointe de Sjællands Odde.*

îles Lofoten
la douceur du climat due à l'influence du Gulf Stream permet de pratiquer l'élevage jusqu'aux îles Lofoten
Halogaland
70°N
15°
20°
25°
30°
5°E
10°
0°
CERCLE POLAIRE ARCTIQUE
Mer de Norvège
Trondelag
Trondheim
65°
Kjolen («La Quille»)
Jämtland
SUEDE
Golfe de Botnie
Sundsvall
FINLANDE
les denses forêts de conifères de la Finlande constituaient un bon territoire pour la chasse des animaux à fourrure
Aland
« Nordvegr », la route (maritime) du Nord, qui serpente dans les eaux abritées du récif côtier
Uppsala
Uppland
lac Mälar
Stockholm
ESTONIE
NORVEGE
grâce à ses bonnes terres sillonnées de nombreuses voies navigables, cette région fut la plus peuplée de la Suède durant l'âge viking
Svíarland
Sogne Fjord
Hordaland
Oslo
Bergen
Hardanger Fjord
lac Väner
lac Vätter
60°
Rogaland
Vestfold
Gotland
sa situation stratégique fit de Gotland l'un des principaux centres commerciaux vikings
LETTONIE
Göta
Götaland
Southern Uplands
région de collines, de forêts et de lacs : frontière naturelle entre le territoire des Danois et des Suédois
Stavanger
Göteborg
Oland
LITUANIE
Skagerrak
Kattegat
Mer Baltique
Limfjord
Alborg
Scanie
Copenhague
Malmö
Bornholm
Jutland
Arhus
Sjælland
DANEMARK
Fionie
Mer du Nord
Kiel
55°
les eaux abritées du Limfjord, principal passage navigable reliant la mer du Nord à la mer Baltique
POLOGNE
ALLEMAGNE
Climat et terres arables en Scandinavie
altitude supérieure à 1 000 m
altitude supérieure à 500 m
altitude supérieure à 200 m
terres arables
température moyenne en janvier 0°C (frontière orientale)
température moyenne en juillet 15° (frontière septentrionale)
moyenne des précipitations annuelles : 1 000 mm (frontière orientale)

La Scandinavie avant les Vikings

Les spécificités de la société viking prennent forme à la fin de l'âge du fer en Scandinavie.

« Nos incessantes querelles avec les Francs empirèrent quand Hygelac cingla avec sa flotte jusqu'aux côtes frisonnes. Là, les guerriers francs l'attaquèrent et lui portèrent un coup fatal. […] Il tomba entouré de ses suivants... »
Extrait de *Beowulf*, poème anglo-saxon du VIIIe siècle.

Les premiers habitants de la Scandinavie étaient des chasseurs-cueilleurs qui migrèrent vers le nord en suivant le retrait des glaces, il y a environ huit mille ans. L'agriculture apparaît dans le sud de la Scandinavie vers 4000 av. J.- C., le travail du bronze vers 2000 av. J.- C et celui du fer vers 500 av. J.- C. Les débuts de la période du fer celtique (400 av. J.- C. - 0) sont mal connus : peu de sites ont été mis à jour et les principales découvertes sont les corps d'hommes et de femmes offerts en sacrifices et retrouvés intacts dans les tourbières danoises. De la période du fer romain (de 0 à 400 de notre ère), on a exhumé dans le sud de la Scandinavie des vestiges d'habitat, de lieux de culte et de sépultures guerrières accompagnées d'un riche mobilier funéraire, ainsi que d'importants dépôts d'armes données en offrande votive. Ces vestiges témoignent de l'émergence d'une aristocratie guerrière et d'un pouvoir politique centralisé, sans doute favorisée par les rivalités pour s'assurer le contrôle des richesses venues des contacts avec l'Empire romain.

Les offrandes votives telles que le bateau et les armes de Hjortspring (vers 350 av. J.- C.) suggèrent que les raids maritimes étaient déjà courants au début de l'âge du fer. Les Erules du Jutland réalisèrent un coup de main en Frise en 287 et en Espagne autour de 455 et de 460, tandis que les Danes sont connus pour avoir envahi à leur tour la Frise vers 528 et 570. L'époque des grandes migrations de 400 à 600 est une période de troubles et d'insécurité. Pourtant, les Scandinaves semblent avoir été épargnés par le démembrement qui affecta le reste de l'Europe. La construction de centres fortifiés comme ceux d'Eketorp sur l'île d'Oland ou les imposants tumulus de Gamla Uppsala laissent deviner l'existence de chefferies déjà bien organisées. La fin de l'âge du fer en Scandinavie, appelée période de Vendel ou âge du fer germanique récent, s'étend de 600 à 800 et précède immédiatement la période viking. Le *Danevirke*, rempart destiné à protéger la frontière sud du Danemark des incursions franques, et les somptueux bateaux-tombes de la même période attestent la mise en place des premiers royaumes régionaux.

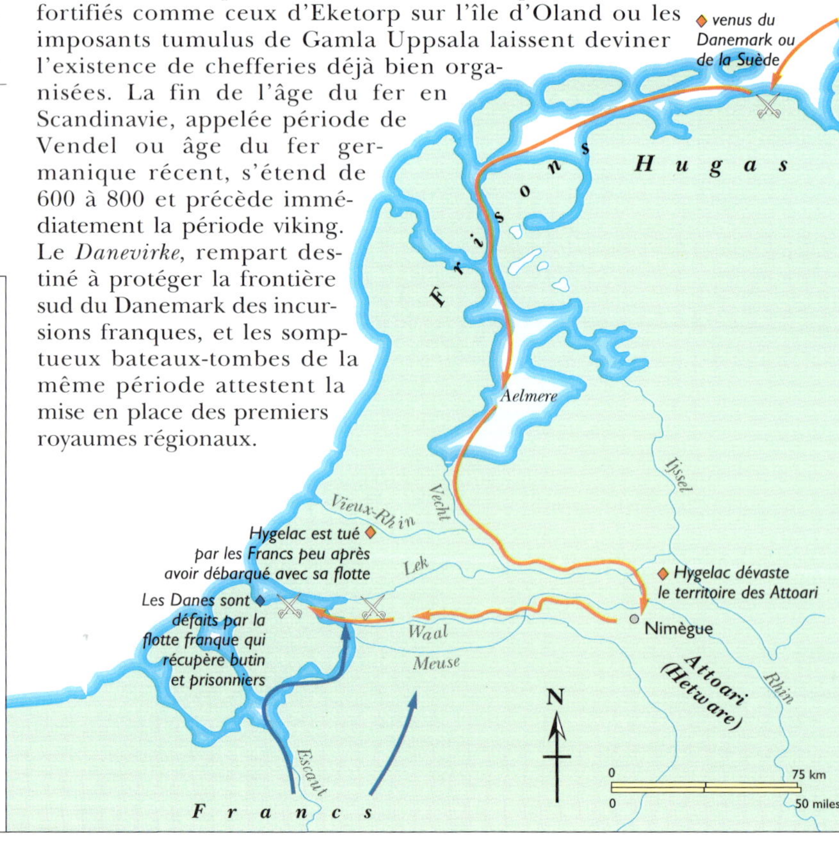

1/ Le raid de Hygelac, 528
*L'un des premiers raids scandinaves mentionnés en Europe occidentale fut mené par Hygelac, roi des Danes ou des Geatas, vers 528. Les Vikings furent défaits par les Francs sur le Rhin inférieur, mais l'épisode impressionna car quatre sources littéraires différentes s'en font l'écho, dont l'*Histoire des Francs *de Grégoire de Tours au VIe siècle et* Beowulf*, poème épique anglo-saxon du VIIIe siècle.*

côtes frontalières au VIe siècle
Danois
Francs
bataille

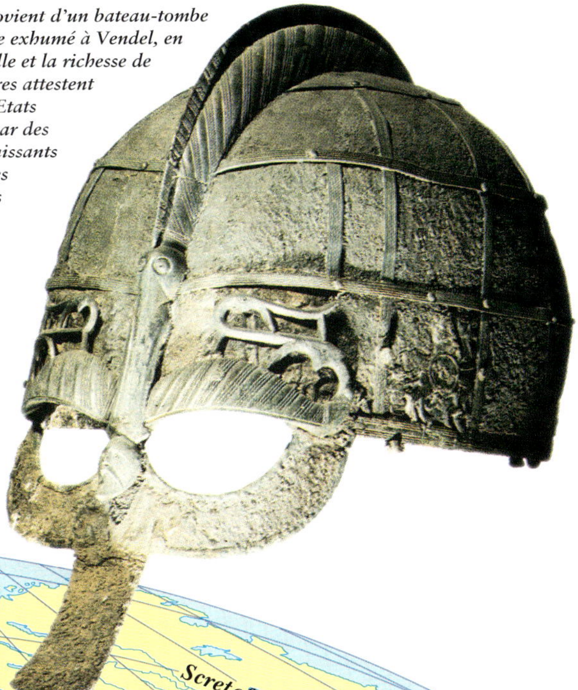

Ce casque provient d'un bateau-tombe du VIIIe siècle exhumé à Vendel, en Suède. La taille et la richesse de telles sépultures attestent l'existence d'Etats administrés par des souverains puissants régnant sur les hommes et les ressources d'un vaste territoire.

Le paganisme et les rites d'inhumation

Alors que le christianisme s'était imposé au reste de l'Europe, le paganisme et le culte des dieux Thórr, Odinn et Freyr gardaient de nombreux adeptes en Scandinavie.

Ci-dessus : *le dieu Thórr, armé de son marteau Mjöllnir, affronte le serpent Midgardsormr, monstre aquatique incarnant les forces du chaos. Il enserre dans l'anneau de son corps l'enclos où vivent les humains et relâchera sa prise au Ragnarök pour engloutir le monde visible. Cette scène ornant une pierre runique retrouvée dans l'église d'Altuna en Suède prouve que christianisme et paganisme ont longtemps coexisté dans la plus grande partie du monde scandinave.*

Ci-dessus, à droite : *un guerrier tombé au combat chevauchant Sleipnir, le cheval merveilleux à huit pattes d'Odinn, arrive à la Valhöll, où il est reçu par une Valkyrie. Gravure datée du VIIe siècle et provenant de l'île de Gotland.*

Contrairement au christianisme, la religion germano-nordique ne comporte ni corpus théologique ni dogmes absolus sur le bien et le mal ou l'au-delà. Elle consiste surtout en l'observance de rites et en l'accomplissement d'offrandes propitiatoires – le *blót* – et non en une spiritualité individuelle. Il n'y a pas de clergé spécialisé. C'est habituellement le roi ou le chef local qui préside aux sacrifices et qui rend le culte public en plein air. Une série de mythes racontait la création et la destruction du monde. Les Vikings croyaient à l'irrévocabilité des arrêts du destin, auxquels même les dieux ne pouvaient se soustraire, condamnés à périr lors du Ragnarök, la « Consommation du destin des puissances », effroyable cataclysme qui détruira le monde visible et sera suivi de la régénération universelle.

Les principales figures du panthéon viking étaient Odinn, Thórr et Freyr. Odinn, personnage assez sinistre et cauteleux de la famille des Ases, créa avec ses frères le genre humain et lui donna la science de la poésie et des runes. Dieu omniscient, il incarne le destin, et, partant, la victoire au combat. Il peut aliéner la raison des hommes et provoquer leur mort de façon imprévisible. Ses fonctions font de lui le dieu des morts, des combattants, des scaldes ; des rois le revendiquaient comme fondateur de leur lignage, ainsi la famille des rois du Danemark et des *jarls* des Hladir en Norvège. Le peuple se serait plus volontiers placé sous la protection de Thórr, dont la popularité est surtout attestée en Norvège et en Islande. Sa force physique en fait un dieu martial et haut en couleur, mais c'est aussi le dieu du tonnerre – d'où il tire son nom –, de la foudre, des intempéries, du beau temps et des récoltes et, à ce titre, il préside aussi à la fertilité. Armé de son marteau merveilleux, Mjöllnir, il voyage pour combattre les géants qui incarnent les puissances du désordre. Contrairement à Odinn, Thórr est un dieu loyal et peu calculateur ; les mythes qui relatent ses prouesses physiques et ses pitreries parfois grossières soulignent les limites de la force brute.

Freyr, aux nombreuses représentations ithyphalliques, préside à la fertilité et à la fécondité. On lui remettait des offrandes lors des mariages. C'est à son union avec la géante Gerdr que la dynastie suédoise des Ynglingar fait remonter son lignage. Sa sœur et parèdre Freyja, réputée favoriser l'amour physique et la sensualité, est la patronne des dises – *dísir* –, semi-divinités qui gouvernent fertilité et fécondité. Loki est un personnage complexe et ambigu. Co-créateur de l'espèce humaine et, à ce titre, détenteur du savoir primitif, il est, comme Lucifer, un calomniateur, un fauteur de troubles et un semeur de discordes. Une ultime traîtrise de sa part déclenchera la conflagration fatale entre les deux familles de dieux, Ases et Vanes, responsable du Ragnarök.

Les Vikings ne se représentaient que vaguement la vie dans l'au-delà. Les Valkyries, divinités fatidiques et émissaires d'Odinn, exécutent les arrêts du destin : elles choisissent les guerriers les plus vaillants sur le champ de bataille et les conduisent à la Valhöll, la résidence d'Odinn. Là, cette armée d'élite festoie et se prépare à affronter, aux côtés des dieux, les géants au

Ci-dessus : *les Scandinaves de haut rang étaient généralement inhumés dans des bateaux-tombes garnis de mobilier. Dans la nécropole viking de Lindholm Høje, au Danemark, des alignement de pierres délimitant les tombes dessinent des coques de bateaux.*

Ragnarök. Le séjour des autres mortels s'appelle Hel. Une géante du même nom règne sur ce royaume souterrain assez lugubre, qui désigne simplement l'autre monde, sans connotation expiatoire. La croyance voulant aussi que les morts continuent de vivre dans la tombe, il était courant de déposer dans les sépultures des objets ayant appartenu au défunt. Cette pratique suggère que l'on se figurait la vie après le trépas comme similaire à la vie terrestre. Toutefois, devant la richesse du mobilier funéraire des bateaux-tombes d'Oseberg et de Gokstad, on est tenté de croire que la volonté d'exhiber la fortune et le rang de la famille du défunt prévalait sur celle de pourvoir aux besoins matériels de celui-ci.

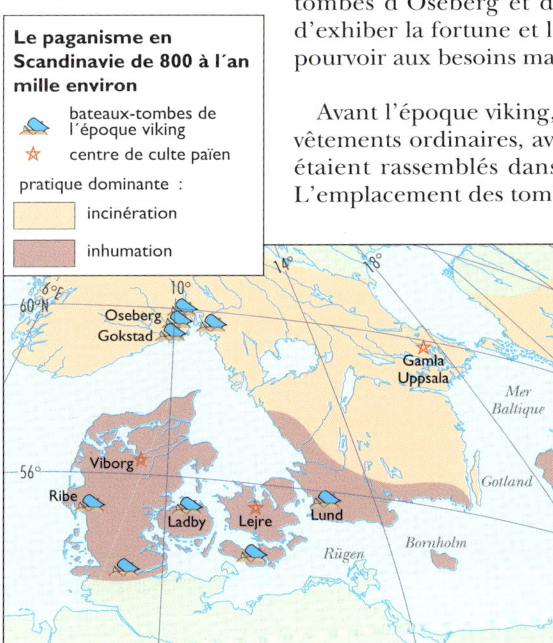

Avant l'époque viking, les Scandinaves incinéraient leurs morts dans leurs vêtements ordinaires, avec les objets destinés à les accompagner. Les restes étaient rassemblés dans une urne en céramique ou dispersés sur le sol. L'emplacement des tombes était parfois signalé par un tumulus ou un monticule de pierres, ou, comme à Lindholm Høje, par des alignements en forme de coques de bateaux. La pratique de l'inhumation apparaît au début de l'âge viking au Danemark, sur l'île de Gotland, et à Birka, en Suède. Les sépultures des personnages importants – dites « chambres gigantesques » – se composaient d'un tertre garni de planches dans lequel le défunt était déposé en costume d'apparat et entouré de son mobilier, parfois de ses chevaux ou de ses esclaves rituellement sacrifiés. Les gens du peuple étaient inhumés dans un cercueil en bois ou enveloppés d'un linceul en écorce de bouleau. Avec les progrès du christianisme, l'usage de garnir les tombes de mobilier se perdit en Scandinavie vers l'an mille.

II : La Scandinavie au temps des Vikings

Durant l'âge viking, la Scandinavie connaît une période de prospérité. L'afflux des richesses provenant du commerce et des raids stimule l'économie. La population augmente, de nouveaux villages sont fondés et l'agriculture est en plein essor. Dans les royaumes de Danemark, de Norvège et de Suède, les premières villes scandinaves se développent.

Dès la dernière décennie du VIIIe siècle, le début des raids suscite un intérêt croissant de l'Europe pour la Scandinavie. Mais les chroniques mentionnent surtout ces raids, et bien qu'un plus grand nombre de documents autochtones fassent état des événements qui se déroulent en Scandinavie, des périodes assez longues de l'histoire du Nord sont passées sous silence. Des sources littéraires scandinaves postérieures à l'âge viking, comme les *Gesta Danorum* du Danois Saxo Grammaticus, qui vécut au XIIe siècle, et les sagas islandaises rédigées au XIIIe siècle, permettent de combler ces lacunes. Malgré l'effort de leurs auteurs pour dresser un tableau vivant et réaliste des événements, ces ouvrages tardifs sont largement fondés sur des sources orales, entachés de motifs légendaires et parfois calqués sur les modèles classiques et bibliques ; les informations qu'ils véhiculent doivent donc faire l'objet d'une analyse rigoureuse. Les Scandinaves de l'âge viking étaient pour la plupart illettrés. Toutefois, les runes – dont l'usage apparaît durant l'âge du fer romain – utilisées tantôt à des fins magiques, tantôt dans les inscriptions commémoratives, nous livrent de précieux renseignements sur la période. Quoi qu'il en soit, et malgré le nombre limité des sources, il est raisonnable d'avancer que l'âge viking marque la fin de la préhistoire scandinave.

Les hommes libres et les « esclaves »

Durant l'âge viking, la société scandinave se divisait entre hommes libres et non libres. Nous sommes peu renseignés sur ces derniers. Leur condition a dû varier considérablement selon les qualifications de chacun, et bon nombre étaient affranchis en récompense de leurs services. Les hommes libres avaient le droit de porter des armes, d'assister à l'assemblée locale, d'ester, de témoigner et de siéger dans les tribunaux, de participer à l'élaboration des lois et de veiller à leur observance. Bien que la majorité des hommes libres fussent propriétaires en totalité ou en partie des terres qu'ils exploitaient, la société scandinave ne fut jamais de type égalitaire ; le rang et la richesse créaient une hiérarchie interne au sein de la classe des hommes libres où l'aristocratie cohabitait avec les gens sans terre. Les lois reflètent cette inégalité, notamment le registre des pénalités exigées en compensation d'un meurtre : les parents du défunt en fixaient eux-mêmes le montant d'après leur fortune et leur rang. Les familles moins nanties étaient ainsi désavantagées, à moins qu'elles aient bénéficié de l'appui d'un homme influent. Mais les cadres de la hiérarchie sociale n'étaient guère rigides. Les ambitieux et les intrépides avaient maintes occasions d'accroître leur fortune et leur rang en prenant part à des expéditions de piraterie ou des voyages de commerce outre-mer, ou encore en s'enrôlant dans la garde personnelle du roi.

L'aristocratie exerçait un pouvoir considérable sur la vie politique locale, tant à l'assemblée locale, où elle arbitrait les procès, qu'aux assemblées régionales où les affaires d'intérêt général étaient débattues. Le pouvoir de l'aristocratie reposait sur la propriété foncière et sur la protection offerte aux hommes moins puissants, en échange de leur suffrage dans les décisions politiques. La plus haute distinction était celle de *jarl* – équivalant à la dignité d'*earl* dans le monde anglo-saxon qui, à l'origine, a sans doute simplement dû signifier « homme excellent ». Les *jarls* les plus puissants, comme ceux des Hladir dans le Trøndelag et ceux des Orcades, jouissaient d'importantes prérogatives et ont exercé sur un vaste territoire des pouvoirs comparables à ceux d'un souverain. Dans le domaine militaire, le rôle de l'aristocratie était également prépondérant. Elle devait organiser la défense d'un district et pourvoir les armées royales en hommes et en équipements. Certains prirent personnellement le commandement de raids vikings, et les campagnes victorieuses valurent à d'autres, comme Thorkell Hávi, à la fin du Xe siècle, de rallier des armées de partisans assez nombreuses pour défier l'autorité royale. Durant l'âge viking, l'essor du pouvoir royal et la volonté des monarques d'imposer leur autorité directement sur les régions au lieu de l'exercer par l'intermédiaire des chefs locaux menaça l'indépendance de l'aristocratie.

Luttes pour le pouvoir

Au début de l'âge viking, la monarchie dominait déjà la vie politique. Certes, pour toutes les affaires importantes, le souverain devait soumettre ses décisions à l'approbation des assemblées, mais il obtenait généralement gain de cause. Par exemple, lorsqu'en 850 saint Anschaire sollicita auprès d'Oláfr, roi des Svíar, la permission de prêcher la foi chrétienne, celui-ci lui répondit qu'il lui faudrait requérir l'agrément de l'assemblée. Cette dernière y fut d'abord opposée. Mais Oláfr, qui était favorable au christianisme, sut manœuvrer et obtenir son adhésion. De même, l'usage voulait que l'autorité d'un monarque fût reconnue par les plus importantes assemblées. En fait, celles-ci finissaient toujours, de gré ou de force, par y consen-

Répliques de bateaux de commerce contemporains de l'âge viking, dans le fjord de Roskilde au Danemark. L'essor du commerce dans la Scandinavie viking favorisa le développement d'une grande variété de bateaux de commerce spécialisés : à droite, *un petit caboteur, et* à gauche, *un navire de commerce adapté à la haute mer, le* knörr. *A la différence des bateaux de guerre, ce type d'embarcation était essentiellement propulsé à la voile.*

tir ; en dernier recours, une démonstration de force – comme celle d'Oláfr Tryggvason en 995 devant les assemblées norvégiennes – avait généralement raison des réticences.

Les revenus de la couronne provenaient des exploitations agricoles, des taxes douanières sur la circulation des marchandises commerciales, des tributs et des butins de guerre. L'administration centrale était peu développée et exercée par des membres de la suite royale, la *hird*, sans doute appointés selon leurs tâches. Les rois se déplaçaient constamment d'un domaine à l'autre ; ils avaient leurs résidences favorites, mais les royaumes vikings n'avaient pas de capitale administrative permanente. Les rois vikings gouvernaient davantage des hommes qu'un territoire. Et même si droit coutumier et droit territorial allaient souvent de pair, le roi ne devait pas nécessairement posséder un royaume pour imposer son autorité : au IXe siècle, de nombreux chefs vikings étaient apparemment des rois « sans terre ». Pour pouvoir accéder légitimement au trône, le prétendant devait obligatoirement appartenir à la famille royale par son ascendance paternelle ou maternelle. Généralement, l'un des fils succédait à son père, mais tous les membres masculins de la dynastie étaient en principe éligibles de plein droit. De fréquentes querelles éclataient entre les nombreux prétendants. Il n'était donc pas rare que, pour aboutir à un compromis, deux candidats rivaux disposant d'un soutien politique égal s'accordent sur le partage du pouvoir. Mais le plus souvent, les rivalités dégénéraient en guerre civile. Les perdants qui avaient la vie sauve allaient redorer leur blason en exil, et tous les espoirs restaient permis ; après s'être assurés de l'appui militaire d'un royaume voisin, ils pouvaient raviver la querelle, exploiter le prestige attaché à leur rang pour lever une armée de partisans et partir en raid de pillage, ou encore briguer le pouvoir dans un royaume étranger. Le retour de ces exilés entretint un climat d'instabilité dans les royaumes vikings et fut pour leurs rois une source d'inquiétude permanente.

Cet anneau d'argent du Xe siècle retrouvé à Hornelund au Danemark est un bel exemple de l'habileté des Vikings dans le travail des métaux précieux.

Le Danemark

Le Danemark est le pays scandinave sur lequel nous sommes le mieux informés. Un royaume comprenant le Danemark actuel, une partie de la Germanie et les provinces aujourd'hui suédoises de Scanie et du Halland, est déjà en place autour de 800. Ajoutons que les rois danois semblent avoir exercé une sorte de suzeraineté sur la région norvégienne du Vestfold. Au début du Moyen Age, Scanie et Halland forment la « marche » des Danois, autrement dit la frontière, laquelle donnera son nom à l'ensemble du pays.

Au début de l'âge viking, la menace – réelle ou supposée – de l'expansionnisme franc est au premier plan des préoccupations de la monarchie danoise. Godfred, le premier roi danois sur le règne duquel nous soyons un peu renseignés, poursuivit une politique offensive contre les Francs en attaquant en 808 leurs alliés slaves, les Wendes, et en envoyant une importante flotte ravager la Frise en 810. Pour protéger le Jutland d'une invasion franque, Godfred entreprend en 808 des travaux de remise en état et d'extension du rempart du Danevirke. Il est tué en 810 et son neveu Hemming lui succède, ce qui provoque le départ en exil des fils de Godfred. A la mort de Hemming deux ans plus tard, Sigfrid, un autre neveu de Godfred, et Anulo, un neveu de Hemming, se disputent le trône et trouvent tous deux la mort. Les partisans d'Anulo choisissent de confier le trône aux frères de celui-ci, Haraldr Klakk et Reginsfred. Mais, en 813, les fils de Godfred rentrent d'exil et expulsent les deux souverains qui s'exilent à leur tour, rallient une armée de partisans et entreprennent la reconquête du royaume l'année suivante. L'entreprise échoue, Reginfred perd la vie et Haraldr s'exile en France. Profitant des querelles qui éclatent en 819 entre les fils de Godfred, Haraldr rentre d'exil et partage le pouvoir avec une faction des fils de Godfred, mais il est de nouveau écarté en 827. Vers les années 830, un seul des fils de Godfred, Horik, était encore en vie. Il conservera le trône jusqu'en 853, année où il fut renversé par un complot fomenté au sein de sa propre famille.

L'histoire du Danemark au siècle suivant nous est mal connue. Fréquemment divisé, le royaume est, autour de 900, partiellement gouverné par une dynastie suédoise. Vers le milieu du Xe siècle, Gormr le Vieux (mort en 958) fonde une nouvelle dynastie qui deviendra rapidement célèbre. Le fils de Gormr, Haraldr Blátönn – « à la dent noire » – unifie le Danemark et, pour consolider son autorité dans toutes les provinces, il fait élever une série de forteresses d'un bout à l'autre du territoire. Durant le Xe siècle, le royaume est soumis à la poussée expansionniste des Germains qui occupent Hedeby en 974. Haraldr les en délogea sept ans plus tard. En 987, Haraldr est déposé par son fils Sveinn Tjúguskegg – « à la barbe fourchue ».

A la fin du Xe siècle, les raids vikings redoublent d'ardeur et des chefs victorieux comme Oláfr Tryggvason et Thorkell Hávi – « le grand » – peuvent rivaliser en richesse et en prestige avec Sveinn. Celui-ci consolida sa position en menant une expédition viking victorieuse contre l'Angleterre. Au départ, il se contenta de pressurer l'Angleterre par le biais des rançons (*danegelds*), mais le pays se révélant incapable d'opposer une résistance sérieuse, Sveinn entreprendra en 1013 sa conquête avant de périr quelques mois plus tard.

La Norvège

Au début de la période viking, la Norvège est divisée en une douzaine de petites royautés et les particularismes régionaux sont encore très forts. Au VIIIe siècle, le Vestfold est l'entité politique la mieux développée, mais, vers 800, cette région passe sous domination danoise. A cause des querelles de succession qui agitent le Danemark au IXe siècle, l'influence danoise déclinera et, peu avant 900, le roi du Vestfold Haraldr Hárfagrí – « à la belle chevelure » – remporte la fameuse bataille navale de Hafrsfjördr et s'empare du pouvoir dans presque toute la Norvège. On considère généralement que cet événement consacre l'unification du royaume. Haraldr et ses successeurs continueront toutefois à se heurter à l'opposition des puissants *jarls* des Hladir. Le règne de Haraldr durera une cinquantaine d'années. Son fils Eiríkr Blódöx – « à la hache sanglante » – lui succède mais il est bientôt chassé par son jeune frère Hákon inn Gódi – « le bon » – et contraint à un exil qui lui vaudra d'acquérir une redoutable réputation de chef viking. A deux reprises entre 948 et 954, il occupe brièvement le trône de York. Vers 960, Hákon est tué par le fils d'Eiríkr Blódöx, Haraldr Gráfeldr – « à la pelisse grise » – qui le remplace sur le trône de Norvège. Haraldr aura passé la majeure partie de son règne à tenter vainement de soumettre le Trøndelag, avant d'être finalement tué vers 970 lors d'un combat où il affrontait le *jarl* des Hladir, Hákon, allié à Svein Tjúguskegg. Cette coalition restaura la souveraineté danoise sur la Norvège, car quitte à se soumettre à un roi, les *jarls* des Hladir préféraient qu'il fût géographiquement le plus éloigné possible. L'autorité de Hákon ne fut guère disputée jusqu'à ce qu'Oláfr Tryggvason, petit-fils de Haraldr Hárfagrí, rentré victorieux de ses expéditions vikings en 995, envahisse le pays, mette Hákon en fuite et se proclame roi de toute la Norvège. Son règne ne durera que cinq années ; il périt à la bataille de Svöldr – dont le site reste incertain – où il affrontait Sveinn Tjúguskegg allié au *jarl* des Hladir, Eiríkr. Les deux vainqueurs se partagèrent le royaume, mais la Norvège, déjà unifiée une fois, n'allait pas tarder à l'être de nouveau.

La Suède

L'histoire de la Suède durant cette période est beaucoup plus obscure. Deux peuples principaux se partagent le territoire, les Svíar qui donnèrent leur nom au pays, établis autour du lac Mälar, et les Götar autour des lacsVäner et Vätter. Nous sommes fort mal renseignés sur ces derniers et les premières sources ne mentionnent pas leur participation aux raids vikings – ou du moins ne les distinguent pas des Svíar. Les noms des premiers rois Svíar nous sont connus dès le IXe siècle, mais nous n'avons qu'une idée imprécise de l'étendue sur laquelle ils exerçaient leur autorité. On estime cependant que vers 890 le royaume des Svíar comprenait la plus grande partie du centre de la Suède et les îles d'Oland et de Gotland. Il semble que Svíar et Götar aient entretenu des contacts étroits. Certains rois svíar étaient même des descendants de Götar. Le premier roi dont nous savons avec certitude qu'il gouverna les deux peuples fut Oláfr Sköttkonungr (de 995 à 1020 env.), mais l'unification du royaume ne sera achevée qu'au XIIe siècle.

Du paganisme au christianisme

Entre 800 et l'an mille, la Scandinavie est progressivement christianisée. Les premiers contacts avec le christianisme furent établis par les missions comme celle de saint Anschaire dans les années 82 et par des raids et voyages de commerce dans le monde chrétien. Les premières conversions répondaient généralement à des exigences d'ordre plus politique que spirituel ; la volonté d'acquérir le soutien de l'empereur Louis le Pieux contre ses rivaux danois motiva sans doute la conversion, en 826, du premier roi viking Haraldr Klakk. Pour certains rois chrétiens comme Alfred le Grand, le baptême était souvent une condition imposée lors de la conclusion de traités de paix. Certains Vikings reçurent plusieurs fois le baptême sans pour autant devenir des chrétiens convaincus. Les *Annales de Saint-Bertin* rapportent qu'en 876 un abbé franc baptisa un groupe de Vikings, après quoi il « leur fit des présents et les renvoya auprès de leur peuple, mais ils continuèrent, en véritables hommes du Nord, à vivre selon les coutumes païennes comme par le passé ». Malgré des débuts hésitants, le christianisme était, vers 900, bien implanté dans les colonies vikings d'outre-mer et il fut toléré en Scandinavie dès le début du IXe siècle. Dans les années 850, Hebedy, Ribe et Birka avaient leurs églises. Il semble que les Vikings aient accueilli sans difficultés le Christ au sein du panthéon germano-nordique, mais le culte des idoles païennes ne sera que progressivement abandonné. L'Islandais Helgi le Maigre disait se considérer chrétien « mais invoquait Thórr pour la navigation et les cas d'extrême nécessité ». Le christianisme ne perça véritablement qu'à la fin du Xe siècle après la conversion des rois Haraldr Blátönn et Oláfr Tryggvason. Bien qu'il n'y ait pas lieu de douter de l'authenticité de leur foi, ces rois étaient fort conscients des implications politiques et symboliques de leur acte : le dogme chrétien et l'organisation du clergé servirent les intérêts de la monarchie et accélérèrent l'unification des royaumes.

Thórr était un dieu très populaire du panthéon germano-nordique. On portait son marteau en pendentif pour invoquer sa protection. Cette amulette du Xe siècle provenant d'Islande présente des ressemblances évidentes avec le crucifix chrétien.

Des chefferies aux royaumes

A l'époque où s'amorce un processus de centralisation du pouvoir en Scandinavie, le Danemark se distingue par l'émergence d'un Etat fort et unifié.

Les motifs de cette pierre commémorative retrouvée au cimetière royal de Jelling au Jutland étaient sans doute à l'origine soulignés de couleurs vives. La pierre porte l'inscription suivante : « Le roi Haraldr a fait faire ce monument à la mémoire de Gormr, son père, et de Thyri, sa mère, ce Haraldr qui s'acquit tout le Danemark et la Norvège et fit des Danois des chrétiens.» Cette face est décorée de monstres de la mythologie germano-nordique : le grand serpent et un cheval. Sur la deuxième face, le roi nouvellement baptisé a fait figurer un Christ en croix. La troisième face porte l'inscription gravée en caractères runiques.

A la fin du VIIIe siècle, l'organisation politique du Danemark devançait celle des pays nordiques voisins. Le royaume comprenait alors, la péninsule du Jutland et les îles, tout le sud actuel de la Suède (Scanie, Småland, Blekinge et Halland) et s'étendait au nord jusqu'à la province norvégienne du Vestfold. La monarchie étant élective, de nombreux concurrents au sein de la famille royale briguaient la succession du trône et il en résultait de fréquents conflits. L'autorité royale s'en trouva déstabilisée et la monarchie s'effondra durant la seconde moitié du IXe siècle.

Peu après 900, Haraldr Hárfagri – « à la belle chevelure » – (v. 880-940) qui contrôlait le Vestfold, en profita pour s'emparer des territoires du sud de la Norvège. La tradition le désigne comme le fondateur du royaume de Norvège, même si les *jarls* des Hladir établis dans le Trøndelag s'opposèrent longtemps à ses desseins d'unification. Au Danemark, la monarchie fut restaurée durant le règne de Gormr le Vieux. A sa mort en 958, son fils Haraldr Blátönn – « à la dent noire » – lui succéda et rétablit la domination danoise sur la Norvège. Par sa conversion au christianisme en 965, il fut le premier souverain scandinave à promouvoir activement la nouvelle foi dans son royaume, ce qui lui permit d'y installer un pouvoir fort et centralisé à l'image des royautés européennes. A sa mort en 987, son fils et successeur Sveinn Tjúguskegg – « à la barbe fourchue » – renforça encore l'autorité et le prestige de la monarchie en menant une série de raids victorieux sur l'Angleterre, qui se solda par la conquête du royaume en 1013. En s'attribuant le commandement de ces expéditions, Sveinn put éviter l'ascension de Vikings ambitieux et susceptibles de menacer son autorité. Il ne pourra toutefois empêcher Oláfr Tryggvason, un Viking norvégien, de s'emparer provisoirement de la Norvège et de s'y proclamer roi en 995. Mais ce dernier perdra la vie à la bataille de Svöldr en l'an mille.

L'histoire de la Suède durant cette période nous est moins bien connue. Les deux peuples présents, les Svíar et les Götar, semblent avoir entretenu des relations privilégiées, à tel point que, vers 975, un certain Oláfr Sköttkonungr nous est donné pour roi des deux peuples. L'unification ne sera pourtant pas consolidée avant le XIIe siècle. Les Svíar prélevaient des tributs dans les régions finnoises situées à l'est de la Baltique, d'où le sobriquet d'Oláfr : le roi – *konungr* – « qui lève des tributs » – *skattar*. En Suède, l'autorité danoise n'était pas aussi bien établie qu'en Norvège, même si Oláfr reconnut à Sveinn une sorte de suzeraineté.

2/ Le camp circulaire fortifié de Fyrkat

Le camp d'entraînement de Fyrkat est l'un des quatres camps vikings retrouvés au Danemark, avec ceux de Trelleborg, Nonnebakken et Aggersborg. Leur plan géométrique et circulaire est identique et ils furent probablement construits vers 980 durant le règne de Haraldr Blátönn, suggérant la mise en place à cette époque d'un pouvoir centralisé et fort. Alors qu'aux époques précédentes les rois danois exerçaient leur autorité par l'intermédiaire de chefs locaux, ce camp occupé par des garnisons indique que Haraldr aspirait à superviser personnellement la défense du territoire.

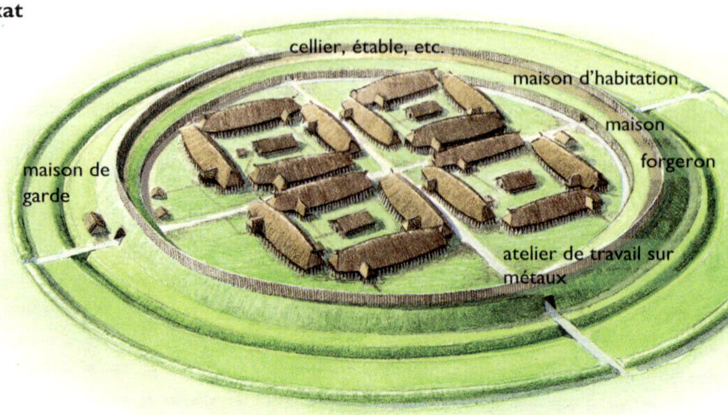

I/ Le pouvoir central en Scandinavie, de 800 à l'an mille environ
territoires placés sous domination danoise :
vers 800
vers 995
pas d'habitat permanent
centre de pouvoir aristocratique ou royal
site de l'assemblée régionale
établissement fortifié
camp circulaire
autre camp fortifié
dispositif de défense royal
centre commercial
877 évêché et date de fondation
autre centre religieux
bataille
Sames
Norvégiens
Mer de Norvège
CERCLE POLAIRE ARCTIQUE
Borg
Trøndelag
Golfe de Botnie
Finnois
Pisamalahti
Rapola
Turku
Halikko
Golfe de Finlande
65°
60°
55°N
Aland
Hladir
Trondheim
Fin IXe s.-début Xe s. : les jarls des Hladir gouvernent le Trøndelag
Svíar
Gamla Uppsala
Sigtuna
Anundshög
Gäseborg
lac Mälar
Helgö
Birka
Khiouma (Dago)
Sarema (Osel)
Golfe de Riga
peuplades baltes
Borre
Vestfold
Kaupangr
Skien
Vers 885 : Haraldr Hárfagri se rend maître du sud de la Norvège après sa victoire à la bataille de Hafrsfjördr
lac Väner
lac Vätter
Götar
Bulverket
Paviken
Torsburgen
Västergarn
Gotland
Köpingsvik
Ismantorpborg
Oland
Eketorp
Mer Baltique
Skagerrak
Kattegat
Aggersborg
Danois
Fyrkat
948
Skuldevig
Arhus
Viborg
Arhus
Lund
Jelling
Lejre
Trelleborg
Bornholm
Hærvejen «la route des armées»
Ringsted
Odense
Sjælland
988
Trelleborg
Jutland
Fionie
Nonnebakken
948
Ribe
Lolland
Rügen
Vers le Xe s. : base des Vikings de Jómsborg, mercenaires indépendants
Wollin
Schleswig
948
Hedeby
808 : le roi danois Godfred fait construire une extension du Danevirke pour parer à une éventuelle invasion franque
Danevirke
968-981 : les Germains envahissent le Danemark et occupent Hedeby
Abodrites
EMPIRE CAROLINGIEN
5°E
10°
15°

L'habitat rural

Durant l'âge viking, la majorité des Scandinaves menaient une existence paisible dans de petits villages où ils cultivaient la terre et élevaient du bétail.

« Ottarr était l'un des hommes les plus importants du [Hálogaland] bien qu'il n'eût pas plus de vingt bêtes à cornes, vingt moutons et vingt porcs. Et le peu qu'il labourait, il le labourait avec des chevaux. »
Le Voyage en mer Blanche d'Ottarr, v. 890 par Alfred de Wessex.

Dans la plupart des régions habitées de Scandinavie – y compris dans le Halogaland, bien au-delà du cercle polaire, l'activité agricole se concentrait sur l'élevage, notamment des bovins, des porcs, des chèvres et des moutons. On cultivait surtout l'orge, le seigle, l'avoine, les pois, les haricots et les choux. Le Danemark aurait même produit des excédents de céréales. Dans la zone norvégienne arctique et les régions excentrées de Norvège et de Suède, le produit de la chasse et de la pêche procurait un apport alimentaire précieux et des marchandises appréciées.

Au Danemark, l'habitat était généralement regroupé en petites communautés rurales. Il semblerait qu'une fois par siècle le site de ces villages ait légèrement changé pour ne se fixer définitivement qu'après la période viking. Le relief norvégien limitant la taille et le nombre des exploitations agricoles a favorisé le développement d'un habitat dispersé, caractérisé par l'établissement de fermes isolées sur des enclaves réduites de terres cultivables. En Suède, on retrouve un mode d'occupation des sols similaire, mais dans les provinces fertiles du Västergötland et de l'Uppland, les premiers villages résultant de la division des exploitations existantes apparaissent à la fin de l'âge viking. Cette période est marquée par une croissance importante de la démographie, par une extension des surfaces cultivées et par la formation de nouvelles communautés entre les villages existant, là où personne ne s'était encore approprié la terre.

La ferme caractéristique de l'âge viking se compose d'une habitation principale, au plan allongé, où vivent les humains et le bétail, et de dépendances servant d'atelier, de grange et de remise. Parmi les bâtiments de petite dimension, on a retrouvé de nombreux greniers à demi enterrés ; bien isolés, ils semblent avoir servi à entreposer des vivres à basse température. En Norvège et en Suède, où la forêt abonde, les habitations avaient d'épaisses parois en bois, et la toiture se composait d'une couche imperméable d'écorce de bouleau recouverte de tourbe isolante. Dans les régions moins boisées comme le Jutland, les murs étaient formés d'un clayonnage enduit d'argile et le toit était en chaume. Dans les régions dépourvues de forêts, on exploitait au maximum les pierres et la tourbe.

La bêche en bois appartenait à l'outillage agricole courant dans le monde viking. Cet exemplaire en chêne du VIIIe siècle est très usé. Il a été retrouvé dans l'un des puits du village de Vorbasse.

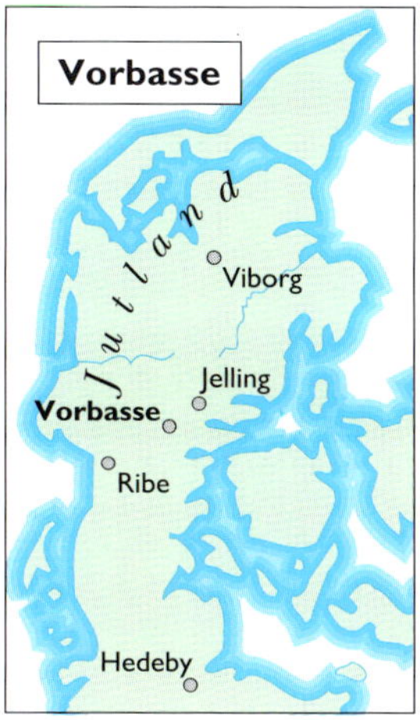

Vorbasse : une communauté rurale viking

Vorbasse en Jutland est l'unique village agricole de l'époque viking ayant fait l'objet de fouilles complètes. Le site a connu une histoire fort complexe, qui s'étend du Ier siècle environ avant notre ère au XIIe siècle, où le village se fixa à son emplacement actuel, 750 mètres plus au sud. Entre le VIIIe et le XIe siècle, le village comptait six fermes de taille à peu près identique. La population vivait de l'élevage et de la culture des céréales. La communauté a dû produire des excédents qu'elle pouvait troquer contre d'autres biens : du bois de construction de qualité, du fer, des pierres à aiguiser et des récipients en stéatite de Norvège, de la céramique et des meules à grain en pierre ponce de Rhénanie.

Le commerce et ses routes

Parallèlement aux raids et à la colonisation, les Vikings ont développé un vaste réseau de routes commerciales du Groenland à l'Asie centrale.

Lors des transactions entre marchands vikings, l'argent était estimé au poids. Cette paire de plateaux de balance du IXe siècle provient du comptoir viking de Dublin et a servi à peser des pièces d'argent ou de l'argent haché.

Au VIIIe siècle, l'essor des échanges commerciaux entre la Scandinavie et le reste de l'Europe a favorisé l'expansion viking. Au gré des voyages commerciaux, les Danois et les Norvégiens ont dû prendre conscience des richesses, mal défendues que recelait l'Europe occidentale, tandis que le développement du marché des fourrures incitera les Suédois à ouvrir une route commerciale vers l'est et à se fixer dans le nord de la Russie. A l'exception des marchands « professionnels », le commerce était une activité ponctuelle, les Scandinaves s'adonnant le reste du temps à l'agriculture et à l'artisanat, voire à la piraterie. Grâce au système du *danegeld,* d'énormes quantités d'argent furent extorquées à l'Empire franc et à l'Angleterre et mises en circulation ; les Finnois, les Sames et les Slaves livraient sous forme de tribut les fourrures et les esclaves qui étaient revendus aux Arabes contre du métal d'argent. Les trésors retrouvés dans le sol témoignent d'une affluence de richesses vers la Scandinavie aux IXe et Xe siècles : rien que sur l'île de Gotland, dans la mer Baltique, on a exhumé 40 000 pièces d'argent arabes, 38 000 pièces d'argent franques et 21 000 pièces d'argent anglo-saxonnes.

Le commerce intérieur, fondé sur le troc – la Scandinavie commence à frapper monnaie vers le IXe siècle – était dominé par des marchands-agriculteurs trafiquant dans les petits comptoirs le long des côtes scandinaves. Certains connurent un rayonnement international, attirant des marchands venus d'Angleterre, de Frise et de Germanie, et parfois même du califat de Bagdad. Les centres les plus prospères, comme Hedeby et Ribe au Danemark ou Birka et Helgö en Suède, ont donné naissance aux premières villes scandinaves. Les rois se sont efforcés de favoriser et de contrôler les échanges en offrant de protéger les marchands contre la piraterie par le prélèvement de taxes douanières.

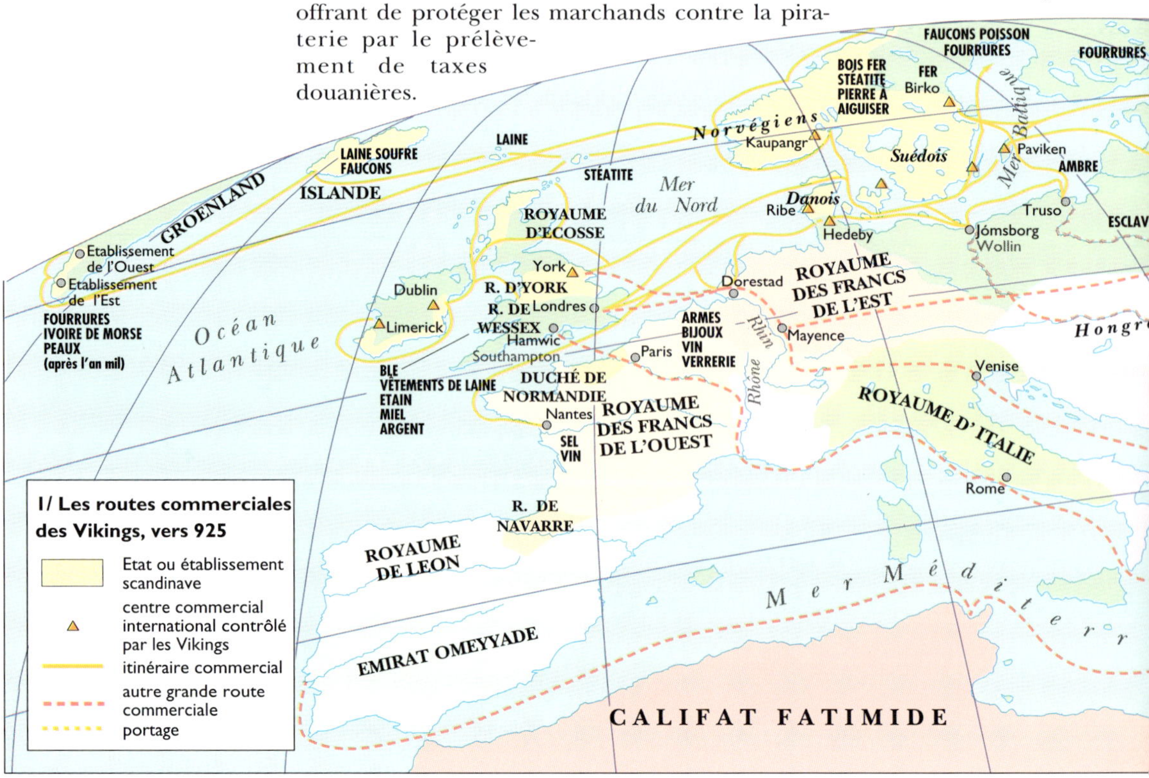

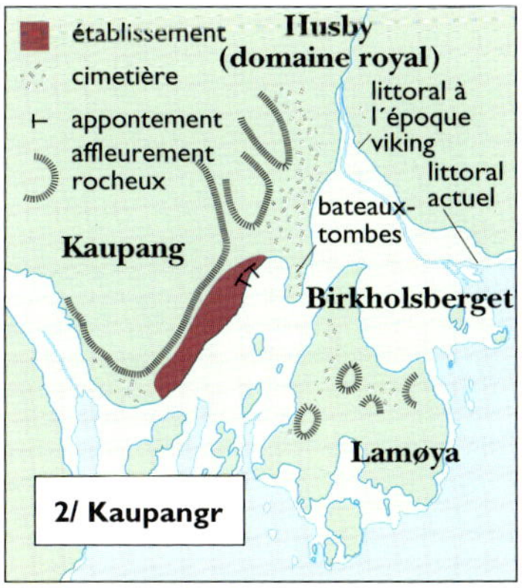

Kaupangr : un centre commercial de l'âge viking

Ce comptoir, situé au fond d'une baie, était à proximité de l'embouchure du fjord d'Oslo. D'importants marchés saisonniers s'y tinrent à partir de 750 jusqu'à 900. Des monnaies anglo-saxonnes, franques, danoises et arabes, ainsi que de la céramique rhénane, frisonne et slave, de la verrerie rhénane et du bronze d'Angleterre y furent découverts. Le site était sans doute inhabité en dehors des périodes de marché : seuls des vestiges d'ateliers d'artisans y ont été mis au jour. L'activité du centre incluait la réparation de bateaux, la taille d'objets en stéatite, le travail du métal et la fabrication de perles de verre. Les tombes des cimetières alentour, recélant d'importantes quantités d'articles importés et d'outils agricoles, sont sans doute celles de fermiers qui étaient aussi des marchands saisonniers.

Durant l'âge viking, la monnaie d'échange privilégiée en Scandinavie était le métal d'argent. Lors des petites transactions, pièces et bijoux étaient hachés et pesés.

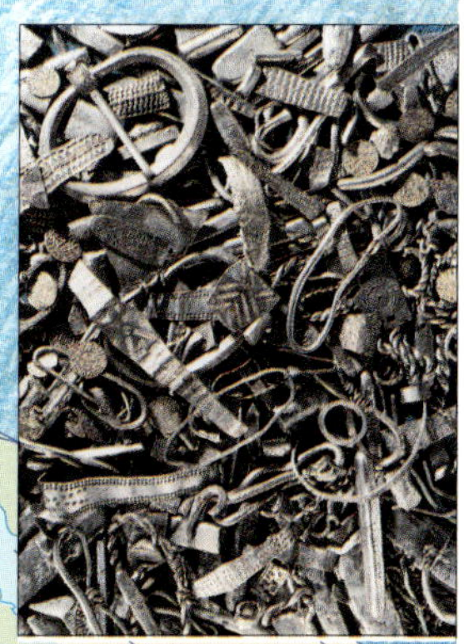

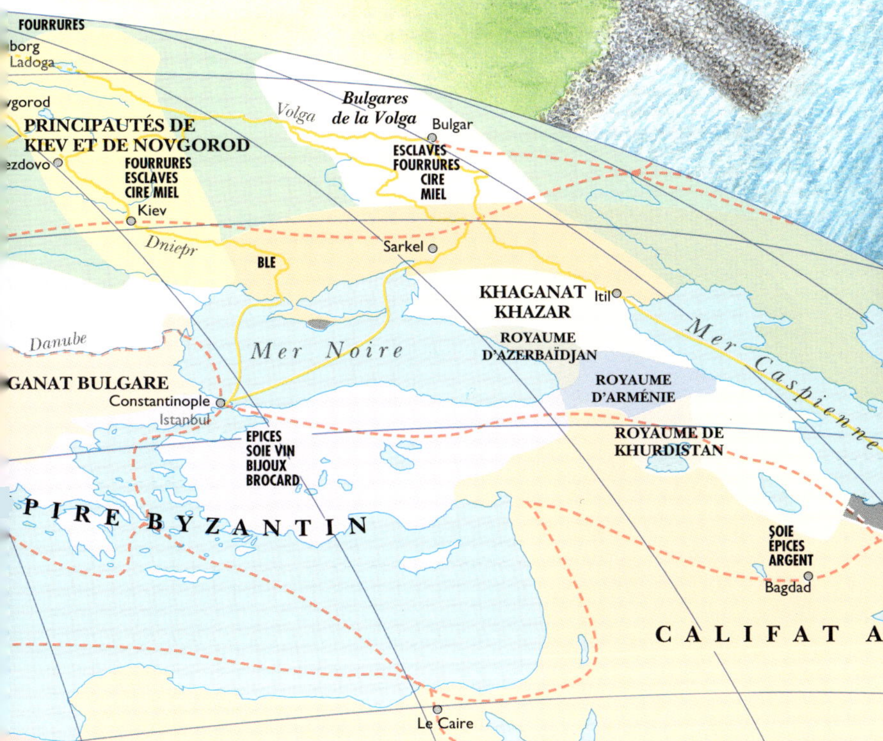

Les bateaux et la navigation

Le bateau viking est un facteur décisif de l'expansion scandinave. Son importance est attestée dans l'art, la poésie, la religion et les pratiques d'inhumation.

« L'hiver qui suivit son arrivée au Hálogaland, le roi Oláfr se fit construire un grand bateau à Ladehammer, plus grand qu'aucun autre bateau du pays. [...] Thórberg Skáfhögg était [...] le maître d'œuvre, mais il y avait aussi de nombreux hommes – certains pour abattre des arbres, d'autres pour fabriquer les clous, d'autres pour dessiner le bateau et d'autres encore pour transporter le bois ; et tous les matériaux employés étaient de la meilleure qualité. »
Saga du roi Oláfr Tryggvason.

Les bordages des bateaux vikings sont construits à clin : le bord de la planche supérieure chevauche celui de la planche inférieure comme les tuiles d'un toit. Ce procédé confère à la coque sa légèreté et son élasticité ainsi qu'une excellente tenue en mer lui permettant d'épouser la vague au lieu de la fendre. La proue et la poupe sont symétriques et le gouvernail est toujours fixé à tribord arrière. Il existait plusieurs types de bateaux vikings, tous adaptés à un environnement maritime particulier.

Le *langskip* de type « Skuldelev n° 5 », baptisé d'après l'endroit où il fut repêché avec quatre autres épaves dans le fjord de Roskilde au Danemark, est caractéristique des navires de guerre vikings de petite dimension. Il mesurait 17,5 m de long et 2,5 m de large et admettait un équipage de 26 rameurs. Des essais réalisés sur une réplique du bateau ont révélé que sa vitesse dépassait 9 nœuds à la voile et 5 nœuds à la rame, avec un équipage complet. Même à pleine charge, son tirant d'eau restait inférieur à 50 cm. C'était donc l'embarcation idéale pour opérer en eaux peu profondes comme celles de la Baltique et le sud de la mer du Nord, et pour s'aventurer dans les terres en remontant les rivières. Les *langskip* norvégiens comme le bateau de Gokstad étaient mieux adaptés à la navigation dans les eaux profondes de l'Atlantique. La coque est plus large et la quille plus haute que sur son équivalent danois. Les flottes royales de la fin de l'âge viking comptaient aussi des bateaux plus spacieux dont la proue s'ornait d'une figure animale, comme le *Long Serpent* du roi norvégien Oláfr Tryggvason. Longue de 30 m et capable d'accueillir un équipage de 50 rameurs, l'épave danoise dite Skuldelev n°2 appartenait sans doute à cette dernière catégorie.

Conçue pour contenir une cargaison importante, la coque des bateaux de commerce était plus courte, plus large et plus lourde que celle des *langskip*. Les bateaux de commerce étaient propulsés à la voile ; un équipage de quatre ou six rameurs suffisait à manœuvrer dans les ports. Le modèle le plus courant était le *knörr*, telle l'épave n°1 de Skuldelev. Elle a 16,5 m de long et admet une charge maximale de 24 tonnes. Le *knörr* est indubitablement le type de bateau que les colons utilisèrent pour traverser l'Atlantique nord jusqu'en Islande, au Groenland et en Amérique du Nord (*voir p. 98-99*). Pour le transport de marchandises sur de faibles distances, on a sans doute eu recours à des bateaux plus petits comme l'épave n°3 de Skuldelev qui supporte une charge de 4 tonnes.

Les plaques commémoratives de l'île de Gotland dans la mer Baltique offrent la preuve la plus ancienne de l'emploi de la voile en Scandinavie. Cette pierre gravée du VIIIe siècle montre, sur les voiles, le quadrillage en diagonale des coutures des lés et le gréement maintenu par deux membres de l'équipage.

On ne sait pas exactement comment les Vikings se dirigeaient en mer. Quand c'était possible, ils serraient la côte en se guidant sur des repères géographiques côtiers. Cette pratique a vraisemblablement été utilisée lors des raids danois sur la France et le sud de l'Angleterre. Reste que les Vikings, surtout les Norvégiens, s'embarquaient pour de très lointaines expéditions maritimes au cours desquelles ils restaient plusieurs jours sans apercevoir la terre. Ils ne possédaient pas de boussole mais un simple cadran solaire pouvant, par temps clair, indiquer le nord avec une précision suffisante. La position des étoiles a également pu leur indiquer la latitude, à condition qu'ils aient connu celle de leur destination finale. Ces navigateurs ont pu être dépositaires d'un important savoir oral. La formation des nuages ou la direction du vol des oiseaux de mer a pu les renseigner sur la présence d'une île au-delà de l'horizon ; une zone d'eau calme par mer agitée pouvait signifier que le bateau se dirigeait vers le rivage toujours abrité des vents d'une île dissimulée derrière un écran de nuages ou de pluie. Le recours à ces astuces ne change rien au fait que le sort du navigateur viking dépendait des courants et des vents, sans parler des risques de naufrage en cas de tempête. Si, parfois, quelques marins déroutés de leur course parvenaient à retrouver leur chemin et rentraient témoigner des nouveaux rivages qu'ils avaient aperçus, plus nombreux encore furent ceux qui disparurent corps et biens.

Ci-dessous : *la facture raffinée du bateau d'Oseberg (IXe siècle) suggère que ce dernier fut construit à des fins plus ostentatoires que pratiques : ce bateau-tombe aux dimensions imposantes est impropre à la navigation en haute mer et n'a pu être utilisé que pour croiser dans les eaux abritées des côtes. Peut-être était-ce le bateau d'apparat de la reine avec laquelle il a été inhumé.*

Ci-dessous : *des girouettes joliment travaillées ornaient la mâture d'étrave des bateaux vikings. Initialement, des banderoles fixées dans les trous du bord inférieur indiquaient la force et la vitesse des vents. Pour se diriger, les Vikings se fiaient à une connaissance détaillée des repères côtiers, des conditions en mer et de la position du soleil et des astres.*

A droite : *l'Helge-Ask, réplique de l'épave n° 5 de Skuldelev, un bateau de guerre danois de petite dimension construit vers l'an mille et retrouvé dans le fjord de Roskilde. Son extrême maniabilité à la voile comme à la rame, même en pleine charge, et son faible tirant d'eau (50 cm) en faisaient une arme redoutable lors des raids de pillage, car il pouvait remonter très en amont les rivières comme la Seine et la Loire.*

Les villes vikings

Durant l'ère viking, les villes scandinaves se développèrent lentement. Pourtant, vers l'an mille, le Nord comptait plusieurs centres urbains prospères.

« [Hedeby] est une grande ville située à l'autre bout de l'océan. [...] La ville est pauvre en biens et trésors. La nourriture principale des habitants est le poisson, très abondant en ce lieu. [...] Parmi eux, les femmes ont le droit de proclamer le divorce [...]. Je n'ai jamais entendu chanter aussi horriblement que les gens de cette ville ; c'est un râclement qui vient de la gorge, comme le jappement des chiens, mais encore plus sauvage. »
Al-Tartushi, originaire du califat de Cordoue, vers 950.

Malgré la présence de plusieurs centres commerciaux saisonniers, il n'y avait pas, dans la Scandinavie d'avant la période viking, de véritables villes. L'essor des premières communautés urbaines alla de pair avec l'essor du pouvoir royal. Ainsi, la majorité des villes furent implantées sur des sites inhabités, à l'initiative des souverains qui espéraient, en encourageant le commerce, s'enrichir par le contrôle des échanges. La fin du Xe siècle vit également l'apparition de centres administratifs et ecclésiastiques.

La création des premières villes du Nord – Ribe et Hedeby au Danemark, Birka en Suède – remonte à la fin du VIIIe siècle. La monarchie danoise joua un rôle important dans la fondation de Hedeby et la domination étroite qu'exerçait la couronne sur les villes de Ribe et de Birka au IXe siècle laisse penser que la création de ces deux villes relève de l'initiative royale. Hedeby, la plus importante des trois, a abrité une population de 1 000 à 1 500 habitants ; Ribe et Birka furent un peu moins peuplées. Ribe, aujourd'hui encore capitale administrative, centre de commerce et siège d'un évêché, peut se prévaloir d'être la plus ancienne ville scandinave, alors que le déclin de Birka et de Hedeby s'amorça avec l'ensablement progressif des deux sites, rendant de plus en plus difficile l'accès aux gros bateaux de commerce du Xe siècle à plus fort tirant d'eau.

Hedeby, Ribe et Birka furent les seules villes de Scandinavie jusqu'à l'apparition, au Xe siècle, du centre d'artisanat et de manufacture d'Arhus, au Danemark. L'urbanisation prit son véritable essor vers l'an mille, avec la création des centres administratifs et ecclésiatiques de Sigtuna, Trondheim, Oslo, Viborg, Odense, Roskilde et Lund. En Suède, le développement des villes fut moins dynamique qu'au Danemark et qu'en Norvège. Vers 1100, le pays ne comptait que quatre villes, contre quinze au Danemark et huit en Norvège.

Hedeby
Durant presque toute la période viking, Hedeby fut la plus grande ville de Nord. L'installation par le roi Godfred, en 808, d'une colonie de marchands, contribua à faire de ce comptoir un centre de commerce international. Hedeby frappait monnaie, et si les fouilles ont mis à jour les vestiges de ce qui fut probablement un poste de douane, nous sommes encore peu renseignés sur l'organisation administrative de la ville. Elle regroupait de nombreux corps de métiers ; on y travaillait notamment le métal, l'os, l'ambre, le verre, la céramique et l'on y réparait les bateaux. Au Xe siècle, Hedeby était incorporée au dispositif de défense du Danevirke *sur la Schlei, mais en 1050 elle fut incendiée par Haraldr Hardrádi et pillée par les Wendes en 1066. Dès 1100, la ville fut abandonnée au profit de Schleswig, située en face, sur l'autre rive, sans doute parce que celle-ci était plus facilement accessible aux lourds bateaux de commerce qui apparurent à cette époque.*

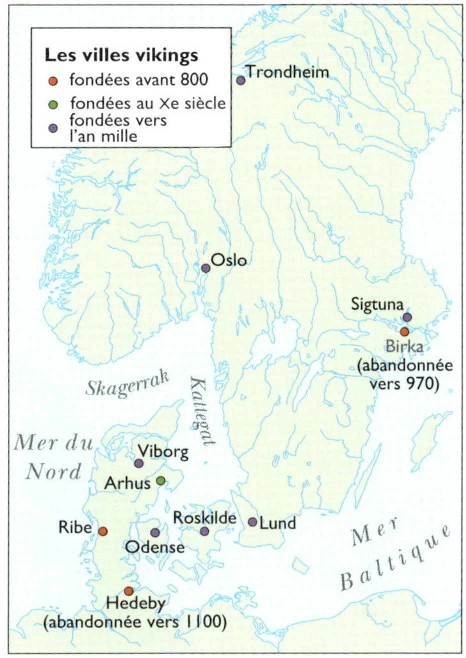

A droite : *Hedeby fut la première ville scandinave à battre monnaie. Sur cette pièce du IXe siècle frappée dans la ville, le bateau atteste de l'importance de la navigation dans la vie de cette cité.*

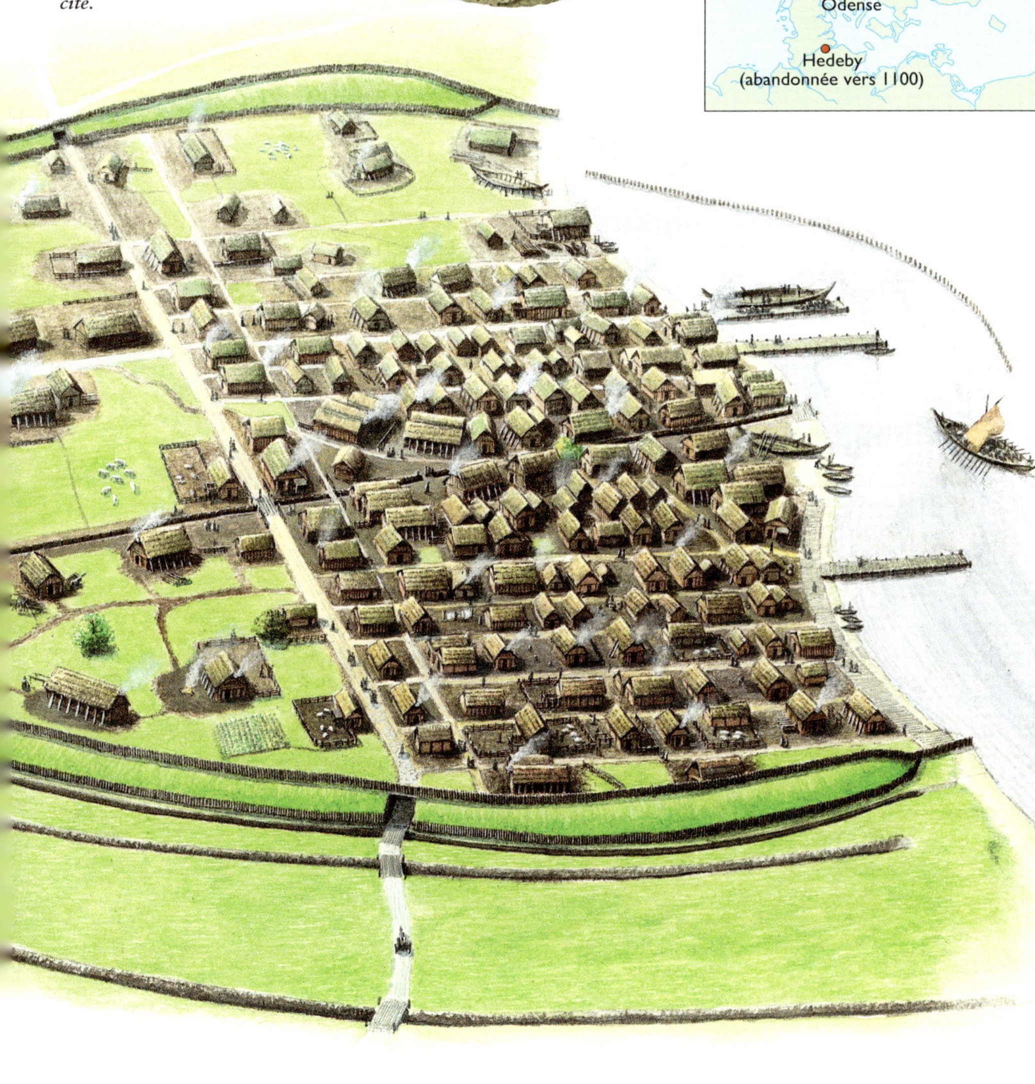

La femme viking

La société scandinave était patriarcale mais les femmes n'étaient pas, tant s'en faut, de simples figurantes : la plupart avaient de fortes personnalités et occupaient un rang élevé dans la communauté.

« Unnr la Sagace était à Katanes, quand Thórsteinn, son fils, périt ; en apprenant que Thórsteinn avait péri et que son père, à elle, était mort, elle estima qu'elle n'avait plus d'avenir en ce lieu. Elle fit faire en secret un knörr *dans la forêt ; lorsque ce bateau fut achevé, elle l'équipa et emporta quantité de biens. Elle emmena tous ceux de ses parents qui étaient en vie, et l'on n'a guère d'exemples qu'une femme seule soit parvenue à fuir de telles hostilités avec autant de biens et une si grande compagnie. »*
Saga des gens du Val-au-Saumon.

Ci-dessus : *ces épingles en os, d'usage très courant durant l'âge viking, servaient à maintenir la cape sur le vêtement féminin. Elles proviennent d'un établissement situé à Udall dans de nord de l'île d'Uist, dans l'archipel des Hébrides extérieures.*

Dans la société scandinave de l'âge viking, la répartition des rôles masculin et féminin étaient clairement définie. Les hommes labouraient, pêchaient, chassaient, faisaient du négoce et partaient à la guerre. Aux femmes incombaient les tâches domestiques : traire les vaches, battre le beurre, moudre le grain, cuire le pain, filer la laine, tisser les vêtements et s'occuper des enfants. Le mobilier funéraire des sépultures païennes reflète exactement cette division des tâches : les hommes étaient inhumés avec des armes et des outils tandis que bijoux, nécessaires de couture, métiers à tisser et autres objets à usage domestique accompagnaient les femmes dans leur dernière demeure.

Bien que le mariage fût avant tout une affaire, – le norrois *brúdkaup* signifie littéralement « achat de la mariée », conclue entre le père de la mariée et son futur époux, les désirs de la jeune femme était généralement pris en compte. Doté d'un triple enjeu, économique social, voire politique, le mariage concrétisait l'alliance entre deux familles de rang et de fortune égaux. La mariée apportait une dot et l'époux un douaire, l'un et l'autre restant définitivement acquis à l'épouse après l'union des époux. Si le ménage s'avérait disharmonieux, la femme prenait des témoins et proclamait son divorce. Pour parer à cette éventualité, lors des tractations visant à fixer les conditions matérielles du marché, les représentants légaux des deux parties convenaient des modalités de partage des biens. Si les femmes ne jouaient guère de rôle dans la vie publique, elles exerçaient une grande autorité sur la maisonnée, les esclaves et les personnes à la charge du foyer et elles participaient aux décisions importantes ayant trait à la famille. Quand le mari était à l'étranger, en expédition viking ou en voyage de négoce, la femme était seule responsable de l'administration de la ferme et des biens, et en cas de veuvage, elle reprenait les fonctions de son mari défunt. La femme était la gardienne de l'honneur du clan. La tradition islandaise la dépeint prompte à exhorter les hommes à la vengeance sanglante, et il est fort possible qu'elle présidait aux cérémonies du culte des morts. Les sépultures païennes laissent supposer que le prestige des

A droite : *ces deux grandes fibules rondes en or décorées d'entrelacs, servaient à retenir une cape ou un manteau sur un vêtement féminin ou masculin, mais elles étaient bien plus onéreuses que les épingles en os figurant ci-contre.*

femmes augmentait avec leur âge ; les tombes les plus richement meublées sont celles de femmes âgées de 50 ans et au-delà, tandis que la qualité des objets accompagnant la dépouille des hommes diminue avec l'âge.

Rien n'indique que les femmes aient assisté les hommes au combat, mais nous savons que parmi les grandes armées vikings ayant opéré en Europe occidentale dans la seconde moitié du IXe siècle, certains guerriers étaient accompagnés de leur famille. Ces femmes auront pu apporter un soutien utile en s'occupant de l'intendance et des soins aux blessés. Nous savons en revanche que la présence des femmes dans les établissements islandais et groenlandais a été essentielle dès le début. Durant la colonisation de l'Islande, la femme semble avoir joui d'un prestige plus grand que dans le reste de la Scandinavie, s'il faut en croire les sagas. Les traditions littéraires qui s'intéressent à l'exploration du Vinland et les volants de fuseaux retrouvés dans l'établissement scandinave de l'Anse-aux-Meadows *(voir pp. 98-99)* suggèrent que les femmes furent associées à ce volet de l'expansion viking. La présence de compagnes rus sur la route de l'est est peu attestée. L'archéologie a retrouvé quelques accessoires féminins typiquement scandinaves, mais les sources écrites mentionnent rarement ces dernières. Les témoignages arabes nous incitent à penser que la plupart des Rus trouvaient leurs épouses dans les populations autochtones – ce qui expliquerait la rapidité avec laquelle les Vikings suédois ont été assimilés aux Slaves.

A gauche : *ce vêtement féminin a pu être reconstitué à partir de pièces de tissu retrouvées à Hedeby et à Birka. Une chasuble de laine fine enfilée sur une tunique de lin à manches longues tombant à mi-mollet constituait une tenue de bonne qualité. Les bretelles étaient retenues à la hauteur des épaules par une paire de broches ovales en métal doré ; le bas de la jupe était parfois rehaussé d'une broderie en fil d'or.*

Ci-dessous : *deux volants de fuseau et deux pierres à aiguiser, retrouvés dans une ferme de l'âge viking à Bryantsgill dans le Kentmere. La toponymie suggère la présence de nombreuses fermes vikings dans le district des lacs. A ce jour, le site de Bryantsgill est le seul à avoir fait l'objet de fouilles. La maîtrise du filage par les femmes garantissait aux habitants des fermes une auto-suffisance complète dans le domaine de l'habillement.*

III : Les raids vikings

Redoutables pillards s'embarquant sur leurs* langskip *pour dévaliser et massacrer de paisibles communautés d'hommes, de femmes et d'enfants, les Vikings ont fini par incarner la terreur des mers. Mais étaient-ils vraiment plus barbares que leurs contemporains chrétiens ?

Les Vikings étaient-ils nombreux ? La violence des raids et l'ampleur des ravages exercés sont-elles une réalité historique ? Ces aspects de l'histoire des Vikings font aujourd'hui l'objet d'un vif débat. Si la tradition a dépeint les Vikings comme des brutes sanguinaires et sans scrupules, la recherche récente a réussi à imposer une vision plus nuancée du phénomène, selon laquelle leur sinistre réputation aurait été entretenue par les récits exagérés de clercs épouvantés, nourris de préjugés envers ces païens qui, de surcroît , avaient la funeste habitude de s'attaquer aux lieux saints. Les Vikings auraient été avant tout des commerçants, des colonisateurs et d'habiles artisans. Quant à leur prétendue barbarie, si l'on excepte les attaques ayant eu pour cible l'Eglise, phénomène inédit dans la chrétienté, elle n'a guère pu qu'ajouter à la sauvagerie des mœurs au début du Moyen Age.

Si nous savons depuis longtemps que le pillard sanguinaire des peintures de Lorentz Frølich au XIXe siècle ne reflète pas la réalité du phénomène viking, il ne fait aucun doute que les raids provoquèrent la destruction d'une grande partie du patrimoine culturel de l'Europe occidentale, particulièrement de ses monastères.

Mais ces deux visions ne sont pas inconciliables. Si la plupart des Scandinaves de l'âge viking furent de paisibles agriculteurs, des artisans et des commerçants, rarement impliqués dans des opérations guerrières, ceux d'entre eux qui choisirent d'embrasser une carrière de mercenaire ou de pirate – autrement dit ceux qui partaient *í víkingu*, en expédition viking – et participaient à ces raids de pillage qui terrifiaient tant les chrétiens occidentaux, ceux-là n'ont sans doute pas hésité à recourir aux armes pour par-

venir à leurs fins : l'expédition viking était, par définition, de nature violente.

La pâture des loups

Les Vikings ont-ils vraiment été plus violents que leurs contemporains chrétiens ? En 782, l'exécution par Charlemagne de 4 500 rebelles saxons à Verden soutient la comparaison avec les atrocités imputées aux Vikings. Il n'y a pas non plus lieu de douter qu'au cours des guerres qui déchiraient la chrétienté au début du Moyen Age, la paysannerie n'ait eu à souffrir des pillages auxquels se livraient les armées en campagne, ennemies et « alliées ». Mais à l'époque des premiers raids vikings, l'Occident chrétien jouissait d'une stabilité inconnue depuis la chute de l'Empire romain, et, hors des régions frontalières, les ouvrages fortifiés étaient rares. Alors que la sécurité n'était troublée que par des hostilités ponctuelles, les Vikings firent peser sur les populations de presque toute l'Europe occidentale une menace quotidienne et durable. Même en Irlande, pays déjà déchiré par de sanglantes querelles, la fréquence des conflits fut encore aggravée par l'arrivée des Vikings. Entre 831 et 919, les sources irlandaises recensent 16 épisodes où les pillages et les destructions sont le fait des autochtones, contre 110 attribués aux Vikings.

Jusque-là, l'Eglise, cible privilégiée des raids vikings, jouissait d'une relative sécurité en temps de guerre ; même en Irlande où des rivalités éclataient entre moines des différents monastères, les églises étaient rarement pillées. La majorité des sources dont nous disposons proviennent des monastères, qui étaient les hauts lieux d'érudition de l'Occident médiéval. Dans leurs chroniques, les moines n'en finissent pas de dénoncer le vandalisme aveugle et l'épouvantable sauvagerie, inédits à leurs yeux, de leurs agresseurs. Si certains de ces récits trahissent l'indignation des auteurs envers un ennemi profanant systématiquement les sanctuaires de la chrétienté, les sources monastiques ne contredisent pas sur le fond les témoignages produits dans d'autres sphères culturelles très différentes, comme les mondes byzantin et mulsuman. En Scandinavie même, les poèmes scaldiques de l'âge viking se font fort d'exalter les prouesses sanglantes : « Le destructeur des Ecossais nourrissait les loups : il foulait au pied le dîner de l'aigle/Les échassiers de la bataille survolaient les cohortes des morts/le bec des oiseaux de proie était maculé de sang/le loup lacérait les chairs et des vagues de sang déferlaient contre les becs des corbeaux. »

Ni cette strophe, rédigée par le scalde Egill Skallagrímsson pour louer les hauts faits d'Eiríkr Blódöx, ni la poésie scaldique en général, ne résument l'éthique de toute la société viking, pas plus que le cinéma d'action ne reflète les valeurs de la société occidentale de la fin du XXe siècle. Reste que les scaldes composaient à l'usage des guerriers de haut rang, et que l'on sache, ils s'efforçaient d'épouser les vues de leur auditoire. Les sources scandinaves se souviennent aussi d'un supplice viking, « l'aigle de sang », qui consistait à découper le thorax d'un prisonnier et à en extraire les poumons par le dos. Il faut peut-être voir dans cette pratique cruelle l'accomplissement d'un rite dédié à Odinn, le dieu de la victoire. En fait, le bon sens suggère que les Vikings n'ont pas, tant s'en faut, cherché à faire mentir leur redoutable réputation, ne serait-ce que pour mettre leurs victimes en condition. Si la figure du pirate sanguinaire ne reflète pas l'ensemble de la société scandinave, elle ne s'en applique pas moins à un groupe important. Rien cependant ne permet d'affirmer que le Viking fût totalement dépourvu d'humanité : la société scandinave compta de farouches guer-riers, comme ont pu l'être les ancêtres païens des Francs et des Anglo-Saxons qui envahirent l'Empire romain entre le IIIe et le Ve siècle de notre ère.

Les flottes et les armées

Les sources occidentales contemporaines des raids ont tendance à mesurer l'ampleur d'une attaque au nombre des bateaux et non à celui des participants, ce qui ne nous permet pas d'apprécier la taille réelle des armées vikings. Combien d'hommes pouvait contenir un bateau ? Tous les bateaux avaient-ils la même dimension ? Avec quelle précision étaient-ils dénombrés ? Sur ce dernier point, l'usage consiste à accepter les chiffres modérés – par exemple, 13 bateaux vikings pour un raid mené en 822 selon les *Annales des Rois francs* – et à considérer les chiffres importants comme des approximations. Mais il est difficile d'établir un seuil critique. En fait, les sources irlandaises, franques et bretonnes concordent remarquablement quand il s'agit de décrire la taille des flottes vikings. Avant 850, les documents font rarement état de flottes supérieures à 100 bateaux, sauf dans le cas de campagnes menées par des rois, ainsi l'attaque de la Frise en 810 par Godfred à la tête de 200 navires. Après 850, les sources mentionnent souvent des flottes de 120, 150, 200, voire de 250 bateaux. Et si l'on confronte ces témoignages avec d'autres sources de la même période on s'aperçoit que les chiffres avancés de part et d'autre, petits et grands, coïncident largement. Nous tenons donc l'ensemble de nos chiffres pour assez authentiques, à quelques exceptions près cependant : ceux qu'avance par exemple Abbon de Fleury dans la relation qu'il fait du siège de Paris en 885-886 – 700 bateaux et 40 000 hommes – sont peu plausibles ; compte tenu de l'époque, une telle armée n'a pu rester mobilisée aussi longtemps.

L'état de nos connaissances sur les bateaux vikings ne permet pas de déterminer l'effectif moyen d'un équipage. Le bateau de Gokstad fut construit au IXe siècle pour un équipage de 32 rameurs, mais il est flanqué de chaque côté de 32 boucliers, ce qui suggère un total de 70 rameurs – deux équipages se sont peut-être relayés. Le bateau de Ladby, légèrement plus tardif, est également équipé de 32 bancs de rameurs, mais la coque est moins large que celle du bateau de Gokstad et n'a sans doute pu transporter autant d'hommes. Quant au plus étroit des deux *langskip* – bateaux de guerre – construits vers l'an mille et retrouvés à Skuldelev, il ne comportait que 24 rames. En supposant que les bateaux transportaient des chevaux, des vivres, des familles, du butin et des prisonniers, l'équipage a dû être inférieur au maximum théorique. Et même dans ce cas, en supposant que le plus petit de ces trois navires fût le modèle le plus courant et qu'il ne transportât pas de charge superflue, nous serions encore obligés de conclure qu'à la fin du IXe siècle la plus importante flotte viking a pu compter jusqu'à plusieurs milliers de guerriers. Nous sommes bien loin des quelques centaines avancées par certains historiens. La mobilisation prolongée de telles armées ayant dû poser des problèmes, nous sommes tentés de croire qu'une fois le campement établi celles-ci se divisaient en bandes de quelques centaines d'individus qui partaient piller les environs.

L'archéologie et les sources écrites suggèrent que les flottes royales qui attaquèrent l'Angleterre avant la conquête du royaume par les Danois (980-1016) comprenaient des *langskip* plus spacieux que ceux utilisés au IXe siècle, du même type que le plus grand des *langskib* repêchés à Skuldelev : il était propulsé par 50 rameurs et pouvait transporter un équipage total de 80 à 100 hommes. Même si la flotte de 160 bateaux commandée par Knútr lors de l'invasion de l'Angleterre en 1016 ne comptait qu'une douzaine de ces grands *langskip*, l'armée a aisément pu comprendre de 6 000 à 7 000 hommes. En comparaison, l'armée normande conduite par Guillaume à Hastings – qui possédait aussi une flotte de *langskip* – n'a guère pu dépasser 5 000 ou 6 000 hommes. On a même retrouvé des bateaux contemporains aux dimensions encore plus imposantes ; le *Long Serpent* du roi Oláfr Tryggvason comportait 68 rames et pouvait transporter plusieurs centaines d'hommes. Toutefois, de tels bateaux ont sans doute essentiellement servi à la défense côtière.

Le *Burghal Hidage* compilé dans le Wessex vers 900 fournit une preuve supplémentaire de l'importance des effectifs militaires vikings. Ce document recense les *burhs* – les places fortes du Wessex – et le nombre de *hides* – une unité de mesure du sol – attribués à chaque *burh* pour accueillir les garnisons. D'après les calculs employés, la défense d'un *pole* (env. 500 m) de muraille était confiée à quatre hommes, plus un homme de chaque *hide* attribué à un même *burh.* Par exemple, le dispositif de défense de Wareham était réparti en 1 600 *hides* nécessitant la présence de 1 600 hommes au total pour défendre 400 *poles* – donc un peu plus de 2 km de mur d'enceinte. Ces dimensions correspondent exactement à la réalité : les fortifications de Wareham sont bien conservées et elles mesurent 1 993 m de circonférence. Des ouvrages aussi importantes n'auraient pas été construits s'ils n'avaient pu abriter les garnisons nécessaires, car des murailles non défendues n'étaient d'aucune utilité. Le nombre total de *hides* attribués aux *burhs* du Wessex s'élevant à 27 071, il est permis de supposer que le royaume du Wessex pouvait mobiliser, pour leur simple surveillance, le nombre d'hommes correspondant. Si l'on tient compte du fait qu'Alfred le Grand maintenait une armée de réserve et qu'il possédait aussi une flotte, la force militaire du Wessex a dû compter un peu plus de 30 000 hommes. Certes, si de tels effectifs n'ont pu se trouver rassemblés en un même lieu, il reste cependant difficile d'imaginer que quelques centaines, et non plusieurs milliers de guerriers vikings, aient réussi à mettre le Wessex aux abois, et à fortiori conquérir les autres royaumes anglo-saxons.

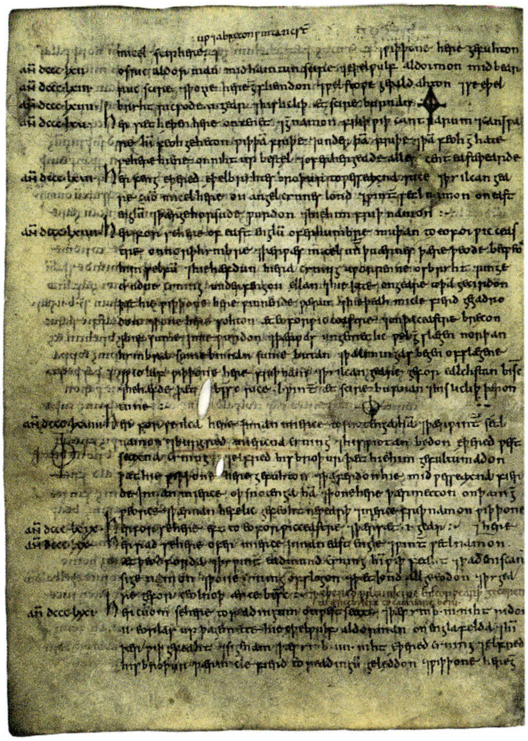

La Chronique anglo-saxonne *fut compilée durant le règne d'Alfred le Grand (871-901) pour servir un objectif double : présenter une version officielle des événements et exalter l'habileté politique des rois du Wessex dans la lutte contre les Vikings. Ces pages couvrent la période 862-874, durant laquelle les Danois se rendirent maîtres de l'Est Anglie, de la Northumbrie et de la Mercie.*

En revanche, le mur d'enceinte du camp fortifié construit par la grande armée danoise à Repton durant l'hiver 873-874, l'unique fortification viking en Grande-Bretagne à avoir fait l'objet de fouilles, mesure 183 m de circonférence. L'espace habitable à l'intérieur de l'enceinte ne permettait donc pas d'abriter une armée importante ; 150 hommes ont dû suffire à la défense des fortifications. Situé sur les deux rives de la Trent et équipé d'un ponton, le fort semble avoir été initialement conçu comme un abri fortifié pour les bateaux, et non pour accueillir une armée entière. Une sépulture collective découverte à l'extérieur du camp contient les corps d'au moins 249 personnes, dont 80 % étaient âgées de quinze à quarante-cinq ans. Les ossements ont été disposés autour de la tombe centrale d'un homme de haut rang, peut-être l'un des chefs de la grande armée entouré de ses partisans. Comme aucun ne semble avoir péri des suites de ses blessures, on a suggéré que ces hommes avaient été décimés par une épidémie. Au Moyen Age, les maladies pouvaient faire subir de lourdes pertes aux armées et, dans les campements d'hiver, des taux de mortalité inférieurs à 5 % – même dans des conditions favorables – et supérieurs à 35 % – sont improbables. Si la nécropole rassemble les dépouilles de tous les Vikings qui occupaient le camp de Repton – et la présence de tombes isolées aux alentours du site tend à prouver le contraire –, cela indiquerait que la grande armée compta un minimum de 600 hommes et un maximum de 4 000, serviteurs non inclus.

Même en supposant qu'une grande armée viking du IXe siècle ait pu compter quelques milliers de combattants, on est encore loin de l'image des hordes innombrables déferlant du Nord. Les Vikings avaient tendance à opérer ponctuellement sur des cibles précises. A l'époque des grands raids vers la France, entre 879 et 892, l'Angleterre et l'Irlande n'étaient guère inquiétées, et quand en 892 le mouvement s'inversa, la France connut à son tour une période de répit. Il y eut rarement plus d'une ou deux grandes armées simultanément en campagne. Aussi le nombre total des guerriers vikings est, semble-t-il, resté limité.

Le début des raids

Les tout premiers raids mentionnés eurent pour cible l'Angleterre : selon la *Chronique anglo-saxonne*, le premier fut lancé sur Portland vers 789 par trois bateaux venus de Norvège, et il coûta la vie à l'intendant du roi Beaduheard et à ses hommes.

En 792, le puissant roi de Mercie Offa organisa la défense côtière, sans doute en prévision des attaques de pirates vikings, et en 793 eut lieu le sac du fameux monastère fondé par saint Cuthbert sur l'île northumbrienne de Lindisfarne, l'un des hauts lieux spirituels des îles britanniques. L'église fut dévalisée, certains moines furent tués et d'autres furent capturés. Les bâtiments du monastère, ainsi que la plupart des trésors comme les superbes évangiles de Lindisfarne, échappèrent aux destructions. On suppose que les

Le martyre de saint Edmond, détail d'une fresque murale du XVe siècle ornant l'église de Pickering dans le nord du comté de York. La grande armée des Vikings qui envahit l'Angleterre en 865 s'empara rapidement du royaume d'Est-Anglie. Son roi Edmond fut capturé au combat et supplicié. Le culte de saint Edmond connut une certaine popularité dans le Danelaw après la conversion des colons scandinaves.

moines, prévenus de l'attaque, ont eu le temps de mettre les richesses du monastère à l'abri. Il est difficile aujourd'hui de se faire une idée de l'horreur qu'inspira cet épisode aux contemporains chrétiens. Quand Alcuin écrit : « Personne ne croyait qu'une telle expédition maritime fût possible », il n'exprime pas son étonnement face à quelque prouesse maritime insoupçonnée – il était au fait des contacts entre la Northumbrie et la Scandinavie – mais sa stupeur devant le fait que Dieu et les saints ne soient pas intervenus pour empêcher cette tragédie. Si un lieu aussi sacré que Lindisfarne n'était pas sûr, aucun lieu ne l'était.

Le sac de Lindisfarne est caractéristique des raids de la première phase qui dura jusqu'en 834 environ. A bord d'une flotte réduite – une douzaine de bateaux au maximum – les Vikings réalisaient des coups de main dispersés sur les côtes anglaises, irlandaises, frisonnes et françaises, et s'aventuraient rarement au-delà de quelques kilomètres à l'intérieur des terres. Même si l'extrême mobilité des bateaux rendait ces interventions éclairs difficilement prévisibles, la résistance franque et anglo-saxonne se révélait souvent efficace. Trop souvent pourtant, les pillards avaient repris la mer avant même que la défense n'ait pu s'organiser. Les Irlandais, constamment divisés par des rivalités internes, ne furent pas en mesure d'opposer une résistance aussi massive et furent gravement affectés par les raids durant cette période.

Si l'expansion viking n'est pas à l'origine des divisions qui déchiraient l'Europe occidentale, les Scandinaves restaient très attentifs à la situation politique qu'ils s'efforcèrent toujours d'exploiter à leur profit. L'éclatement de la guerre civile en 830 dans l'Empire franc, provoquant la désorganisation de la défense côtière, amorça une nouvelle phase de raids plus déterminés, qui durera jusqu'en 865. Des flottes, à la fois plus importantes – de 30 à 35 bateaux au début, et jusqu'à plus d'une centaine vers les années 850 – et plus intrépides, s'avancèrent davantage dans les terres en remontant les fleuves navigables comme le Rhin, la Seine et le Shannon, et mirent à sac les villes principales. Quelques raids furent lancés en Méditerranée, sans grand succès toutefois.

Durant la première phase, le pillage reste une activité saisonnière ; dès le début de l'hiver, les flottes rentraient en Scandinavie. Durant la deuxième phase, les Vikings établissent des camps pour hiverner. Les raids pouvaient ainsi débuter dès le début de la belle saison. Des bases permanentes virent également le jour en Ecosse et en Irlande. A cause des luttes dynastiques dans l'Empire carolingien, la France fut, durant cette phase, la cible privilégiée des attaques vikings. En 841, l'octroi de Walcheren à un chef viking inaugura une période de domination viking sur la Frise qui dura par intermittence jusque dans les années 880.

Conquête et colonisation

La troisième phase de l'expansion viking, phase de conquête et de colonisation, débute en 865 avec l'invasion de l'Est-Anglie par une imposante armée viking, épisode qui transporte le champ d'action vers l'Angleterre. Après s'être emparé de l'Est-Anglie, de la Northumbrie et de la Mercie, les Vikings commencent, dans les années 870, à fonder des établissements importants dans l'est de l'Angleterre. C'est également le début de la colonisation – pacifique cette fois – de l'Islande. Entre 879 et 892, la résistance victorieuse menée par Alfred le Grand dans le Wessex incita les Vikings qui n'avaient pas les moyens ou l'intention de se fixer à retourner en France. Quand, devant les progrès de la contre-attaque franque, ceux-ci voulurent à nouveau tenter leur chance en Angleterre, Alfred le Grand avait complètement réorganisé la défense de son royaume et, après avoir essuyé des revers successifs, l'armée viking finit par se disperser en 896. Cette date marque la fin de la troisième phase. En Irlande, la résistance se montra tellement efficace que les raids cessèrent complètement dès 971.

La période 896-954 marque le déclin de l'expansion viking. En France, Charles le Simple offre à Rollon et à ses partisans de se fixer et leur octroie des terres en Seine inférieure contre la promesse de repousser les incursions d'autres bandes vikings. Malgré quelques escarmouches aux frontières, les Vikings, empêchés de remonter la Seine, n'inquiétèrent plus la région, qui prit le nom de Normandie. En 914, les Vikings tentèrent de s'emparer de la Bretagne et d'y fonder une seconde colonie scandinave en Europe continentale, mais ils furent chassés en 936 par les Bretons. Cet épisode marque la fin de l'activité viking sur le continent. Seule la Frise, située sur l'axe emprunté par les Vikings pour gagner le sud de l'Angleterre

Ce fragment de bois sculpté montre une impressionnante flotte de la fin de l'âge viking tirée sur la rive. Les témoins des invasions vikings mesurent généralement la force des armées au nombre des bateaux, ce qui rend difficile pour l'historiographie moderne de déterminer avec certitude la taille réelle des armées vikings.

depuis la Scandinavie, continua d'être régulièrement dévalisée. La conquête de tous les établissements scandinaves de l'Angleterre, entreprise par les rois du Wessex et achevée vers 954, affaiblit considérablement la position des Norvégiens fixés depuis environ 900 dans le nord-ouest du pays. Pourtant, l'Angleterre n'avait pas fini d'en découdre avec les Vikings : un regain d'activité s'amorça dans les années 980 et les raids atteignirent une intensité inégalée. En Irlande, la longue période d'accalmie connue sous le nom des « quarante années de répit » prit fin en 914. Les raids reprirent, tandis que l'assimilation des Scandinaves aux populations autochtones rendait de plus en plus confuse la distinction entre les attaques vikings et les conflits inter-irlandais.

Les retombées du phénomène viking

En Europe occidentale, l'impact des raids fut important et parfois même déterminant. Rendus à tort responsables du démembrement de l'Empire carolingien, les Vikings, s'ils surent exploiter les conflits dynastiques, n'en sont pas la cause. Les Vikings n'arrivaient qu'au second rang des préoccupations politiques des souverains carolingiens, qui sollicitaient parfois leur appui pour renverser un rival. La population s'est souvent sentie frustrée par la tiédeur des mesures prises pour lutter contre l'envahisseur ; parce qu'ils trahissaient l'incapacité des souverains à leur opposer une résistance sérieuse, les succès des Vikings ont pu contribuer à discréditer la monarchie et précipiter son déclin. Dans un cas au moins, les rois francs ont su tirer parti des raids : l'occupation de la Bretagne entre 914 et 936 a brisé le pouvoir des chefs locaux et ouvert la voie au rattachement de cette région à la couronne de France. Mais l'épisode qui connaîtra la plus longue fortune reste l'établissement du duché de Normandie. Bien que l'expansion normande au XIe siècle ne puisse être imputable à un quelconque héritage de la mentalité viking – les raisons sont inhérentes à l'évolution politique et sociale du pays –, son impact fut considérable sur l'histoire de l'Angleterre, de la France et de l'Italie.

En Angleterre et en Ecosse, l'expansion viking se traduisit par un bouleversement durable des structures politiques existantes. En Ecosse, les attaques vikings contre les Pictes, les Northumbriens et les Gallois du Strathclyde ont fait basculer l'équilibre des forces en faveur des Ecossais, lesquels en profitèrent pour unifier le pays. En Angleterre, les Vikings éradiquèrent les royaumes d'Est-Anglie, de Northumbrie et de Mercie ; seul le Wessex résista et, en conquérant le Danelaw au Xe siècle, réunit pour la première fois tous les Anglais sous une même couronne. Ainsi, en Angleterre comme en Ecosse, les Vikings sont indirectement responsables de l'émergence de deux Etats unifiés. Les grands établissements vikings de l'est de l'Angleterre ont aussi eu une influence majeure sur la langue anglaise, qui a emprunté plusieurs centaines de mots au lexique danois, y compris des termes très courants. Malgré tout, environ un siècle et demi après leur installation, les colons scandinaves d'Angleterre étaient totalement assimilés à la population autochtone. Ceux des Hébrides conservèrent leur identité un peu plus longtemps, tandis que les colons des Orcades et des Shetland resteront scandinaves bien après la fin de l'âge viking. Si l'on excepte la destruction des monastères, l'expansion viking en Irlande aura eu un impact étonnamment limité. Elle contribua toutefois au développement des premières villes irlandaises et à l'ouverture économique de l'île sur le reste de l'Europe.

Les retombées du phénomène viking sur la conjoncture économique européenne sont plus difficiles à mesurer. L'impact des raids dans les campagnes semble avoir été de courte durée. Les villes, construites en bois, étaient facilement incendiées mais rapidement reconstruites ; et même si les attaques répétées ont pu pour un temps entamer leur prospérité, le déclin puis la disparition définitive, durant l'âge viking, de deux villes importantes, Quentovic et Dorestad, semblent être plus largement dus à l'ensablement des rivières qui en assuraient l'accès qu'à la fréquence des raids. En Irlande et en Angleterre, il semble même que la présence des Vikings ait favorisé les échanges commerciaux et le développement des villes, soit que les Vikings y aient eux-mêmes fondé des établissements, soit qu'ils aient contraint les Anglo-Saxons à construire de nouvelles places fortes, les *burhs*.

En fin de compte, le plus grave préjudice causé par les raids réside essentiellement dans le pillage et la destruction des monastères, les hauts lieux de la culture occidentale au début du Moyen Age. Dans une grande partie du nord-ouest de l'Europe, la vie monastique fut sur le point de s'éteindre. De nombreux monastères furent entièrement rasés, d'autres simplement abandonnés par les moines terrifiés. Les bibliothèques des monastères furent détruites, les livres disparurent dans les flammes, les ouvrages les plus richement décorés furent emportés par les pillards. Les objets en métaux précieux furent broyés et refondus. Mais le pire est peut-être que les moines – donc les écrivains, artistes et artisans – furent dispersés, capturés ou tués. Avant la fin du Xe siècle, l'ère de renouveau des lettres et de l'enseignement annoncée par le règne de Charlemagne et connue sous le nom de Renaissance carolingienne s'éteignit, et la brillante culture monastique des débuts de l'Irlande chrétienne ne connaîtra plus jamais un rayonnement pareil à celui qui précéda le passage des Vikings. S'il est impossible de dire si ce processus retarda durablement les progrès de la civilisation occidentale, l'impact immédiat sur la vie culturelle fut considérable.

Ce calice en argent rehaussé d'ornements à la feuille de bronze réalisé vers 700 est l'un des ouvrages les plus raffinés de l'art celtique tardif. Provenant d'un trésor enfoui dans le sol durant l'âge viking sans doute pour le mettre à l'abri des pillages, il a été exhumé en 1868 à Ardagh, dans le comté de Limerick.

Les premiers raids

Au VIIIe siècle, un nouveau fléau venu de la mer frappe l'Europe de plein fouet, ruinant la paix et menaçant la prospérité.

« Jamais encore on n'avait vu pareilles atrocités [...]. L'église Saint-Cuthbert est éclaboussée du sang des serviteurs de Dieu, dépouillée de son mobilier, livrée au pillage des païens – le lieu le plus sacré de toute l'Angleterre. »
Alcuin de York, 793.

Les raids vikings sur la Grande-Bretagne débutent vers la fin des années 780 et affectent le continent à partir de 799. Selon la *Chronique anglo-saxonne*, le premier raid vers l'Angleterre remonte à 789 environ, avec l'attaque de Portland par trois navires venus de Norvège. En 792, le roi de Mercie, Offa, organise la défense côtière de son royaume. L'année suivante, le célèbre monastère de Lindisfarne est mis à sac. Les chroniques mentionnent les premiers raids vers l'Irlande et l'Ecosse en 795 et la première expédition en France en 799.

Durant les trois premières décennies, les Vikings se heurtent à une résistance efficace. Les Anglo-Saxons et les Francs prennent conscience du danger de laisser les Vikings remonter les fleuves et entreprendre des incursions dans les terres. Les Anglo-Saxons barrent l'accès des rivières en édifiant des ponts, tandis que Charlemagne, empereur des Francs, poste des guetteurs et des flottes le long des côtes. Mais la défense des côtes frisonnes, plus exposées, se révèle difficile à assurer. En 810, le roi danois Godfred, se sentant menacé par l'expansion des Francs sur sa frontière, envoie sa flotte ravager le vulnérable littoral frison. Quand la flotte et l'armée franques arrivent sur place, les Danois sont déjà loin. Tout comme l'assaut viking donné auparavant contre les Abodrites, une peuplade slave alliée aux Francs, l'attaque des côtes frisonnes s'inscrit plus dans la logique d'une démonstration de force que dans celle d'une opération de pillage. A la mort de Charlemagne en 814, son fils et successeur Louis le Pieux poursuivra sa politique de défense côtière ; mais à partir de 830, les rivalités internes qui déchirent l'Empire franc affaibliront considérablement le dispositif de défense des frontières. Vers 840, les Vikings avaient à quatre reprises remonté le Rhin et mis à sac Dorestad, le plus riche port de l'Empire franc.

Evocation du sac du monastère de Lindisfarne sur une pierre tombale, datant du IXe siècle, provenant du prieuré. Ce raid plongea l'Europe dans l'effroi : pourquoi Dieu avait-il permis la profanation d'un tel sanctuaire par les païens ? Le raid viking était-il le châtiment de quelque terrible péché ?

Iles Shetland
Orcades
Hébrides
Iona
ROYAUME DES PICTES
DALRIADA
839
STRATHCLYDE
NORTHUMBRIE
Tweed
Lindisfarne
793
sac du monastère
794 Jarrow
York
Humber
ROYAUMES IRLANDAIS
839
Mer d'Irlande
825
838
836
812
MERCIE
Trent
792
Offa organise la défense côtière
Pays de Galles
Londres
WESSEX
Winchester
Portland
Cornouailles
838
V.789
premier raid viking mentionné par les annales anglo-saxonnes
Mer du Nord
Norvégiens
Götar
Danois
809
le légat du pape, en route pour la Northumbrie, est enlevé par les Vikings
837
les Vikings dévastent le fort franc et tuent ou capturent les conseillers de Louis le Pieux
808
810
Reric
Abodrites
Rüstringen
concédé en 826 par Louis le Pieux au roi danois exilé Haraldr Klakk
834-837
important port franc pillé à 4 reprises
Utrecht
Dorestad
Walcheren
837
Anvers
820
Gand
Boulogne
Quentovic
Aix-la-Chapelle
Rhin
800
Charlemagne organise la défense côtière
820
la flotte viking est repoussée 2 fois par les gardes-côtes avant de pénétrer en Aquitaine
Seine
Meuse
Danube
Bretons
OCEAN ATLANTIQUE
EMPIRE FRANC
Loire
Noirmoutier
799
105 Vikings tués par la défense locale après que leur flotte a été déroutée
Golfe de Biscaye
Aquitaine
Creuse
Loire
Rhône
N
0 200 km
0 125 miles
60°N
55°
50°
45°
10°
5°
0°
5°
10°
Den Burg on Texel
Frise
Mer du Nord
Aelmere
Burgh on Schouwen
Middelburg
Souburg
Veurne
Oostburg
Bourbourg
Mont Saint Winok
Flandres
2/ Le dispositif franc de défense côtière
Charlemagne et Louis le Pieux ont fait construire des forts côtiers pour repousser les assauts des Vikings. Aucun n'a été identifié de façon irréfutable. Un complexe de huit bastions circulaires a été mis au jour le long des côtes frisonnes et flamandes. Les fouilles partielles ne permettent guère de dater avec certitude l'ensemble du début du IXe siècle.
emplacement supposé de fort franc
1/ Raids vikings, 789-839
itinéraire emprunté lors des raids
campagnes du roi Godfred
raid viking, 789-833
raid viking, 834-839
victoire viking
défaite viking
base viking
frontière
flottes de défense côtière
ville pillée

Les raids s'intensifient

Tirant profit des querelles dynastiques entre Francs, les Vikings remontent les fleuves jusqu'au cœur de l'empire.

« Un hiver très dur. En mars, 120 bateaux des Normands ont remonté la Seine jusqu'à Paris, dévastant tout sur leur passage. [...] Charles [...], convaincu qu'il ne pourrait remporter la victoire, traita [...] et, contre une rançon de 7 000 livres d'argent, [...] il les persuada de rebrousser chemin. »
Annales de Saint-Bertin, 845.

En 840, à la mort de Louis le Pieux, empereur d'Occident, ses trois fils – Lothaire, Charles le Chauve et Louis le Germanique – se disputent l'Empire franc. Face à un pouvoir politique considérablement affaibli par des rivalités internes, les Vikings redoublent d'ardeur. Le dispositif de défense côtière mis en place par Charlemagne s'effondre permettant aux flottes vikings de s'aventurer toujours plus avant dans les terres et de dévaliser des villes importantes, des ports et des monastères. Les Vikings campent sur les îles fluviales comme l'île d'Oissel sur la Seine, d'où ils multiplient les raids dans la région.

A cause de l'étendue de ses côtes et de ses nombreuses rivières navigables, le royaume de Charles le Chauve est le plus affecté par les raids vikings. Ces derniers tirent aussi habilement parti des rivalités intermonarchiques : en 843, un comte rebelle à la souveraineté de Charles les rallie pour s'emparer de Nantes, et en 858, Louis le Germanique occupe le royaume de Charles et l'oblige à abandonner le siège du campement des Vikings établi sur l'île d'Oissel, qui lui imposent alors un *danegeld*, autrement dit le versement d'une rançon en échange de leur départ. Le souverain accepte de traiter, ce qui aboutira à une généralisation du procédé. Mais pour l'heure, Charles use de ce sursis pour faire face à ses ennemis intérieurs. Parfois, les Vikings servent involontairement les intérêts royaux : Charles put restaurer son autorité à Bordeaux après qu'elle fut assiégée par les Vikings en 848, contribuant ainsi à discréditer un prince rebelle qui avait pris le contrôle de la ville.

La Frise et l'estuaire du Rhin, cibles fréquentes des Vikings, appartiennent au royaume de Lothaire. Ce dernier cède dans ces deux régions des terres aux chefs vikings, à condition qu'ils protègent son territoire contre les attaques d'autres Vikings. Ils ne tinrent guère parole, mais les raids cessèrent sur le Rhin jusqu'en 863, du moins au sud de Dorestad. Avec son étroite bande côtière, le royaume de Louis le Germanique fut moins touché. Quant à l'Angleterre, qui a infligé aux Vikings plusieurs défaites cuisantes, elle n'est guère inquiétée durant cette période.

Frontispice d'une bible de l'époque : Charles le Chauve, roi des Francs de l'Ouest (843-877), sur son trône.

Les raids vikings en Europe occidentale, 840-860
Partage de l'Empire franc, 843 :
royaume de Charles le Chauve
royaume de Lothaire Ier
royaume de Louis le Germanique
Raids vikings :
itinéraire des Norvégiens
itinéraire des Danois
victoire viking
défaite viking
région ou site dévasté par les Vikings
base viking
0 200 km
0 125 miles
N
Iles Shetland
Orcades
Hébrides
Iona
Norvégiens
Götar
Danois
Mer du Nord
ROYAUME DES SCOTS
STRATHCLYDE
NORTHUMBRIE
ROYAUMES IRLANDAIS
Dublin
Mer d'Irlande
York
Humber
Trent
MERCIE
EST-ANGLIE
Pays de Galles
WESSEX
Wicanbeorg
Cornouailles
Londres
Sandwich
Aclea
844 le roi Raedwulf de Northumbrie est tué par les Vikings
841 Walcheren est concédé par Lothaire à Haraldr Klakk
850 bataille navale. Victoire viking sur les Anglo-Saxons
850 la Frise est concédée par Lothaire à Roric
Frise
Hambourg
Abodrites
Saxe
Utrecht
Dorestad
Anvers
Gand
Boulogne
Quentovic
Aix-la-Chapelle
Rhin
ROYAUME DE LOUIS LE GERMANIQUE
Meuse
Danube
Rouen
Seine
Paris
845 les Vikings pendent 111 prisonniers francs et marchent sur Paris
Oissel
Orléans
Loire
858 Charles le Chauve assiège la base viking d'Oissel mais doit lever le siège suite à l'invasion de son royaume par son frère Lothaire
OCEAN ATLANTIQUE
Bretons
Nantes
Angers
843 Noirmoutier
Première base de raids vikings sur le continent européen
Creuse
ROYAUME DE CHARLES LE CHAUVE
Poitiers
Saintes
Aquitaine
Bordeaux
Dordogne
Garonne
ROYAUME DE LOTHAIRE
Rhône
Adige
Pô
Tanaro
Gênes
Pise
Arno
Ampurias
Ebre
Mer Méditerranée
Mer Tyrrhénienne
60°N
55°
50°
10°
5°
0°
5°E
10°

Les Vikings en Méditerranée

Les flottes vikings harcèlent l'Espagne chrétienne et mulsumane, et sévissent dans le Bassin méditerranéen.

Un an après avoir établi une base dans l'embouchure de la Loire, les Vikings entreprennent un raid vers l'Espagne. Une flotte d'environ 100 navires appareille, remonte la Garonne et pille la région, puis longe les côtes espagnoles jusqu'aux terres chrétiennes de Galice et des Asturies, où elle se heurte à une résistance locale énergique. Les Vikings doublent le cap Finisterre pour tenter leur chance dans l'Emirat omeyyade de Cordoue. Après s'être emparés de Lisbonne sans grande difficulté, ils dévalisent les villes de Cadix et de Medina Sidonia, remontent le Guadalquivir jusqu'à

« Ensuite, ils traversèrent [...] l'endroit où la Méditerranée se déverse dans l'océan et atteignirent l'Afrique. Ils livrèrent bataille aux Maures et ce fut un terrible carnage [...]. Les hommes du Nord emmenèrent en Irlande un nombre considérable de prisonniers maures [...]. Ces hommes bleus restèrent longtemps en Irlande. »
Duald MacFirbis à propos des raids de Hásteinn et de Björn, 859-862.

La construction de la Grande Mosquée débuta en 785 à Cordoue, capitale des musulmans d'Espagne. Les Vikings n'étaient pas en mesure d'affronter ce royaume puissant .

Séville, qu'ils assiègent, puis envahissent l'arrière-pays sévillan pendant cinq semaines, avant d'essuyer une lourde défaite devant une armée musulmane. Les musulmans se vantèrent d'avoir détruit 30 navires, tué près de 1 000 hommes et fait 400 prisonniers, dont la plupart furent exécutés. Les survivants restituèrent butin et prisonniers avant de rembarquer pour la Loire sans demander leur reste.

Treize ans plus tard, un second raid est mené vers l'Espagne, cette fois par deux grands chefs vikings danois, Hásteinn et Björn Járnsída – « Flanc de Fer » –, à la tête de 62 navires. Comme leurs prédécesseurs, ils longent le littoral espagnol où ils sont refoulés par les chrétiens des Asturies et par les musulmans de l'Emirat. Ils passent tout de même le détroit de Gibraltar, et la chance tourne enfin. Algésiras est mis à sac, la côte marocaine, la Murcie, les îles Baléares et le Roussillon sont pillés. En 859, ils hivernent dans une île de la Camargue et remontent le fleuve au printemps, dévalisant les villes de la vallée du Rhône jusqu'à Valence. Une résistance acharnée leur vaut des pertes importantes et ils mettent bientôt le cap sur l'Italie, où ils pillent Luna (qu'ils prennent pour Rome), avant de remonter l'Arno pour mettre à sac Pise et Fiesole. On pense que Hásteinn et Björn ont ensuite gagné l'est du Bassin méditerranéen en longeant les côtes italiennes, mais on perd un peu leur trace jusqu'en 861, où ils sont de nouveau refoulés d'Espagne par une flotte musulmane. Lors de leur retraite, ils pillent Pampelune avant de regagner avec 20 bateaux, seuls rescapés, l'embouchure de la Loire en 862. Les Vikings vont désormais préférer des cibles plus faciles. L'Espagne ne sera plus guère inquiétée, et jamais plus les Vikings ne s'aventureront en Méditerranée.

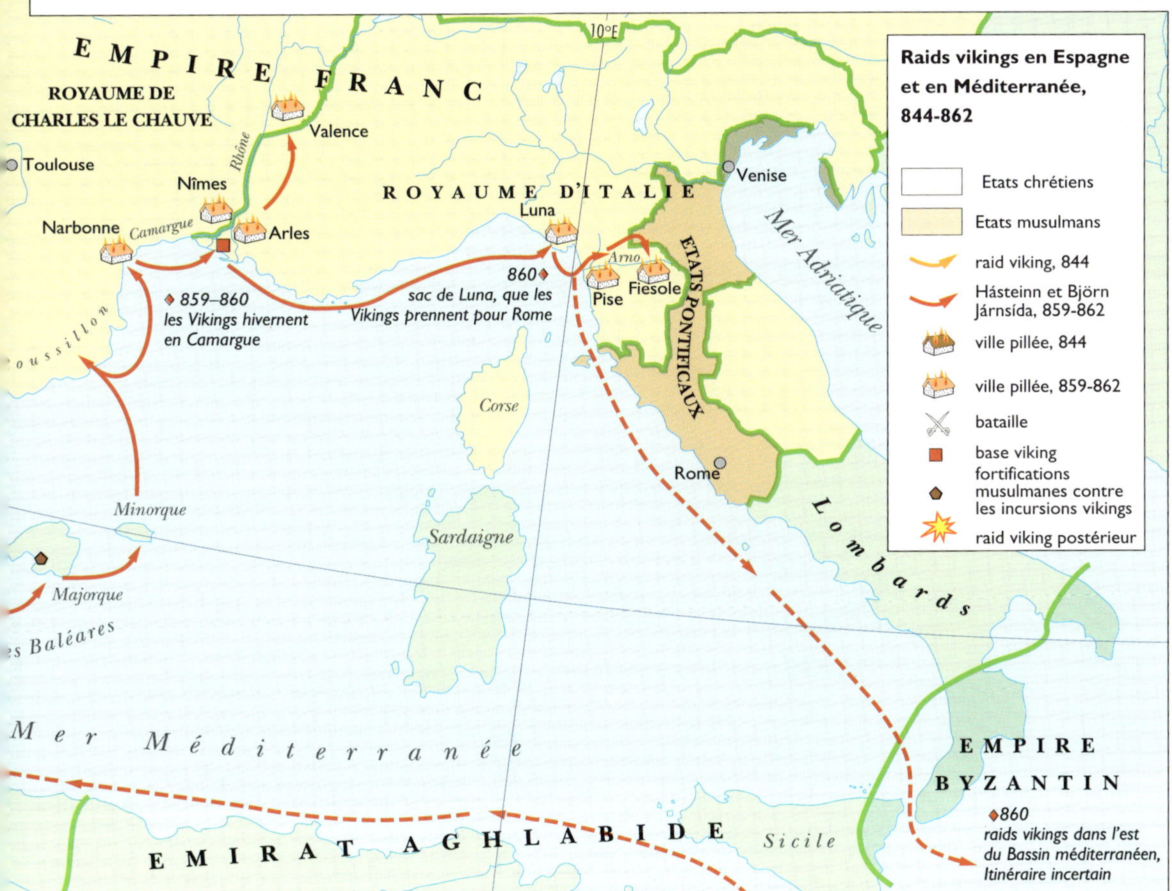

La défense des Francs s'organise

Vers 859, après avoir surmonté les pires crises de son règne, Charles le Chauve tente d'endiguer le fléau viking qui menace de ruiner l'économie dans les terres franques.

« Vers le 1er juin, Charles ordonna à tous les chefs de réunir hommes et charrettes en un lieu appelé Pîtres, là où l'Andelle et l'Eure se jettent dans la Seine, et il interdit l'accès de ce fleuve à la navigation. Il fit cela à cause des Normands. »
Annales de Saint-Bertin, 862.

Le roi fait remettre en état les remparts construits par les Romains, élever de nouvelles fortifications et renforcer les ponts sur la Seine et la Loire. Pourtant, si ces derniers, situés très en amont, protègent les villes au cœur du royaume, ils ne défendent pas les embouchures des fleuves par lesquelles les Vikings continuent de s'infiltrer.

L'armée de Charles est toujours aussi peu fiable – en 866, elle refuse l'affrontement et se disperse –, même si elle remporte parfois la victoire, comme lors du siège d'Angers en 873. Charles exploite aussi la concurrence entre les différentes bandes vikings. En 860, il tente d'acheter les services de Weland, un chef viking basé sur la Somme, pour débarrasser l'île d'Oissel des Vikings qui l'occupent . En apprenant les termes de ce marché, les Vikings de la Seine offrent un tribut supérieur à Weland pour qu'il les laisse fuir, et, l'année suivante, ils reviennent envahir la Marne. Ils quitteront la Seine en 866, après que Charles a cédé une fois de plus au chantage du *danegeld.*

Aux confins du royaume, la défense s'organise autour des seigneurs locaux et se révèle plus efficace que les armées du roi, moins mobiles et éloignées des régions attaquées. Au cours des années 860, les comtes infligent aux Vikings de la Loire plusieurs défaites cuisantes, et, à la fin du IXe siècle, le dispositif de défense du royaume de Charles repose essentiellement sur ces initiatives locales. Mais le dévouement des comtes envers leur souverain n'a qu'un temps : ils suppriment les milices paysannes qui opéraient sous leurs ordres depuis 859.

Cet affermissement de la réaction franque n'est cependant pas seul responsable du recul de l'activité viking vers la fin des années 860. Les succès remportés en Angleterre par la « Grande Armée danoise » en 865 incitent désormais les Vikings à délaisser le continent.

2/ Le pont fortifié à Pont-de-l'Arche

Ce pont, près de Pîtres, était la clé du dispositif de défense de la Seine. Il était défendu par des garnisons installées dans de grands forts en bois et en pierre élevés sur les deux rives. Les travaux, commencés en 862, progressèrent lentement, et en 865, les Vikings avaient pris le contrôle du pont inachevé. Le dispositif fut complété en 870 et se révéla efficace : une flotte viking venue par la Seine en 876 tenta en vain d'en forcer le passage, et aucun bateau viking ne se représenta pendant une décennie.

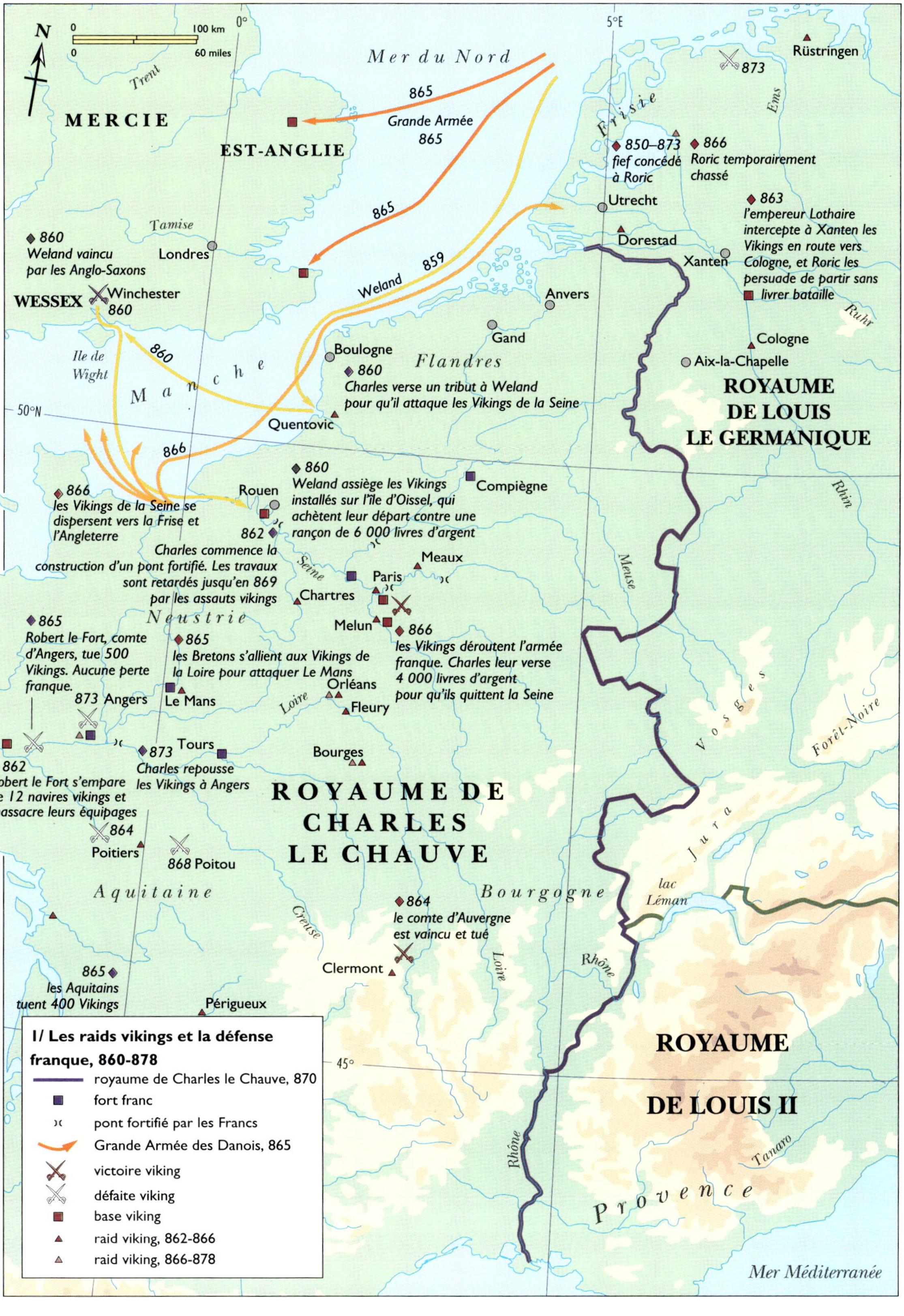
0 100 km
0 60 miles
N
0°
5°E
50°N
45°
Mer du Nord
Trent
MERCIE
EST-ANGLIE
865
Grande Armée
865
865
Tamise
Londres
◆ 860
Weland vaincu
par les Anglo-Saxons
WESSEX
Winchester
860
Ile de
Wight
860
Manche
Weland
859
Boulogne
Quentovic
866
Frisie
◆ 850–873
fief concédé
à Roric
◆ 866
Roric temporairement
chassé
Rüstringen
873
Ems
Utrecht
Dorestad
Xanten
◆ 863
l'empereur Lothaire
intercepte à Xanten les
Vikings en route vers
Cologne, et Roric les
persuade de partir sans
livrer bataille
Ruhr
Anvers
Gand
Cologne
Aix-la-Chapelle
Flandres
◆ 860
Charles verse un tribut à Weland
pour qu'il attaque les Vikings de la Seine
ROYAUME
DE LOUIS
LE GERMANIQUE
◆ 866
les Vikings de la Seine se
dispersent vers la Frise et
l'Angleterre
Rouen
862 ◆
Charles commence la
construction d'un pont fortifié. Les travaux
sont retardés jusqu'en 869
par les assauts vikings
◆ 860
Weland assiège les Vikings
installés sur l'île d'Oissel, qui
achètent leur départ contre une
rançon de 6 000 livres d'argent
Compiègne
Rhin
Meaux
Seine
Paris
Chartres
Melun
◆ 866
les Vikings déroutent l'armée
franque. Charles leur verse
4 000 livres d'argent
pour qu'ils quittent la Seine
Meuse
Neustrie
◆ 865
Robert le Fort, comte
d'Angers, tue 500
Vikings. Aucune perte
franque.
◆ 865
les Bretons s'allient aux Vikings de
la Loire pour attaquer Le Mans
Le Mans
Orléans
Fleury
Loire
873 Angers
Tours
◆ 873
Charles repousse
les Vikings à Angers
◆ 862
Robert le Fort s'empare
de 12 navires vikings et
massacre leurs équipages
Bourges
Vosges
Forêt-Noire
ROYAUME DE
CHARLES
LE CHAUVE
864
Poitiers
868 Poitou
Jura
Aquitaine
Bourgogne
lac
Léman
◆ 864
le comte d'Auvergne
est vaincu et tué
Creuse
Clermont
Loire
Rhône
865 ◆
les Aquitains
tuent 400 Vikings
Périgueux
ROYAUME
DE LOUIS II
Rhône
Tanaro
Provence
Mer Méditerranée
I/ Les raids vikings et la défense franque, 860-878
royaume de Charles le Chauve, 870
fort franc
pont fortifié par les Francs
Grande Armée des Danois, 865
victoire viking
défaite viking
base viking
raid viking, 862-866
raid viking, 866-878

La « Grande Armée » en Angleterre

Une armée danoise débarque en Angleterre et s'empare un par un des royaumes anglo-saxons.

« Cette année-là, l'armée traversa la Mercie et pénétra en Est-Anglie. [...] Le roi, saint Edmond, leur livra bataille et fut sauvagement tué par les Danois. Ils envahirent le royaume entier et ravagèrent tous les monastères qu'ils trouvèrent sur leur route. »
Chronique anglo-saxonne, 869.

Durant la première partie du IXe siècle, l'Angleterre semble avoir été relativement épargnée par la vague de raids qui touche l'Irlande et la France. L'île est pourtant vulnérable, morcelée en petits royaumes autonomes et peu solidaires et desservie par un réseau de voies romaines qui favorise la mobilité des incursions ennemies. Au terme de quelques repérages réalisés à partir de 850, les opérations prennent davantage la tournure d'une conquête que d'expéditions de pillage. Ainsi, en 865, une « grande armée de païens » commandée par trois chefs vikings frères, Ivarr Benlauss, Hálfdan et Ubbi, se présente en Est-Anglie. Le royaume achète la paix en s'acquittant d'un tribut en chevaux, et, en 866, les Danois gagnent le nord. La Northumbrie est alors déchirée par une guerre civile, et les Vikings pénètrent dans York non défendue. Au printemps suivant, les deux rois rivaux s'allient pour reprendre la ville, mais l'entreprise échoue et ils sont tués tous les deux. Cette victoire viking signe la perte de l'autonomie du royaume de Northumbrie et, dès 876, York devient la capitale d'un nouveau royaume viking.

En 867, les Danois entreprennent la conquête de la Mercie. Ils sont assiégés à Nottingham par l'armée de ce royaume, à laquelle les Saxons de l'Ouest sont venus prêter main forte – unique épisode répertorié où deux royaumes anglo-saxons font alliance pour refouler les Danois – et ils se retranchent à York. Mais, dès 869, Ivarr et Ubbi opèrent un raid victorieux en Est-Anglie au cours duquel le roi Edmond est tué. Le royaume tombe entre les mains des Danois. L'année suivante, Hálfdan tente de s'emparer du Wessex, mais le roi Ethelred et son frère Alfred leur opposent une résistance farouche, obligeant les Danois à se replier vers Londres, puis à York. Ils occupent à nouveau la Mercie en 873 et s'en rendent maîtres après avoir pris la ville royale de Repton. C'est alors que l'armée se divise : Hálfdan rentre à York pour y consolider son pouvoir, tandis que Guthrum, Asketill et Onundr gagnent Cambridge, d'où ils attaquent le Wessex en 875. Alfred, qui a succédé en 871 à son frère Ethelred sur le trône du Wessex, est contraint de se réfugier dans les marais du Somerset. Quand Guthrum attaque le Wessex en 878, il subit une grave défaite devant l'armée d'Alfred à Eddington. Les Danois décident alors de quitter le Wessex.

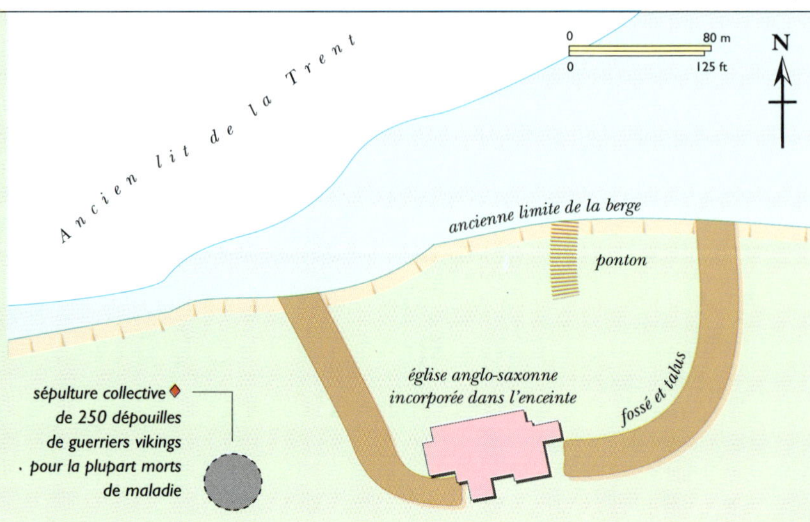

2/ Le fort viking de Repton
Les Vikings établissaient leurs quartiers d'hiver sur des sites naturellement défendus. La base, située en amont de Repton sur la Trent, fut aménagée par la Grande Armée durant l'hiver 873-874. La rivière en protégait l'accès nord et un rempart en demi-cercle entouré de talus et de fossés et enserrant la muraille d'une église en fermait l'accès par le sud. Le ponton laisse supposer que les bateaux étaient tirés sur la berge à l'intérieur de l'enceinte.

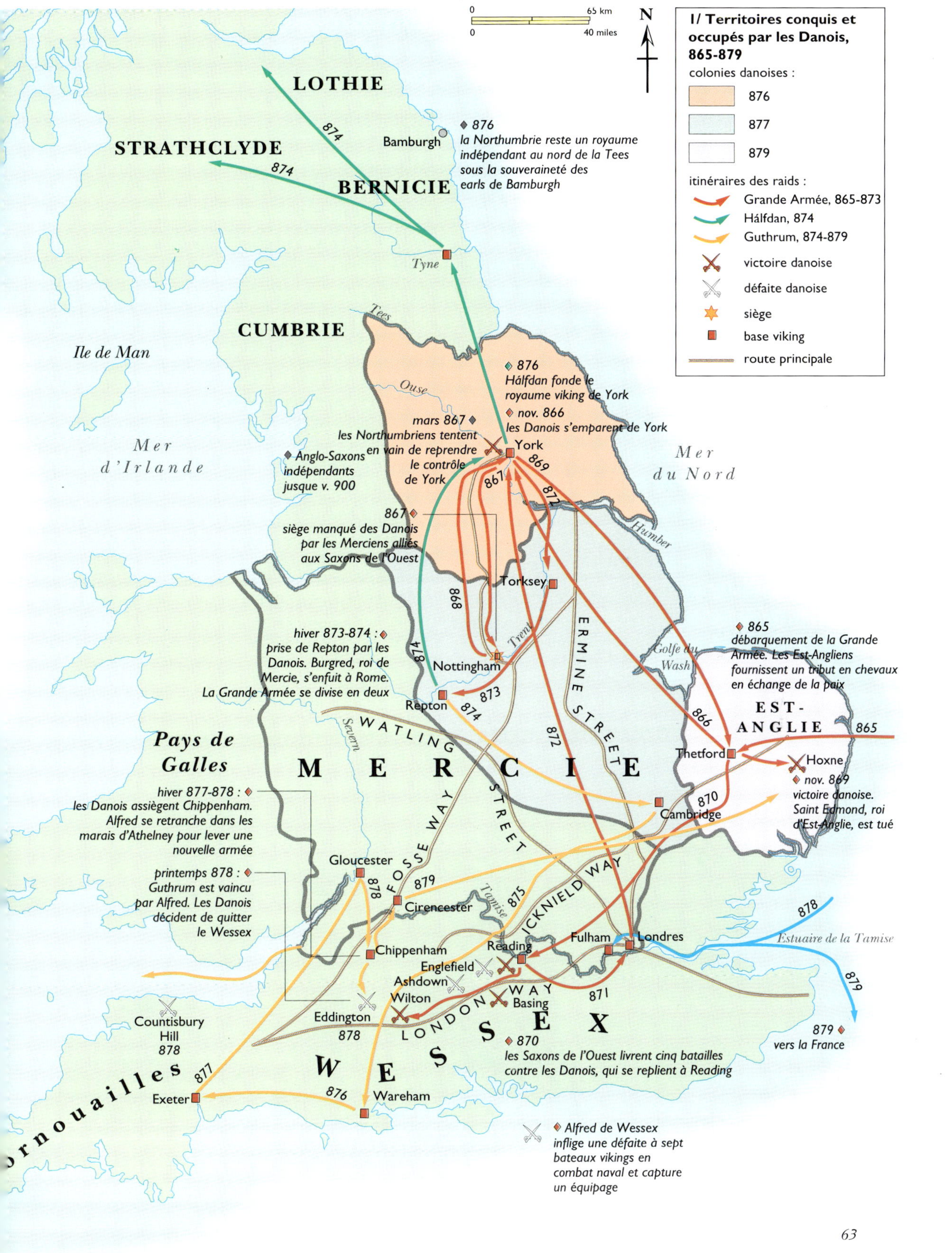

1/ Territoires conquis et occupés par les Danois, 865-879
colonies danoises :
876
877
879
itinéraires des raids :
Grande Armée, 865-873
Hálfdan, 874
Guthrum, 874-879
victoire danoise
défaite danoise
siège
base viking
route principale
0 65 km
0 40 miles
N
LOTHIE
STRATHCLYDE
BERNICIE
CUMBRIE
Bamburgh
Tyne
Tees
Ouse
Ile de Man
Mer d'Irlande
Mer du Nord
876 la Northumbrie reste un royaume indépendant au nord de la Tees sous la souveraineté des earls de Bamburgh
876 Hálfdan fonde le royaume viking de York
nov. 866 les Danois s'emparent de York
mars 867 les Northumbriens tentent en vain de reprendre le contrôle de York
Anglo-Saxons indépendants jusque v. 900
867 siège manqué des Danois par les Merciens alliés aux Saxons de l'Ouest
York
Torksey
Humber
Trent
Nottingham
Repton
hiver 873-874 : prise de Repton par les Danois. Burgred, roi de Mercie, s'enfuit à Rome. La Grande Armée se divise en deux
Golfe du Wash
865 débarquement de la Grande Armée. Les Est-Angliens fournissent un tribut en chevaux en échange de la paix
EST-ANGLIE
Thetford
Hoxne
nov. 869 victoire danoise. Saint Edmond, roi d'Est-Anglie, est tué
Cambridge
ERMINE STREET
WATLING STREET
FOSSE WAY
ICKNIELD WAY
LONDON WAY
Severn
Tamise
MERCIE
Pays de Galles
hiver 877-878 : les Danois assiègent Chippenham. Alfred se retranche dans les marais d'Athelney pour lever une nouvelle armée
printemps 878 : Guthrum est vaincu par Alfred. Les Danois décident de quitter le Wessex
Gloucester
Cirencester
Chippenham
Reading
Fulham
Londres
Englefield
Ashdown
Wilton
Basing
Eddington 878
Countisbury Hill 878
Exeter
Wareham
Cornouailles
WESSEX
870 les Saxons de l'Ouest livrent cinq batailles contre les Danois, qui se replient à Reading
Estuaire de la Tamise
879 vers la France
Alfred de Wessex inflige une défaite à sept bateaux vikings en combat naval et capture un équipage

Les grands raids vers la France

L'opposition victorieuse d'Alfred le Grand en Wessex provoque la reprise des raids vers la France.

« Les hommes du Nord continuent de tuer et de capturer les chrétiens ; ils dévastent sans répit églises et maisons, et incendient les villes. Le bord des routes est jonché de cadavres de religieux et de gens du peuple, de nobles et d'autres, de femmes, d'enfants et de nouveau-nés. »
Annales de Saint-Vaast, 884.

La flotte viking arrivée à la Tamise en 878 traverse la Manche l'année suivante et aborde à Calais. Là, les Vikings se procurent des chevaux, s'en vont piller la Flandre du Nord, gagnent Gand, où ils sont rejoints par leur flotte qui a remonté l'Escaut et prennent leurs quartiers d'hiver. Pendant une douzaine d'années, depuis leur base, en général un monastère situé à proximité d'une rivière navigable, les Vikings dévaliseront une région avant d'aller s'établir ailleurs l'année suivante. Après cinq ans de pillage, les Flandres, la Rhénanie et la Picardie n'eurent plus rien à offrir, les Vikings rembarquèrent pour le sud en remontant la Seine et se présentèrent devant Paris en 885. Sigfred, qui conduit l'expédition, tente de négocier le passage de sa flotte arrêtée par deux ponts fortifiés mais se heurte au refus des Parisiens qui, soutenus par l'évêque Josselin et le comte Eudes, résistent à l'assaut des ponts puis au siège de la ville pendant dix mois. Quand Charles le Gros, fils de Louis le Germanique et empereur des Francs depuis 881, se décide enfin à marcher sur Paris à la tête d'une imposante armée, il s'empresse de traiter avec Sigfred et lui offre le passage. Pendant les deux années suivantes, les Vikings envahissent les vallées de la Marne et de la Seine supérieure. La veulerie de Charles entraînera sa destitution en 887, et le démembrement définitif de l'empire carolingien.

En 888, Charles le Gros meurt sans descendant et les Francs de l'Ouest prennent pour roi le comte Eudes, champion de la résistance lors du siège de Paris. Grâce à un déploiement efficace de forces armées et le paiement persuasif d'un *danegeld*, Eudes parvient en 889 à débarrasser la Seine des Vikings, lesquels, après une tentative d'invasion manquée de la Bretagne, gagnent la Lotharingie. Mais Arnulf, élu roi par les Francs de l'Est à la mort de Charles le Gros, est un homme de la même trempe qu'Eudes, et les attaques vikings sont repoussées partout. En outre, une série de forteresses et de remparts avaient été mis en place entre la Seine et le Rhin. Durant l'hiver 891-892, une terrible famine sur le territoire franc achève, plus que la résistance militaire, de convaincre les Vikings de regagner l'Angleterre en 892. Ils reviendront harceler la France, mais la période la plus difficile des raids est passée.

Les Vikings étaient de farouches pillards mais ils ne pouvaient se mesurer à la cavalerie franque, très mobile et puissamment armée, comme le montre cette miniature du IXe siècle. Plus les Vikings s'avanceront à l'intérieur des terres, plus ils seront en mauvaise position.

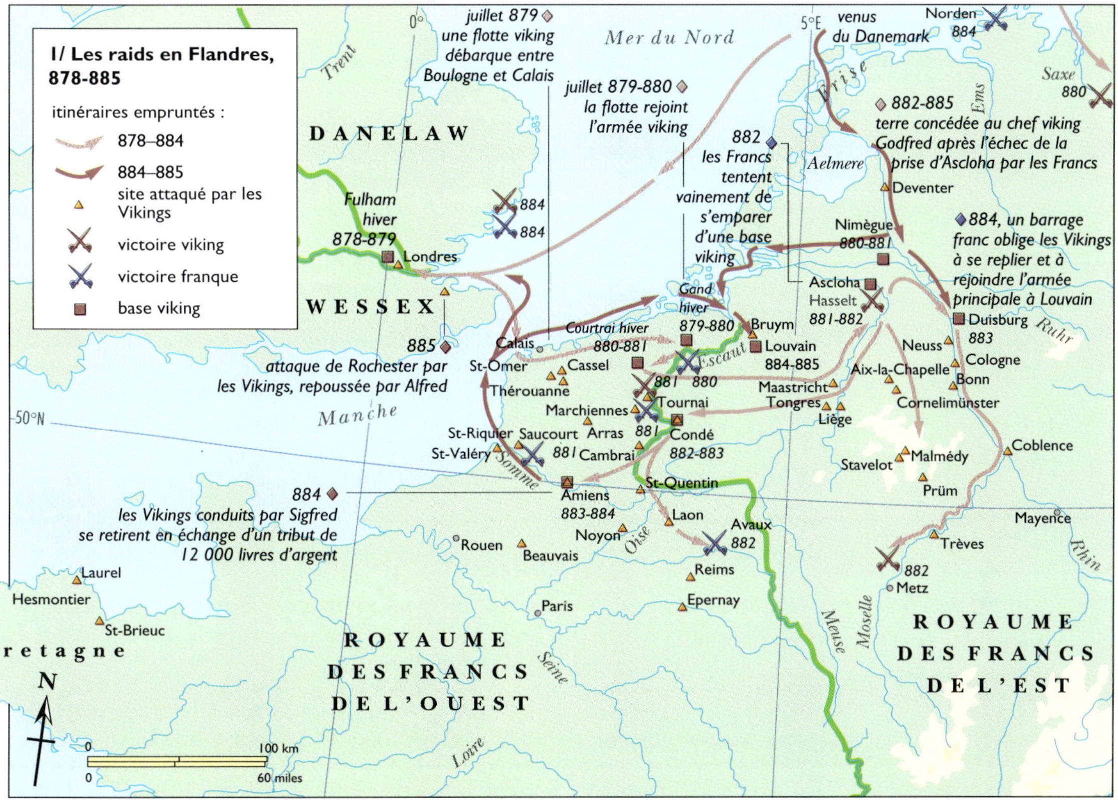
1/ Les raids en Flandres, 878-885
itinéraires empruntés :
878–884
884–885
site attaqué par les Vikings
victoire viking
victoire franque
base viking
juillet 879 une flotte viking débarque entre Boulogne et Calais
juillet 879-880 la flotte rejoint l'armée viking
Mer du Nord
venus du Danemark
Norden 884
Saxe 880
882-885 terre concédée au chef viking Godfred après l'échec de la prise d'Ascloha par les Francs
882 les Francs tentent vainement de s'emparer d'une base viking
DANELAW
Fulham hiver 878-879
Londres
WESSEX
884
884
Aelmere
Deventer
Nimègue 880-881
884, un barrage franc oblige les Vikings à se replier et à rejoindre l'armée principale à Louvain
Ascloha
Hasselt 881-882
Gand hiver 879-880
Bruym
Duisburg 883
Courtrai hiver 880-881
Louvain 884-885
Neuss
Cologne
Bonn
885 attaque de Rochester par les Vikings, repoussée par Alfred
Calais
St-Omer
Cassel
Thérouanne
881
880
Maastricht
Aix-la-Chapelle
Tongres
Cornelimünster
Liège
Manche
50°N
Marchiennes
Tournai
Condé 882-883
St-Riquier
Saucourt
Arras
881
St-Valéry
881
Cambrai
Stavelot
Malmédy
Coblence
Somme
Amiens 883-884
St-Quentin
Prüm
884 les Vikings conduits par Sigfred se retirent en échange d'un tribut de 12 000 livres d'argent
Laon
Mayence
Rouen
Beauvais
Noyon
Oise
Avaux 882
Trèves
882
Metz
Laurel
Hesmontier
St-Brieuc
Reims
Paris
Epernay
Bretagne
ROYAUME DES FRANCS DE L'OUEST
Seine
Meuse
Moselle
Rhin
ROYAUME DES FRANCS DE L'EST
Loire
Escaut
Trent
Frise
Ems
Ruhr
0°
5°E
N
0 100 km
0 60 miles

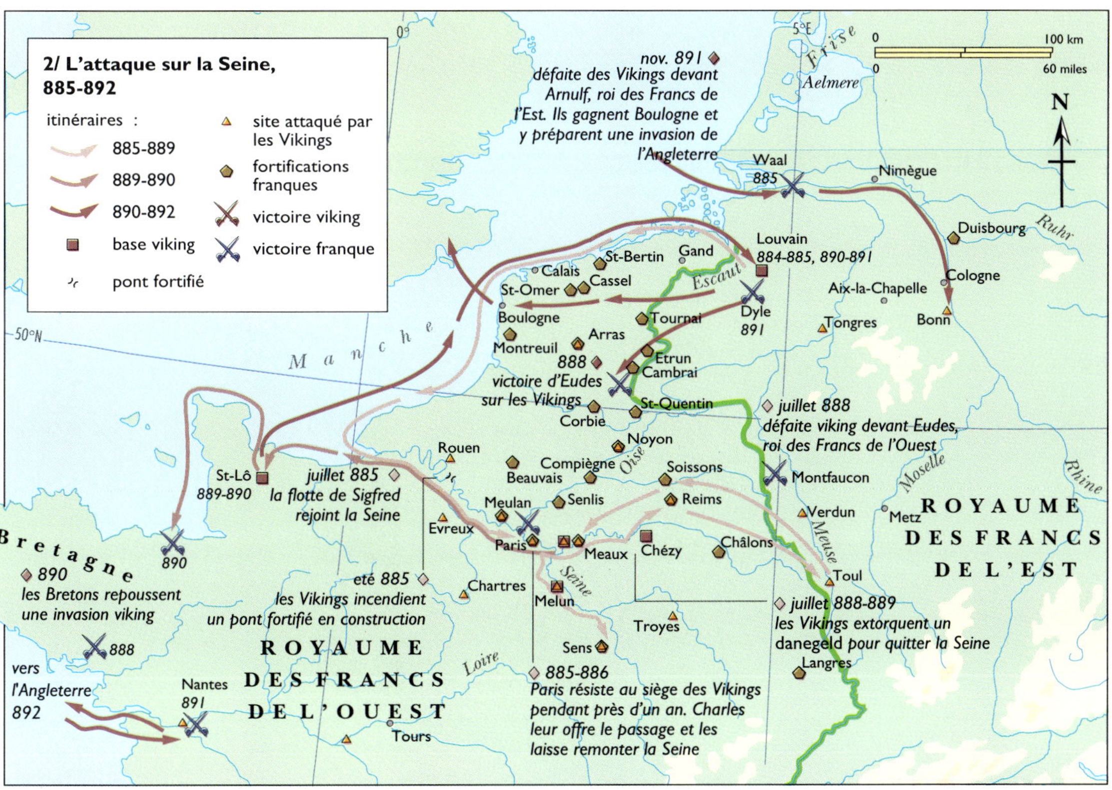
2/ L'attaque sur la Seine, 885-892
itinéraires :
885-889
889-890
890-892
base viking
pont fortifié
site attaqué par les Vikings
fortifications franques
victoire viking
victoire franque
nov. 891 défaite des Vikings devant Arnulf, roi des Francs de l'Est. Ils gagnent Boulogne et y préparent une invasion de l'Angleterre
Frise
Aelmere
Waal 885
Nimègue
Duisbourg
Ruhr
Louvain 884-885, 890-891
Gand
St-Bertin
Calais
Cassel
St-Omer
Escaut
Dyle 891
Aix-la-Chapelle
Cologne
Boulogne
Tournai
Tongres
Bonn
50°N
Arras
Montreuil
Manche
888 victoire d'Eudes sur les Vikings
Etrun
Cambrai
St-Quentin
Corbie
juillet 888 défaite viking devant Eudes, roi des Francs de l'Ouest
Noyon
Rouen
Compiègne
Oise
Soissons
Beauvais
Montfaucon
Moselle
Rhine
St-Lô 889-890
juillet 885 la flotte de Sigfred rejoint la Seine
Meulan
Senlis
Reims
Verdun
Metz
ROYAUME DES FRANCS DE L'EST
Evreux
Paris
Meaux
Chézy
Châlons
Meuse
Bretagne
890
890 les Bretons repoussent une invasion viking
été 885 les Vikings incendient un pont fortifié en construction
Seine
Toul
Chartres
Melun
juillet 888-889 les Vikings extorquent un danegeld pour quitter la Seine
Troyes
888
Sens
ROYAUME DES FRANCS DE L'OUEST
Loire
Langres
vers l'Angleterre 892
Nantes 891
885-886 Paris résiste au siège des Vikings pendant près d'un an. Charles leur offre le passage et les laisse remonter la Seine
Tours
0°
5°E
N
0 100 km
0 60 miles

La résistance du Wessex

Le répit que procure le départ de la « Grande Armée » permet au Wessex d'organiser sa défense. A leur retour, les Vikings se heurtent à une résistance inattendue.

« Alors l'armée anglaise arriva et mit l'armée viking en fuite, força la forteresse [de Benfleet] et s'empara de tout ce qu'elle abritait, vivres, femmes et enfants. [...] La femme de Hásteinn et leurs deux fils furent conduits devant le roi ; il les rendit à leurs parents car l'un était son propre filleul, et l'autre le filleul d'Ethelred. »
Chronique anglo-saxonne, 893.

Tandis qu'en 879 les Danois délaissent l'Angleterre pour le continent, Alfred, roi du Wessex, s'affaire à la défense civile et militaire de son territoire, sur terre et sur mer : il réorganise les milices paysannes, les *fyrd*, lève une armée qui reste mobilisée en permanence, équipe une flotte pour affronter les Vikings en haute mer, et surtout, il fait ériger une série de forteresses, les *burhs*, d'un bout à l'autre du royaume. Ce dispositif visait à entraver la mobilité des armées vikings qui leur avait été si profitable dans les années 860 et 870, et à rendre ces dernières plus vulnérables à la contre-attaque anglo-saxonne. En 886, la reconnaissance par les Merciens de la prise du commandement par Alfred permettra de surcroît d'améliorer la coordination entre les opérations anglo-saxonnes.

Grâce à la possibilité, en cas de revers, de se replier en territoire allié, les Vikings gardent cependant l'initiative. Les Danois de Northumbrie et du Danelaw les ravitaillent, fournissent des renforts et lancent des raids de diversion sur les côtes du Wessex. Pourtant, les deux armées vikings qui débarquent dans le Kent en 892 ne vont guère avoir la partie facile. Le seul raid de grande envergure lancé dans le Wessex est écrasé au printemps 893 et lorsqu'un peu plus tard les deux armées vikings rassemblées à Benfleet dans l'Essex quittent leur base pour mener conjointement un raid, les Anglais s'emparent de leur camp, capturent les familles et confisquent le butin. La flotte fut en partie coulée sur place et le reste emmené à Londres et à Rochester. La même année, un raid est écrasé au cœur de la Mercie et les survivants regagnent le Danelaw à grand-peine. A la fin de 893, les Vikings s'emparèrent de Chester mais les Anglais brûlèrent leurs vivres, et la famine força les envahisseurs à gagner le pays de Galles. Pour éviter l'affrontement avec l'armée anglaise lors de leur retraite, ils durent contourner la Mercie en rebroussant chemin jusqu'en Northumbrie pour, de là, regagner en 894 leur base en Est-Anglie.

L'armée viking se transporte alors sur la Lea et menace Londres, mais Alfred lui interdit l'accès par la rivière et l'oblige à abandonner sa flotte et à s'enfuir en Mercie en 895. Après avoir, durant tout l'hiver suivant, enduré un nouveau siège à Bridgnorth, l'armée viking, lasse d'être empêchée d'agir, se disperse. Certains guerriers se fixent en Northumbrie et en Est-Anglie, d'autres retournent en France. Après leur départ, la *Chronique anglo-saxonne* conclut avec soulagement : « L'armée des Vikings n'avait pas – par la grâce de Dieu ! – affligé trop gravement le peuple d'Angleterre. » Et en effet, même si les Anglais n'ont pas remporté de grandes victoires, ils ont réussi à empêcher que l'intrus ne dévaste impunément le royaume, et à aucun moment le dispositif d'Alfred ne semble avoir menacé de s'effondrer.

Le Joyau d'Alfred le Grand formant la poignée d'une baguette de lecture. Le roi du Wessex encouragea activement le développement de l'instruction et du monachisme, convaincu que les vertus intellectuelles et spirituelles étaient aussi nécessaires à son royaume que la défense militaire, assurée notamment par les burhs.

Miniature anglo-saxonne illustrant la défense d'un *burh*. Ces villes fortifiées permettaient de surveiller les grands axes du royaume. Elles servaient de refuge à la population en cas d'attaque et de garnison lors des contre-attaques.

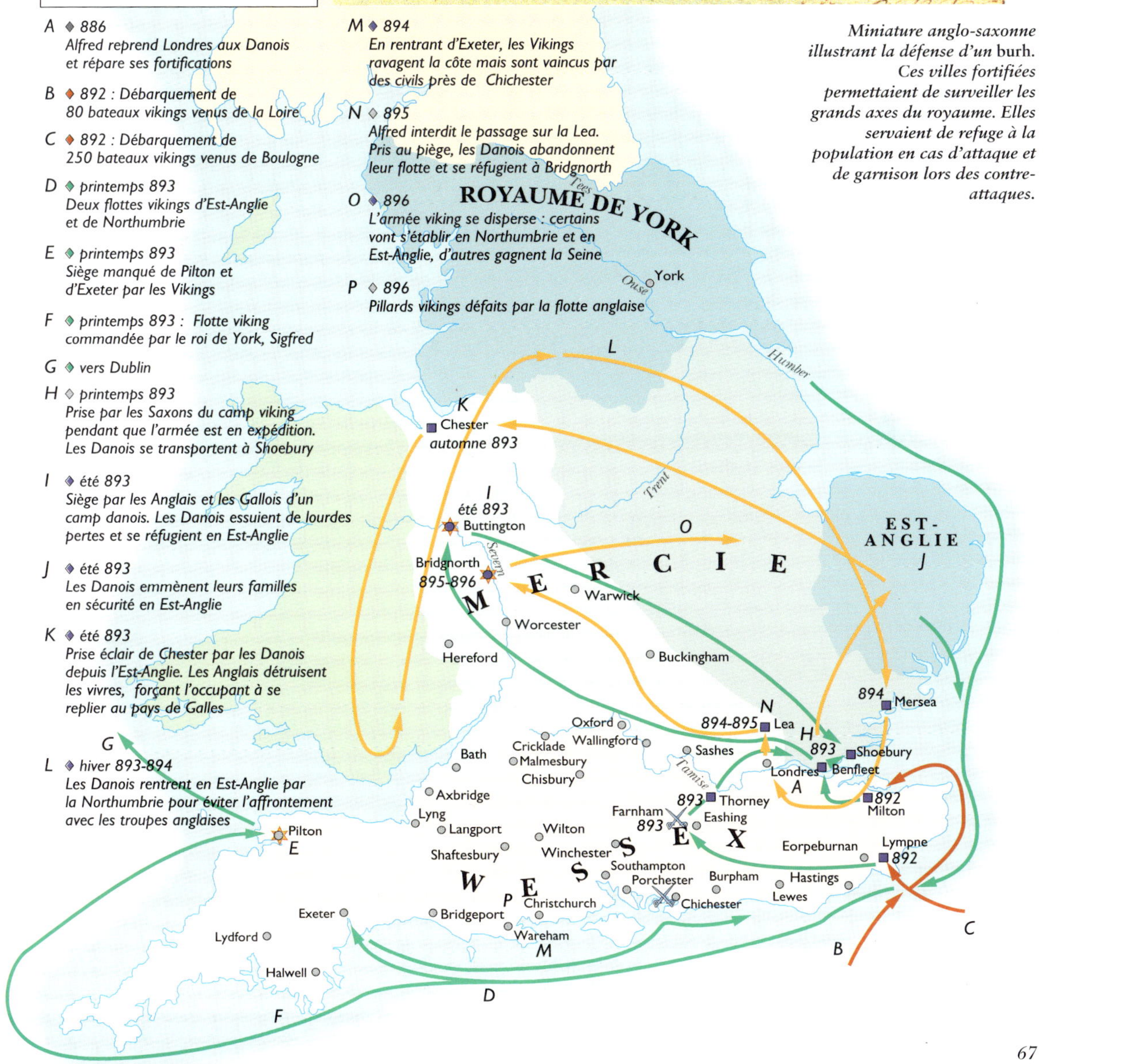

La conquête du Danelaw

En moins de sept ans, le Wessex reconquiert le Danelaw et jette les bases d'un royaume unifié d'Angleterre.

A la mort d'Alfred le Grand en 899, le Wessex est libre mais affecté par des rivalités internes. Son fils, Edward l'Aîné, doit faire face à une révolte conduite par son cousin Æthelwold, lequel invite en 903 les Danois d'Est-Anglie à envahir la Mercie et le Wessex. Edward réplique en attaquant le nord de l'Est-Anglie contrôlée par les Danois. Une partie de son armée y est réduite, mais Æthelwold et le roi danois Eohric périssent dans la bataille. La paix restaurée est de nouveau rompue en 909 lorsque Edward dépêche une armée pour écraser les Danois de Northumbrie. Une contre-attaque danoise échoue à Tettenhall en 910.

Encouragé par l'affaiblissement du pouvoir danois dans le royaume de York, Edward, avec l'aide de sa sœur Æthelflæd, qui règne sur la Mercie, entreprend la conquête méthodique du Danelaw au sud de la Humber. La mort du roi danois d'Est-Anglie durant la bataille de Tempsford en 917 a miné la résistance danoise, et il s'en faut de peu qu'Edward ne rattache la Northumbrie à son royaume. Les Danois de Northumbrie se soumettent à Æthelflæd en 918, mais celle-ci meurt avant d'avoir assis son pouvoir, et, l'année suivante, Rögnvaldr, un chef viking venu d'Irlande, reprend le contrôle de York et de la Northumbrie anglo-saxonne.

Sept ans avaient suffi à la conquête du Danelaw. Alfred avait laissé à Edward une armée bien entraînée et autonome, capable si la situation l'exigeait de rester en campagne durant plusieurs mois. Une série de forteresses – *burhs* – élevées au rythme des avances de l'armée et occupées en permanence par des garnisons permettait de consolider les progrès de la reconquête.

« [Edward] imagina un moyen de démoraliser les Danois ; il remit en état de nombreuses cités anciennes ou en fit bâtir de nouvelles en des points stratégiques, et il y installa d'importantes garnisons... »
Guillaume de Malmesbury.

Croix de pierre gravée du Xe siècle provenant de l'église Saint-André de Middleton, dans le nord du Yorkshire, représentant un guerrier danois en tenue de combat : on reconnaît le casque viking et les armes de cette période – lance, bouclier rond, épée et hache de combat. Il s'agit peut-être de la stèle commémorative d'un aristocrate du Danelaw converti au christianisme.

Pourtant, l'affaiblissement des Danois joua un rôle plus déterminant que la force de l'armée anglo-saxonne : alors qu'ils s'étaient installés à demeure, les Vikings perdirent *de facto* le principal atout de leur efficacité militaire, la mobilité. Ils préféraient désormais cultiver et défendre leurs terres plutôt que de partir plusieurs mois en campagne. On a souvent baptisé l'œuvre d'Edward la « reconquête » du Danelaw. En réalité, il s'agit davantage de la conquête de l'Angleterre par les Saxons de l'Ouest. Les Anglais n'ont pas tous vu, tant s'en faut, en Edward le justicier les délivrant du joug danois – en fait, bon nombre d'entre eux s'étaient battus aux côtés des Danois. Du reste, les campagnes militaires d'Edward se soldèrent en 919 par une annexion en règle de la Mercie anglaise au royaume du Wessex.

Le royaume de York

De 866 à 954, la ville de York est la capitale d'un royaume viking qui comprend la majeure partie de l'ancienne Northumbrie au sud de la Tees.

York était un marché local florissant. On y importait des marchandises de toute la Scandinavie, d'Irlande et de Germanie, et ses rois y frappaient d'importantes quantités de monnaies en argent. Cette pièce frappée par Oláfr Gudfridsson (env. 939-941) porte un corbeau aux ailes déployées, symbole païen.

Après la prise de York en 866, les Danois y gouvernent par l'intermédiaire d'une succession de rois fantoches jusqu'en 876, date à laquelle Hálfdan, l'un des chefs de la Grande Armée, monte sur le trône. Il fut le premier d'une longue suite de Vikings à vouloir unifier York et Dublin. Mais il est tué en Irlande, en 877, et l'on sait peu de chose de ses successeurs, dont certains ne sont connus que par les pièces de monnaie qu'ils ont frappées. Une victoire irlandaise sur les Scandinaves de Dublin en 902 provoque un afflux de colons irlando-norrois vers le nord-ouest de l'Angleterre et y menace l'autorité des Danois. La mort de trois rois danois lors de la bataille de Tettenhall en 910 laisse le trône de York vacant, facilitant la prise du royaume par le Viking irlando-norrois Rögnvaldr, qui s'en proclame roi en 919.

Les Irlando-Norrois n'auront guère le temps d'y consolider leur pouvoir. En 927, le roi Athelstane les chasse, parachevant ainsi l'œuvre de reconquête de l'Angleterre entreprise par les Saxons de l'Ouest. En 937, Oláfr Gudfridsson s'allie aux Ecossais et aux Gallois du Strathclyde pour reprendre York, mais cette coalition celto-norvégienne sera écrasée par les armées du Wessex et de la Mercie à Brunanburh (site non identifié, mais probablement proche de la Humber). Athelstane meurt en 939 et, la même année, Oláfr rentre d'Irlande et lance une campagne éclair contre la Northumbrie et les Cinq Bourgs du Danelaw. Victoire éphémère, car vers 944, York repasse sous domination anglaise. En 948, le royaume sera rendu une dernière fois aux Vikings par Eiríkr Blódöx – « à la hache sanglante » –, un roi viking exilé de Norvège. Durant six années, il en disputera le contrôle au roi de Dublin Oláfr Sigtryggsson et au roi anglais Eadred, pour être finalement tué en 954 à Stainmore dans une embuscade menée par les Northumbriens. Eadred s'empare ensuite de la Northumbrie sans rencontrer d'opposition.

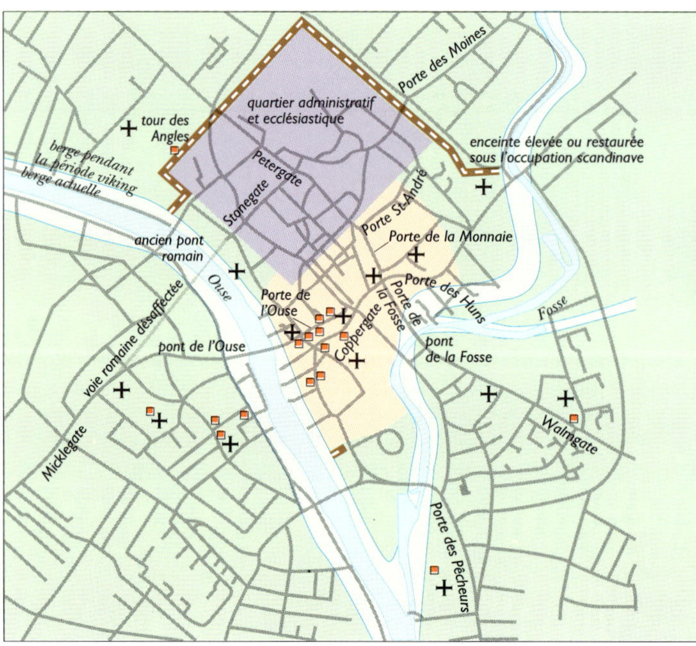

I/ La Jórvík des Vikings, 886-954

L'établissement scandinave de York – baptisé Jórvík par les Vikings – s'est développé au sud du camp romain qui abritait le centre administratif et ecclésiastique de la ville. Le fonctionnement des institutions n'eut guère à souffrir de la présence des Scandinaves, les rois vikings ayant généralement entretenu de bons rapports avec les archevêques. La colonie scandinave – majoritairement danoise – connut un rapide essor et, au cours du Xe siècle, elle se développa sur la rive gauche de l'Ouse. Vers l'an mil, la population a pu compter jusqu'à 10 000 habitants, un chiffre important pour une ville de l'Europe médiévale.

- zone d'expansion de l'établissement viking
- sites vikings ayant fait l'objet de fouilles
- église prénormande

2/ Luttes pour la prise de York, 918-954
Royaume de York :
frontière probable, 902
conquête temporaire, 919-920 et 941-944
conquête temporaire, 940-942
colonie norvégienne à partir de 900 env.
Wessex et alliés, 902
frontière du Wessex, 920
frontière du territoire anglais, 954
Campagnes vikings :
Rögnvaldr, 918-919
Oláfr Gudfridsson, 940-941
Campagnes anglo-saxonnes :
Athelstane, 927
Edmund, 942-944
bataille
ville pillée
les Cinq Bourgs (Five Boroughs)
0 60 km
0 40 miles
N
ROYAUME DES ECOSSAIS
Firth of Forth
Rögnvaldr venu de Dublin, 918-919
STRATHCLYDE
ROYAUME DE NORTHUMBRIE
Bamburgh
GALLOWAY
Corbridge
927 les rois d'Ecosse et du Strathclyde, ainsi que les earls de Northumbrie reconnaissent la souveraineté d'Athelstane
918 Rögnvaldr défait les Ecossais et les Northumbriens
Durham
Tees
Eamont Bridge
Stainmore
954 Eiríkr Blódöx est expulsé de York et tué dans une embuscade
A 919 Rögnvaldr s'empare de York
B 927 Athelstane, roi de Wessex, conquiert York et en expulse Oláfr Sigtryggsson et Gudfridr
C 939 Oláfr Gudfridsson reprend le royaume de York
D 944 les Anglais reprennent le royaume de York
E 948 Eiríkr Blódöx prend York et en devient le dernier roi viking
CUMBRIE
Oláfr Gudfridsson 941
Athelstane 927
Mer du Nord
ROYAUME DE YORK
York ABCDE
Ouse
Oláfr Sigtryggsson 940
937 site probable de la bataille de Brunanburh, où Athelstane vainc une coalition de Vikings de Dublin, de Scots et de Gallois du Strathclyde dirigée par Oláfr Gudfridsson
Humber
Trent
Manchester
Chester
Lincoln
Athelstane 927
Edmund 944
MERCIE DANOISE
Nottingham
Derby
Golfe du Wash
940 Edmund, roi de Wessex, cède les Cinq Bourgs à Oláfr Sigtryggsson
MERCIE
Tamworth
Leicester
Stamford
Norwich
942 Edmund reprend les Cinq Bourgs
ANGLAISE
Severn
Edmund 942
Ouse
Northampton
EST-ANGLIE
ROYAUMES IRLANDAIS
Dublin
914-925 les rois norvégiens tentent à plusieurs reprises de s'emparer de York
WESSEX
Tamise
York scandinave
sous contrôle danois 866-876
rois danois 876-919
rois norvégiens 919-927
rois norvégiens 939-944
rois norvégiens 948-954

Les Vikings en Irlande I

Cette figurine en émail a servi de support à une coupe en bronze retrouvée dans une tombe viking de Scandinavie. C'est une pièce caractéristique de l'artisanat irlandais, très prisé par les Vikings lors des pillages. Le IXe siècle voit la fin de l'âge d'or, le « miracle irlandais », époque de haut rayonnement culturel qui durait depuis les débuts de la christianisation et laisse des trésors tels que le Livre de Kells *et le calice d'Ardagh.*

Les Vikings attaquent les côtes irlandaises, remontent les rivières et fondent une colonie à Dublin.

La première expédition viking est menée en 795 par des Norvégiens contre l'église de Lambey Island, au nord de Dublin. La première phase, qui dure jusqu'en 830 environ, prend la forme d'une série de coups de main visant les monastères du littoral et de l'arrière-pays situés à environ 35 kilomètres des côtes. Après, les raids redoublent et les flottes s'aventurent à l'intérieur des terres en remontant les fleuves, comme le Shannon, jusqu'au monastère de Clonmacnoise, mis à sac en 836, et atteignent le Lough Erne et le Lough Neagh.

Au début du IXe siècle, l'Irlande est divisée en cinq royaumes placés sous l'autorité d'un « roi suprême », incapable de maîtriser les rivalités qui dressent les chefs locaux les uns contre les autres. De ce fait, dans un premier temps, les Vikings ne se heurtent ni à une contre-attaque irlandaise efficace ni à une résistance organisée. A partir de 840, ils fondent des établissements et montent des camps fortifiés dont le plus important est à Dublin. L'ambition de Turgeis, l'inquiétant chef viking, est de conquérir des terres et de s'emparer du pouvoir politique. Pourtant, l'installation des Vikings les rend vulnérables : opérant depuis leurs camps fortifiés, ils perdent leur mobilité, l'élément incontestable de leur succès militaire, et la contre-attaque irlandaise est souvent victorieuse. Entre 847 et 849, les Vikings essuient quatre défaites, ce qui incitera un grand nombre d'entre eux à partir pour la France.

Durant un demi-siècle, les Vikings norvégiens sont à l'origine des raids et des colonies scandinaves. A leur tour, les Danois tentent de prendre pied en Irlande, en 851, ils prennent le contrôle de Dublin d'où ils sont expulsés deux ans plus tard par Ivarr et Oláfr le Blanc, les deux fils d'un roi norvégien. Oláfr se proclame roi de Dublin, et durant son règne les Vikings sont impliqués dans la vie politique. A la mort d'Ivarr, en 873, le frère et successeur d'Oláfr, le royaume scandinave de Dublin traverse une période d'instabilité politique. De nombreux Vikings quittent alors l'Irlande pour l'Angleterre, la France, ou l'Islande. Durant les quarante années suivantes, l'Irlande connaîtra une période de répit relatif.

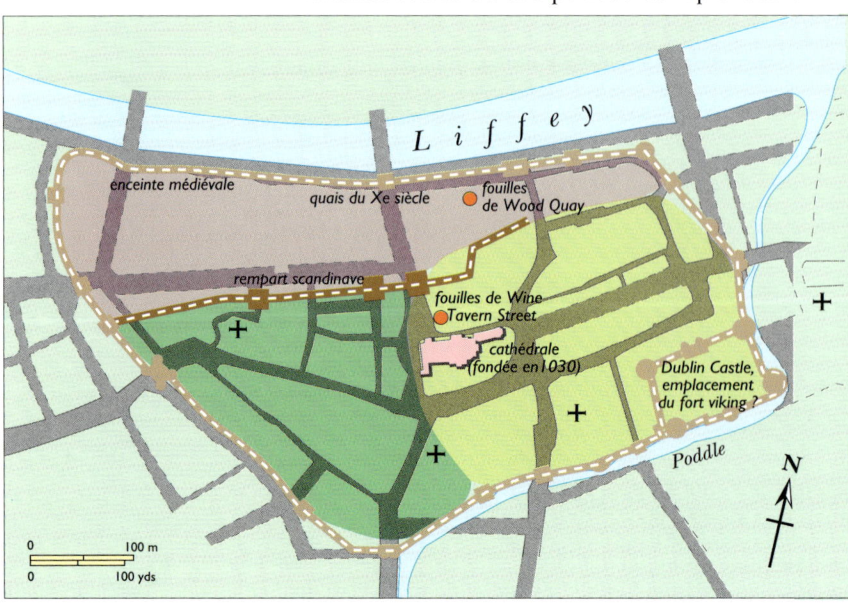

I/ Le Dublin viking

Dublin, la première véritable ville d'Irlande, était à l'origine un comptoir. Elle fut fortifiée par les Vikings en 841 pour protéger leurs bateaux et servir de base d'expéditions. Elle fut vraisemblablement amenée à jouer un rôle de plaque tournante dans le commerce des esclaves, et les fouilles ont révélé qu'au Xe siècle elle était devenue une ville marchande et manufacturière prospère.

2/ Les Vikings en Irlande : la première vague, 795-873

Les Vikings en Irlande II

« Bródir [...] sortit de la forêt, força le rempart de boucliers et frappa le roi. Le jeune Tadkr para avec son bras. Le coup lui amputa le bras et décapita le roi. Mais le sang du roi rejaillit sur le moignon du bras du garçon et la plaie se referma aussitôt. »
La mort de Brian Boru, extrait de la *Saga de Njáll le Brûlé.*

Aux « quarante années de répit » succède une seconde vague de raids ; pourtant les Vikings s'intègrent progressivement à la population irlandaise.

La période d'accalmie, de 874 à 914, est connue sous le nom des « quarante années de répit ». A la fin du IXe siècle, l'île n'offrant plus d'établissement sûr pour les Scandinaves, ils ont transporté leur champ d'opérations vers le nord de l'Angleterre et l'Islande où la colonisation bat son plein, tandis que la France subit une recrudescence sans précédent des raids. Les Vikings restés en Irlande essuient une série de revers, et en 902 les Scandinaves sont définitivement chassés de Dublin. Mais, à partir de 914, les Norvégiens opèrent un retour en force depuis la France et l'Angleterre et réintègrent les comptoirs vikings de Wexford, Waterford, Limerick et Dublin. Les Vikings établis aux Hébrides, aux Orcades et aux Shetland multiplient sur le littoral des raids de moindre envergure jusqu'au XIIe siècle.

Cette période ne voit pas une extension des colonies ou la conquête durable de nouveaux territoires en Irlande. Les Vikings de Dublin étaient essentiellement occupés à manœuvrer pour s'emparer du pouvoir à York tandis que les villes irlando-norroises se faisaient souvent la guerre. La résistance locale fut souvent efficace et les enclaves vikings ne durent leur maintien qu'au manque de coordination de l'opposition irlandaise. La fin de la politique d'expansion viking en Irlande est consommée par la bataille de Clontarf, en 1014, où Brian Boru, qui règne sur le Munster et tente de réunifier le pays, parvient à rompre l'alliance conclue entre le Leicester et les Vikings de Dublin, et disperse l'armée scandinave avant de trouver la mort. Cette victoire irlandaise amorce le déclin de la puissance viking. Sous la pression permanente des rois du Munster au sud et des rois du Meath au nord, l'hégémonie des villes irlando-norroises entre dans une lente agonie qui durera jusqu'à la fin du Xe siècle. Bien que les rois irlandais aient souvent sollicité, en raison de leurs vertus guerrières, l'appui militaire des Vikings, ces derniers avaient perdu l'initiative et, avant l'an mil, les Scandinaves de Dublin avaient été contraints à maintes reprises de verser un tribut aux rois irlandais pour conserver leur indépendance. Par la conversion officielle des Irlando-Norrois au christianisme, l'exogamie et l'adoption du gaélique, la spécificité viking fut progressivement absorbée par la culture celte. Les Vikings assimilés resteront connus sous le nom d'« *Ostmen* » (hommes de l'Est). La conquête anglo-normande de l'Irlande au XIIe siècle aura définitivement raison de l'influence politique scandinave dans le pays.

Gauche : *pour se défendre contre les raids vikings du Xe siècle, les Irlandais élevèrent des clochers pouvant également servir de guet et de refuge, comme celui de la retraite monacale de l'île Devenish sur le Lough Erne.*

Droite : *bien que les Vikings n'aient pas exercé d'influence à long terme sur l'Irlande, les styles scandinaves infiltrèrent l'art irlandais. La croix de Cong fut exécutée vers 1123, bien après que les Vikings d'Irlande eurent perdu leur indépendance, mais son ornementation est caractéristique de la fin du style dit « d'Urnes » (1050-1170), baptisé d'après une église de la province norvégienne du Sogn.*

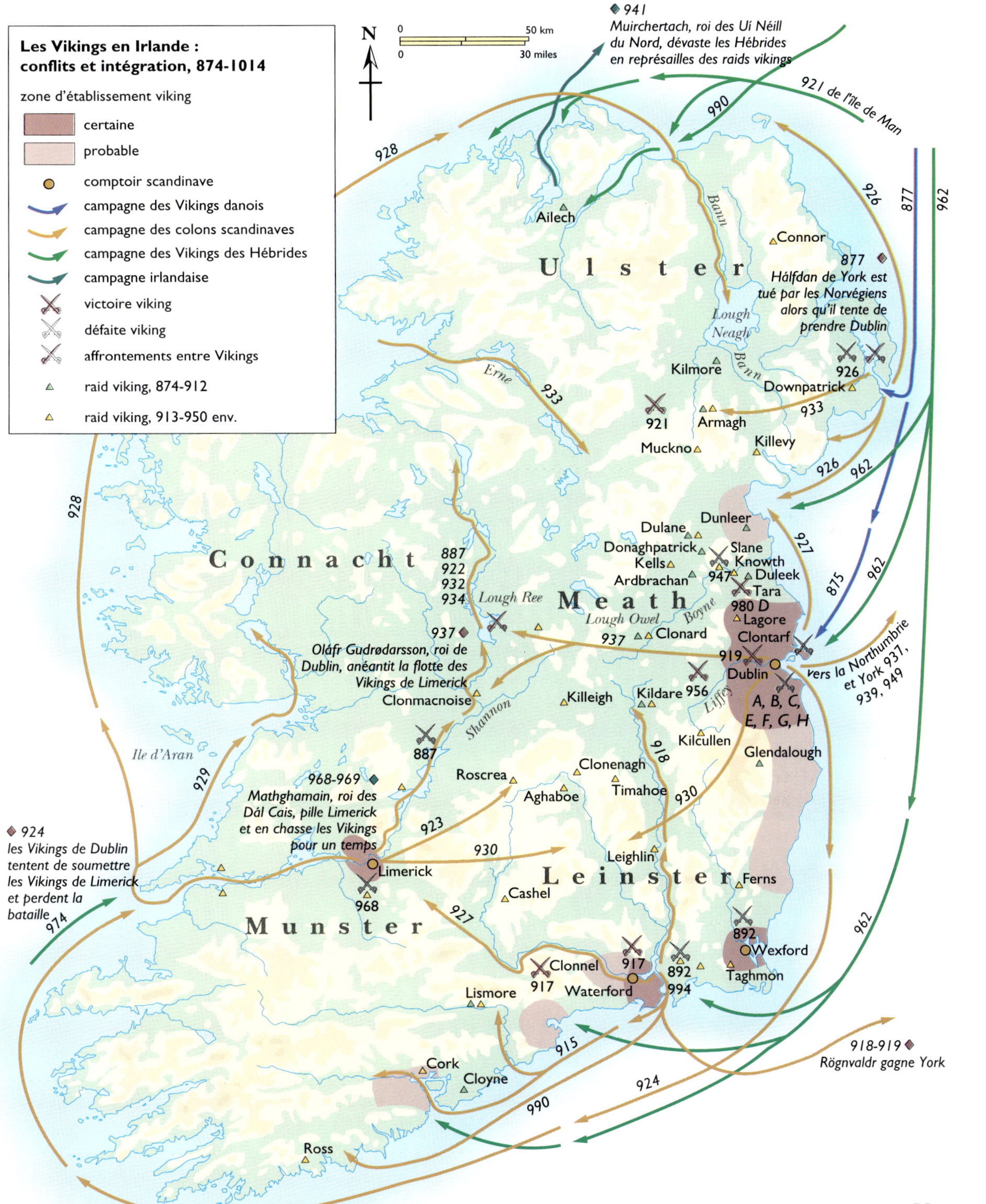

A ◆ 875
Hálfdan chassé de Dublin par les Norvégiens

B ◆ 902-917
Vikings expulsés

C ◆ 912-927, 939-944, 949-952 liaisons avec York

D ◆ 919
le grand roi de Tara et 12 roitelets tués alors qu'ils tentaient de chasser les Vikings de Dublin

E ◆ 980, 989, 995
tribut payé à Máel Seachlainn, roi du Meath

F ◆ 999
tribut versé à Brian Boru, roi du Munster

G ◆ 1014
Brian Boru, roi du Munster, écrase la coalition Leinster-Vikings

H ◆ 1170
Dublin conquis par les Anglo-Normands

Les Vikings en Ecosse

Aux raids vikings sur les monastères succède l'implantation durable de colonies vikings dans les îles écossaises et sur la côte ouest.

« Ils guerroyèrent par les Hébrides jusqu'aux Barreyjar où régnait un roi nommé Kjarvalr. [...] L'affrontement fut très rude. [...] Les deux camps endurèrent de lourdes pertes et, pour finir, le roi s'enfuit sur un seul bateau. »
Saga de Grettir.

Les premiers raids vers l'Ecosse sont signalés en 795 dans l'île de Skye et celle d'Iona, où le monastère de saint Colomba est pillé une première fois. Durant un demi-siècle, les raids vont déferler sans relâche sur la côte ouest. Vers le milieu du IXe siècle, les Vikings commencent à se fixer. Au début du Xe siècle, une quantité d'établissements – principalement norvégiens – s'échelonnent au nord d'un axe Galloway-Firth of Moray. Les populations celtes des Orcades et des Shetlands furent subjuguées par les nouveaux colons, tandis qu'aux Hébrides et dans le Sud-Ouest, l'exogamie donna naissance à un peuple de sang mêlé, désigné par les Irlandais sous le nom de *Gaill-Gaedhil* – « Gallois étrangers » –, d'où le Galloway tire son nom. Le contact des colons norvégiens avec le monde celte aboutit à la conversion au christianisme de ces derniers avant 900.

Il est probable que l'organisation politique dont se dotèrent les colons, comme en Islande un peu plus tard, fut dominée par quelques chefs d'extraction aristocratique, comme Ketill Flatnefr – « au nez plat » – qui dirigea les Hébrides de 840 à 880 environ. Vers la fin du IXe siècle, les rois du Vestfold, la province norvégienne située à l'ouest du fjord d'Oslo, cherchèrent à étendre leur domination aux Orcades et y établirent une dynastie de *jarls* (famille de Rögnvaldr, *jarl* de Möre) plus ou moins soumise au roi de Norvège. Ils revendiquèrent aussi le contrôle des Hébrides mais mettront deux siècles avant d'y asseoir leur pouvoir. Comme aux Orcades, le destin politique des Hébrides et de l'île de Man est lié au nom d'une grande famille. Pourtant, Ketill ne réussira pas à fonder une dynastie à l'image de Rögnvaldr aux Orcades, et l'hégémonie des *jarls* orcadiens s'étendra rapidement aux établissements scandinaves de presque toute l'Ecosse durant le règne du *jarl* Sigurdr Digri – « le gros » – (v. 985-1014).

En 800, cinq ethnies se partagent l'Ecosse : les Pictes établis dans les Highlands (la frange nord-ouest), ainsi que les Orcs, tribu picte des Orcades, les Scots en Dalriada, les Gallois dans le Strathclyde et les Anglo-Saxons en Northumbrie. L'arrivée des Scandinaves bouleversa les structures politiques de ces populations autochtones mais les Scots surent tirer partie de la situation en exploitant l'affaiblissement de leurs voisins : ils soumirent les Pictes en 844, les Gallois du Strathclyde dans les années 920 et la Lothie en 973, créant ainsi le premier royaume d'Ecosse unifié.

Le monastère fondé sur l'île d'Iona en 563 par saint Colomba, l'évangélisateur des Pictes, fut l'une des premières cibles vikings en Ecosse. Après la conversion au christianisme des colons norvégiens, les pillages cessèrent et il passa sous la protection des Vikings pour devenir au XIe siècle le sanctuaire des rois des Hébrides et de l'île de Man.

L'Ecosse viking, 800-1014
répartition des ethnies autochtones vers 800
zone et date d'implantation scandinave, IXe et Xe siècles
Royaume des Orcades :
vers 880
vers 900
vers 1000
Raids vikings :
Danois, 874
Sigurdr le Puissant et Thorsteinn le Rouge, 889-900
en pointillé : raids probables mais non attestés
bataille
monastère ou site pillé
route commerciale des Vikings
0 65 km
0 40 miles
N
Fin du IXe siècle
les Shetland passent sous contrôle norvégien
HJALTLAND
v. 800
Shetland
60°N
0°
Fair Isle
ORKNEYJAR
Orcades
v. 800
5°0
SUDRLAND
Sutherland
KATANES
Caithness
960
les Scots tentent en vain de reprendre le Caithness
Loch Shin
Oykel
v. 825
Skye
Hébrides
Burghead
Barra
SUDREYJAR
Loch Ness
Spey
Deveron
Don
Eigg
Pictes
Dee
Dunnotar
869
une flotte irlandaise conduite par Kjarvalr est défaite par les Vikings
FORTRIU
Tummel
Coll
Dunkeld
Iona
Tay
pillages vikings 795, 802, 806, 807 et 825
DALRIADA
(Scots)
839 904
Ravagée par les Vikings 839, 866 et 903-904
Mer du Nord
Dumbarton
Islay
870
Clyde
Firth of Forth
870 : les Vikings de Dublin dévastent la capitale du Strathclyde et renforcent leur contrôle sur la route commerciale Dublin-York
Lothie
STRATHCLYDE
(Gallois)
Lindisfarne
55°
Firth of Clyde
Nith
NORTHUMBRIE
(Anglo-Saxons)
Bann
GAILL-GAEDHIL
Galloway
Danes 874
Foyle
Tyne
Lough Neagh
Irthing
Lagan
Solway Firth
Wear
Tees
Swale
Ure
v. 850
Ile de Man
Lune
Nidd
Mer d'Irlande
Boyne
Wharfe
York
Ribble
Aire
Dublin
Liffey
Clontarf
1014 1014
Sigurdr le Gros, jarl des Orcades, et Bródir, roi de Man, périssent dans la bataille
Mersey
Barrow
Trent

Noms scandinaves en Grande-Bretagne

Ci-dessus : *les toponymes norrois dominent dans le nord-ouest de l'Angleterre. Néanmoins, la coexistence de toponymes gaéliques tels que* Kaber (ca-beorg, *« la colline du choucas ») et de toponymes purement norrois comme* Keld *(« source ») ou* Thwaite *(« zone défrichée ») nous indique que les nouveaux occupants n'ont pas chassé les autochtones.*

La toponymie fournit de précieuses indications sur l'implantation des Vikings en Angleterre et en Irlande.

La toponymie, utilisée en complément de l'archéologie – sépultures, pierres gravées, vestiges d'habitat – fournit une image plus précise de l'extension des établissements scandinaves dans le monde celtique et s'avère particulièrement utile dans le cas de l'Angleterre, où les sites vikings se sont révélés difficiles à identifier. Dans les Orcades, les Shetland et le Caithness, presque tous les noms de lieux sont d'origine scandinave. Ils sont également nombreux dans l'île de Man, en Cumbrie, dans le Yorkshire et les Midlands de l'Est, en Est-Anglie, aux Hébrides et au Galloway. Ils sont présents dans une moindre mesure le long de la côte nord-ouest de l'Ecosse, dans le Lancashire, le Cheshire et le sud du pays de Galles. Quant à l'Angleterre, on trouve uniquement des toponymes norrois au sud de la frontière du Danelaw au IXe siècle.

Malgré la présence durable des Vikings en Irlande, elle compte peu de toponymes scandinaves. La rareté des vestiges archéologiques et littéraires retrouvés en dehors des établissements côtiers confirme qu'ils ne s'y sont pas implantés durablement. En revanche, les toponymes scandinaves qui s'échelonnent le long du littoral, surtout celui de la mer d'Irlande, témoignent de la domination des Vikings sur les eaux irlandaises. En général, les toponymes norvégiens se concentrent dans le nord-ouest de l'Angleterre, l'île de Man et l'Ecosse, tandis que les toponymes danois prédominent dans l'est de l'Angleterre. Ces derniers sont identifiables par leurs suffixes *-by*, comme Thurkleby (« la ferme de Thorkil ») et *-thorp*, comme dans Kettlethorpe (« le hameau de Ketill »). Aux Hébrides et dans le Danelaw, on compose un toponyme avec un nom propre et un appellatif norrois, par exemple Grimston (« le pré-clos - *tún* - de Grímr »). Les toponymes norvégiens aux Hébrides sont caractérisés par l'emploi du second élément *-stadr* : Grimista (« ferme de Grímr »), ou encore *-bólstadr*, comme dans Isbister (« la ferme de l'est »). L'emploi du terme norvégien *-thveit* dans Brackenthwaite (« la clairière aux fougères »), est courant en Cumbrie et dans les Dumfries. Le long des côtes, on retrouve en abondance les éléments *-ey/a/ay* (norrois *ey*, île), *-holm* (*hólmr*, îlot), *-wik* (*vík*, baie) et *-ford, firth* en Ecosse (*fjördr*, bras de mer).

Ci-dessous : *le cadran solaire sur le tympan de la cathédrale Saint-Grégoire à Kirkdale, dans le Yorkshire, indique que les Norvégiens ont été assimilés à la population anglo-saxonne. Un homme portant un nom scandinave a fait restaurer le bâtiment et graver cette inscription en vieil anglais : « Ormr, fils de Gamal, acquit l'église Saint-Grégoire alors qu'elle était en ruines, et la fit entièrement reconstruire en l'honneur du Christ et de saint Grégoire durant le règne de l'earl Tostig (1055-1065). »*

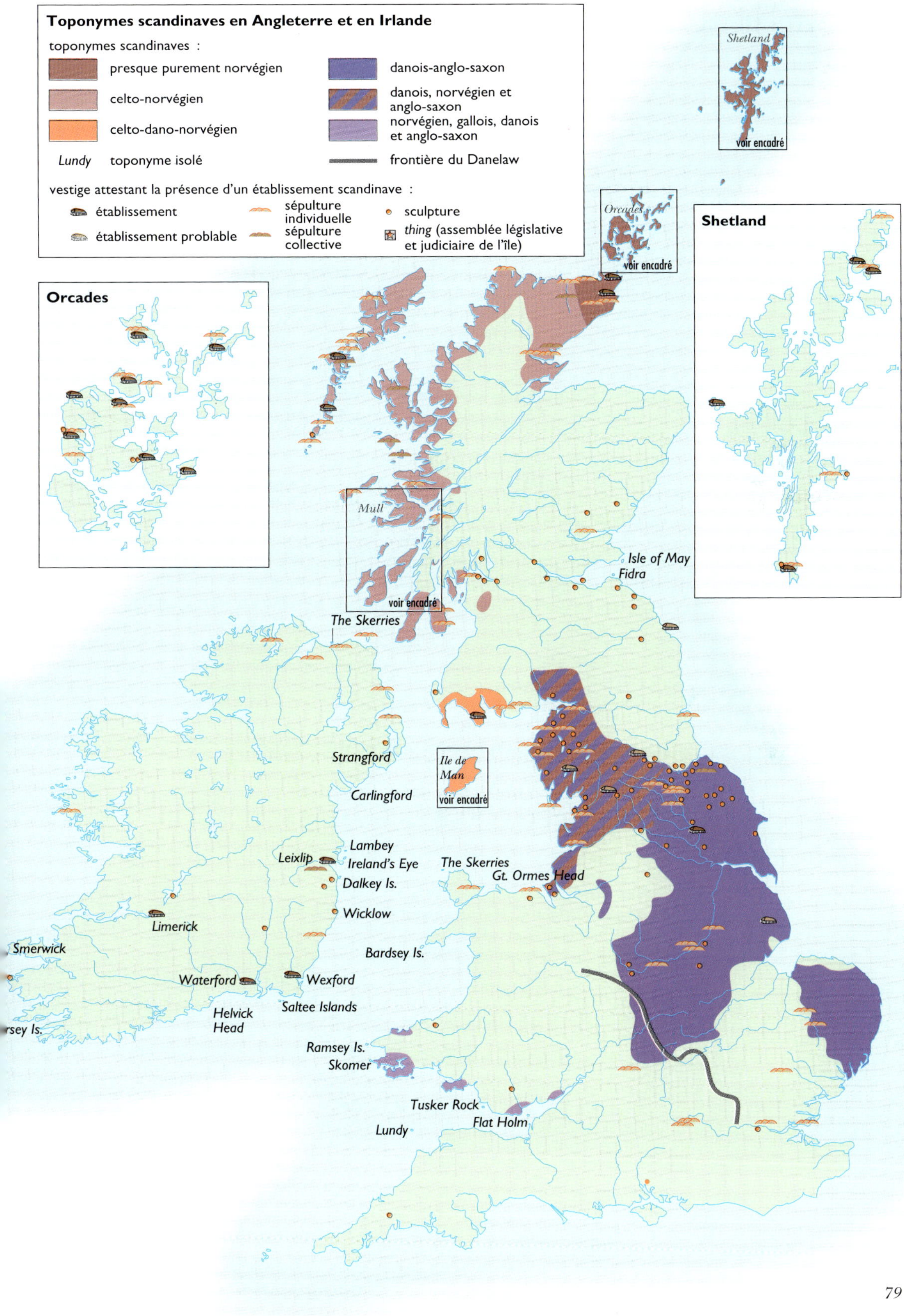
Toponymes scandinaves en Angleterre et en Irlande
toponymes scandinaves :
presque purement norvégien
celto-norvégien
celto-dano-norvégien
Lundy toponyme isolé
danois-anglo-saxon
danois, norvégien et anglo-saxon
norvégien, gallois, danois et anglo-saxon
frontière du Danelaw
vestige attestant la présence d'un établissement scandinave :
établissement
établissement problable
sépulture individuelle
sépulture collective
sculpture
thing (assemblée législative et judiciaire de l'île)
Orcades
Shetland
Shetland
voir encadré
Orcades
voir encadré
Mull
voir encadré
Isle of May
Fidra
The Skerries
Strangford
Carlingford
Ile de Man
voir encadré
Lambey
Leixlip
Ireland's Eye
Dalkey Is.
The Skerries
Gt. Ormes Head
Wicklow
Limerick
Smerwick
Bardsey Is.
Waterford
Wexford
Saltee Islands
Helvick Head
rsey Is.
Ramsey Is.
Skomer
Tusker Rock
Flat Holm
Lundy

Le duché de Normandie

Les Vikings de Rollon s'établissent en Normandie en échange de sa défense contre d'autres raids, et s'intègrent rapidement à la société franque.

Tandis qu'en 892 la majorité des Vikings de la Seine traversent la Manche pour sévir en Angleterre, ceux qui restent commencent à se fixer. En 911, le dernier grand raid mené sur Chartres se solde par une défaite et la paix est conclue à St-Clair-sur-Epte entre Charles le Simple, roi des Francs, et Rollon, le chef d'une armée viking. Rollon est fait comte de Rouen – le titre de duc n'est guère en usage avant 1006. En échange, il doit être baptisé, prêter serment et défendre son fief contre les Vikings de la Seine. Rollon tiendra promesse et, hormis quelques troubles aux frontières de sa province, la région de la Seine ne sera plus jamais inquiétée par les Vikings. Rollon en sera remercié par l'octroi de nouvelles terres, le Bessin et le Maine en 924, et son successeur Guillaume Longue-Epée obtiendra en 933 le Cotentin et l'Avranchin. Il tentera d'étendre son territoire vers l'est mais sera repoussé.

Bien qu'une dynastie fondée par Rollon ait régné sur cette Normandie qui doit aux Vikings jusqu'à son nom – *Normannia*, le pays des Normanni, des hommes du Nord, donc – l'influence scandinave y fut faible. La toponymie suggère une concentration des établissements scandinaves – principalement danois – le long des côtes, mais aussi une implantation très minime à l'intérieur des terres ; dans l'ensemble, la population viking est restée minoritaire. L'archéologie a mis au jour peu de traces de sa présence, les « Normands » adoptant très tôt la culture matérielle et les usages religieux de l'Occident médiéval, la féodalité et le christianisme. Avec l'arrivée de nouveaux colons vers 942, le paganisme connut un regain sans lendemain, les premiers occupants ayant déjà épousé la foi chrétienne. Les échanges commerciaux avec la Scandinavie n'avaient jamais été bien nombreux et furent définitivement abandonnés vers la fin du Xe siècle. Le norrois – la langue parlée par les Vikings – subsista sans doute jusqu'au début du XIe siècle. La présence d'un poète norvégien à la cour ducale en 1025 représente l'ultime survivance des liens avec le passé scandinave. Ainsi, bien avant 1066, la Normandie appartient, de par son organisation administrative, sa culture et sa langue, à l'histoire de France.

Broche faisant partie d'une paire de fibules scandinaves, retrouvée à Pîtres, en Normandie, dans une tombe viking. Les fibules servaient à retenir le vêtement viking féminin.

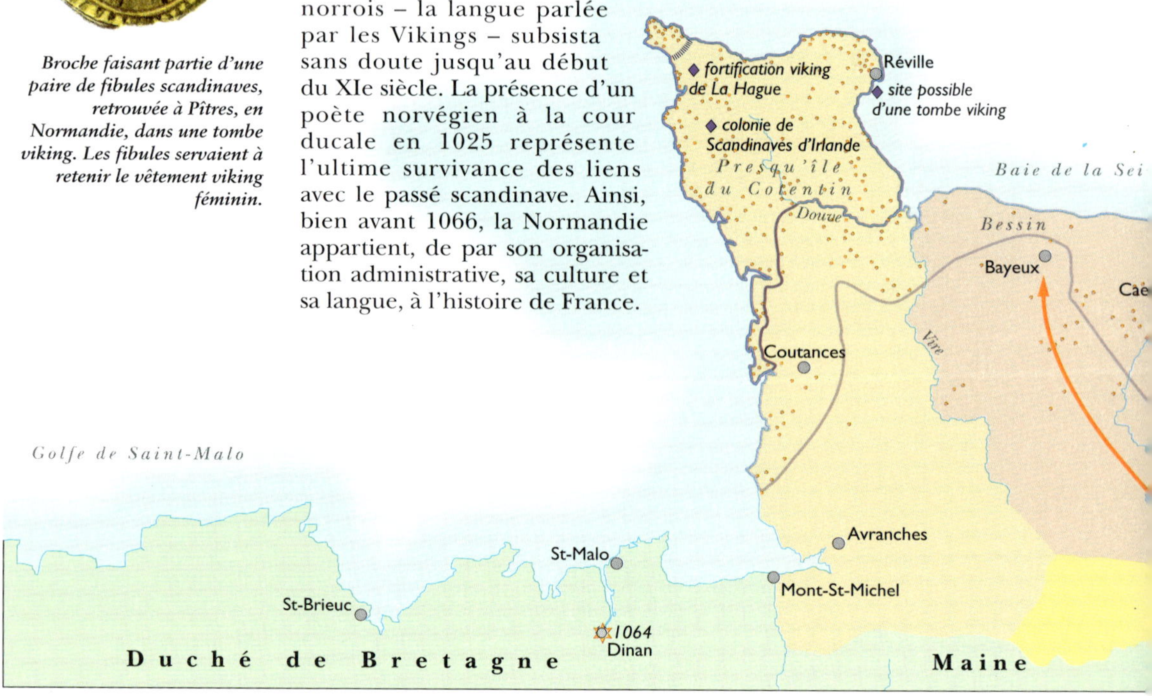

Ce détail de la tapisserie de Bayeux illustre le siège du château de Dinan en Bretagne par Guillaume le Bâtard, en 1064. Le château fort est un édifice caractéristique de cette période, juché sur une butte et entouré d'une palissade. Les trois points sur les étendards – ou gonfanons – sont d'origine norvégienne, de même que les animaux fabuleux encadrant la scène.

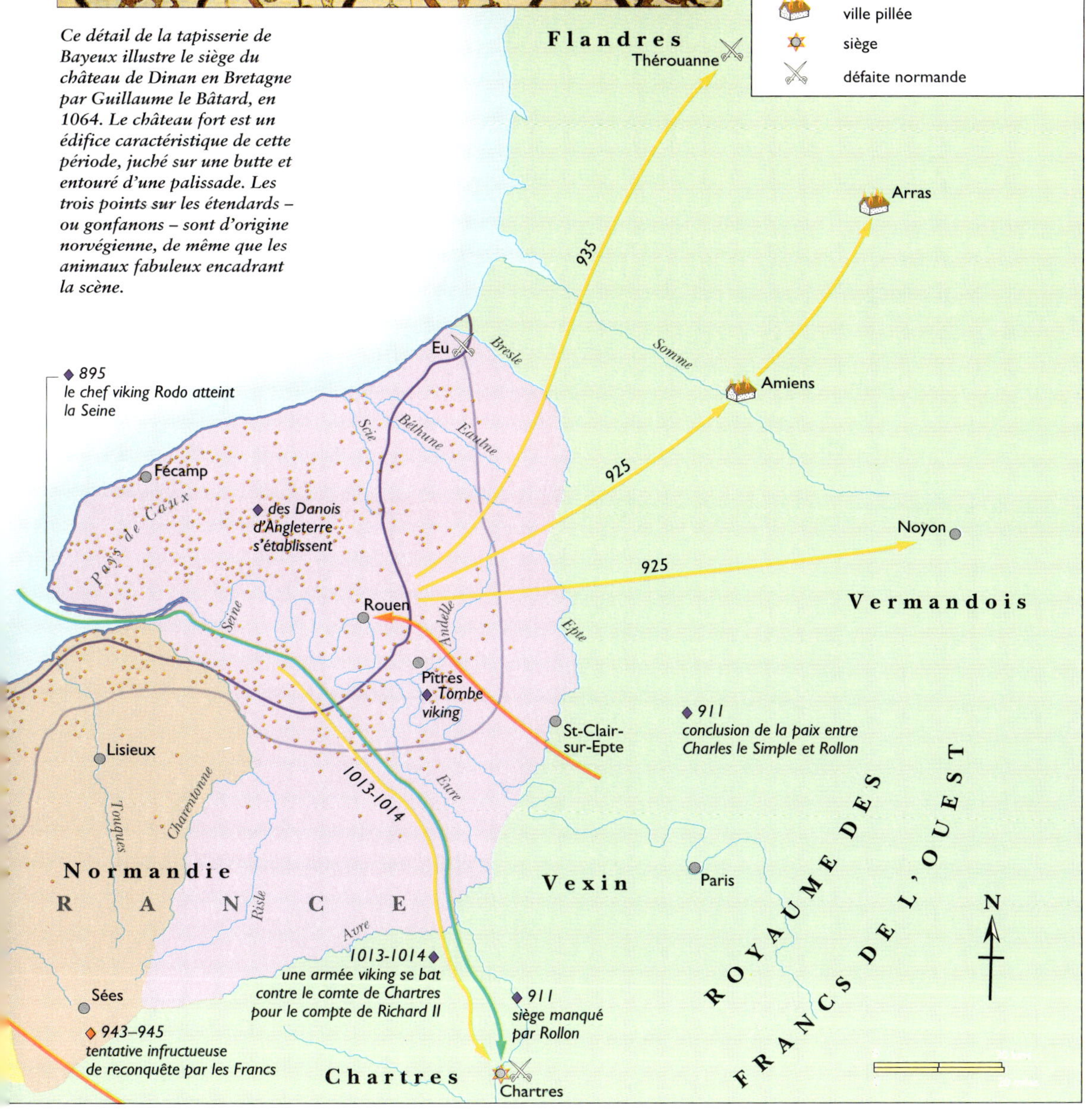

Les Vikings en Bretagne

« Les Normands […] ravagèrent la Bretagne. […] Mathuédoï, comte de Poher, et une multitude de Bretons trouvèrent refuge auprès du roi des Angles, Athelstane. […] Seuls les plus pauvres des Bretons cultivant la terre restèrent sous la domination des barbares, sans guide ni soutien. »
Chronique de Nantes, 919.

Contenus par les Normands qui défendent la Seine, les Vikings envahissent la Bretagne et poussent la noblesse à s'expatrier.

Durant le IXe siècle, les raids épargnent la Bretagne. A partir de 830, repoussés en Flandres et en baie de Seine, les Vikings effectuent des coups de main sur les monastères du littoral breton et ses îles, et remontent les rivières. Puis ils s'installent durablement à l'embouchure de la Loire, et les raids s'amplifient. Nantes est pillée une première fois en 844, et, en 847, une terrible offensive est lancée, pendant laquelle l'église du Mont-Saint-Michel est mise à sac. En 865, une armée mi-bretonne mi-danoise pille Le Mans et déferle l'année suivante sur le Poitou, l'Anjou, le Maine et la Touraine. Charles le Chauve parvient à rompre cette alliance, mais dès 879, les raids redoublent. Les Bretons finissent par s'allier au roi franc contre les Vikings. En 891, la paix est enfin restaurée.

L'établissement en 911 de Rollon et de son armée en Normandie empêche les Vikings d'opérer sur la Seine. Vaincus à peu près sur tous les fronts, ils reportent leur activité sur la Bretagne. Dès 912, les raids y atteignent une intensité jamais égalée ailleurs. L'exode du clergé et des chefs bretons laisse la région sans défense. En 919, une flotte commandée par Rögnvaldr, un chef norvégien, débarque à Nantes, s'empare de la ville et remonte la Loire. A la différence de Rollon, Rögnvaldr ne franchira pas le stade de l'occupation militaire. Malgré son site privilégié, Nantes ne deviendra pas un port florissant comme York et Dublin. Privée d'échanges commerciaux, la ville végétera jusqu'à sa reprise par les Bretons.

En 930, rompant le pacte de non-agression de 927, les Vikings attaquent le Limousin et subissent une lourde défaite. L'année suivante, tous les Vikings de Bretagne se rassemblent à Nantes pour riposter et les Bretons en profitent pour se soulever. La rébellion est écrasée mais les Bretons entrevoient les chances d'une reconquête. Ils rappellent Alain Barbetorte,

2/ Le camp de Péran
Le camp fut soit construit soit occupé par les Vikings au début du Xe siècle. On y a retrouvé des armes et de la céramique datant de cette période, ainsi qu'une pièce de monnaie de York. Le plan et les techniques de construction sont identiques à ceux des camps fortifiés au Danemark (voir p. 84) : les remparts de terre, hauts de 4 mètres, ont dû être surmontés d'une palissade en bois. Un incendie détruisit le fort vers la fin des années 930, vraisemblablement lors de l'assaut donné par Alain Barbetorte. Par endroit, la température s'est élevée au point que l'argile des murs d'enceinte s'est vitrifiée.

× pièce de monnaie de York datée du Xe siècle

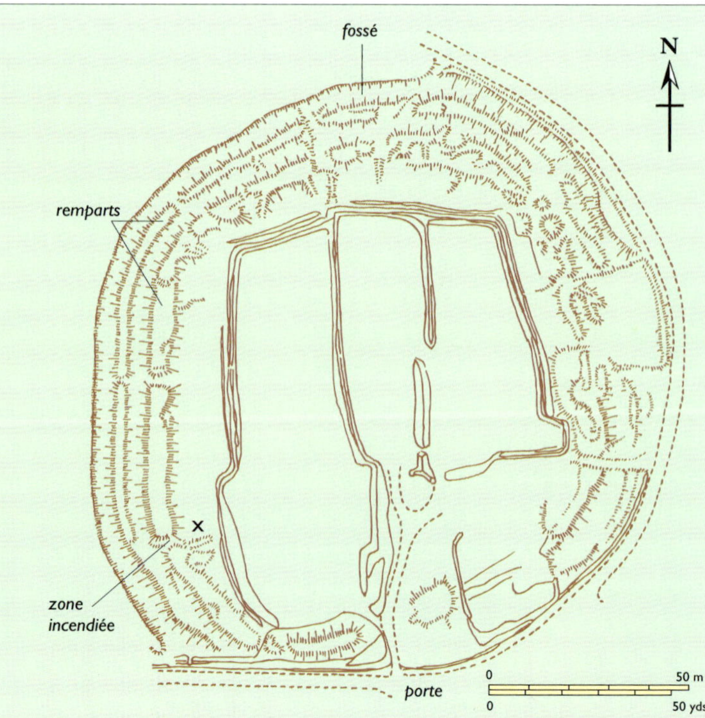

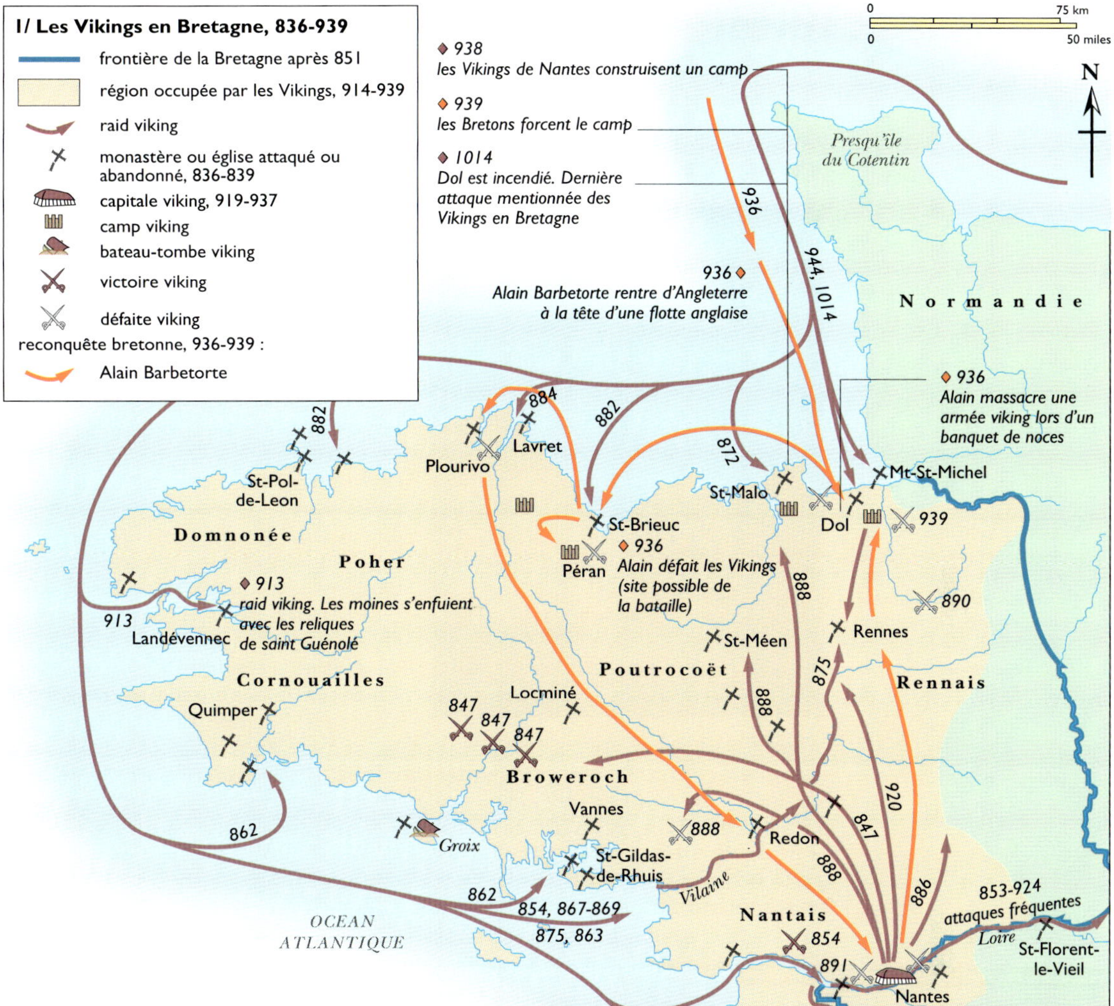

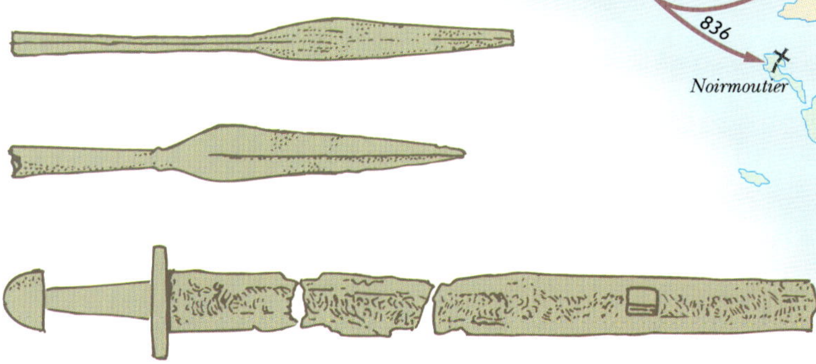

Trois armes du dépôt retrouvé dans la forteresse viking de Péran : une longue épée à double tranchant dont la lame est décorée d'un motif soudé, et deux pointes de lance en fer.

fils d'un chef breton exilé en Angleterre. Ce dernier marche sur Nantes en 936 et reprend la ville en 937 au terme d'une rude bataille. En 939, les Vikings sont expulsés de leur camp fortifié de Trans, non loin de Dol, dans le comté de Rennes. Cette victoire marque le point final de l'occupation viking en Bretagne. L'occupation de la Bretagne aura contribué à affermir l'identité celtique du peuple breton, dont l'indépendance est reconnue en 846 par Charles le Chauve. En revanche, l'autorité des ducs ne sera jamais pleinement restaurée et, dès le XIe siècle, l'autonomie ne résistera pas aux progrès de la féodalité : la Bretagne deviendra une province vassale de la Normandie.

Le guerrier viking

Armes richement décorées et sépultures grandioses proclamaient le rang des guerriers vikings ; tenus à la loyauté et à l'honneur, ils étaient l'élite de leur communauté.

A droite : *cette tête de bois sculptée ornant le chariot d'Oseberg (IXe siècle) évoque le légendaire et redoutable guerrier viking. Le chariot a été retrouvé, avec un riche mobilier funéraire, dans le bateau-tombe d'Oseberg en Norvège.*

Nous sommes fort mal renseignés sur l'organisation des armées vikings qui dévastèrent l'Europe occidentale. La *lid*, autrement dit la suite ou la garde personnelle d'un roi ou d'un chef, en constituait le fondement. Les guerriers de cette suite étaient regroupés en *félag* ou associations, dont les membres se devaient assistance mutuelle. La crainte du déshonneur lié à l'abandon du chef au combat – auquel le Viking a juré fidélité jusque dans la mort – et de ses compagnons assurait probablement le maintien de la discipline. Une armée n'était autre qu'une alliance temporaire entre plusieurs *lid* servant la réalisation d'un objectif commun. Au terme d'une campagne militaire, l'armée se dispersait, les *félagar* se séparant pour s'établir sur place, rentrer au pays ou rejoindre une autre armée. En Scandinavie, la défense locale était assurée par un système de levée des troupes qui permettait, en cas d'alerte, de rassembler, pour chaque territoire relevant de l'autorité d'un même chef, des hommes et leur équipement. La *lid* du chef local a sans doute constitué l'ossature de cette organisation. Au combat, le chef ou le roi se tenait en première ligne et son étendard indiquait la direction à prendre, ou le point de ralliement en cas de retraite. Parmi les guerriers vikings, les *berserkir*, « guerriers-fauves » dévoués à Odinn, étaient les plus redoutés. Avant que le combat s'engage, ils entraient dans une sorte de transe, de fureur sacrée, réputée les rendre quasiment invincibles, du moins insensibles à la douleur des blessures.

Les Vikings ne recherchaient pas délibérément l'affrontement. Quand celui-ci était inévitable, leur tactique habituelle consistait à former un rempart de boucliers et à avancer à la rencontre de l'adversaire. Les deux camps pouvaient rester ainsi paralysés durant plusieurs heures, un mur d'écus contre l'autre, jusqu'à ce qu'une partie, excédée, cède du terrain ou parvienne à s'enfoncer dans les rangs ennemis. L'issue pouvait s'avérer désastreuse, l'armée victorieuse pouvant décimer les fuyards sans encourir de lourdes pertes. Malgré leur expérience de la navigation, les Vikings étaient rarement impliqués dans des batailles en mer. Quand le cas se présentait, l'abordage était de règle et il était suivi de combats au corps à corps sur le pont.

Au Danemark et en Norvège, l'arme de prédilection était la longue épée à double tranchant, une arme d'assaut plutôt que d'estoc. La qualité des épées franques était fort prisée, mais les forgerons scandinaves s'entendaient aussi à fabriquer des armes de belle facture ; un motif soudé sur la lame en augmentait la robustesse et la flexibilité. La hache, ordinairement associée à l'armement du guerrier viking, était employée comme une alternative bon marché à l'épée. En Suède, l'arme la plus courante était la lance. Le fer, pouvant mesurer jusqu'à 60 cm de long et rehaussé d'un motif soudé et perforé, était monté sur un manche en frêne de 2 à 3 m de long. Les plus beaux fers de lance étaient incrustés d'argent. Arcs, flèches et poignards complétaient parfois l'équipement. L'arme de protection par excellence était le bouclier rond, généralement en bois, renforcé de fer sur

les contours et d'une bosse au centre, laquelle protège la poignée et pouvait aussi servir de coup-de-poing. Le bouclier mesure 1 m de diamètre, afin de protéger tout le corps entre la gorge et les cuisses. Vers la fin de l'âge viking, l'écu effilé ves le bas remplaça le bouclier rond. Les guerriers les plus riches portaient une cotte de mailles et un casque à nasal et protège-joues, mais la plupart ont sans doute dû se contenter d'une épaisse cuirasse en cuir et d'un bonnet de cuir durci. L'armure à écailles, probablement importée de Byzance, était connue des Suédois.

Le succès des Vikings tenait moins à la supériorité de l'équipement, aux talents d'organisateurs ou de stratèges – l'art de la guerre était le même dans toute l'Europe – qu'à la mobilité des équipages, qui leur conférait toujours un temps d'avance sur l'adversaire. Leur bateau très maniable, à faible tirant d'eau, se prêtait idéalement aux attaques éclairs de communautés côtières et au transport fluvial d'armées plus nombreuses vers l'intérieur des terres. A terre, les Vikings se constituaient en cavaleries qui parcouraient des distances importantes sur des montures raflées sur place. Dans tous les cas, ils exploitaient au mieux la confusion semée par les attaques-surprises et prenaient la défense locale au dépourvu. Au XIIe siècle, la cavalerie en armure supplanta l'infanterie.

Dans la societé scandinave de l'âge viking, la guerre jouissait d'un prestige inégalé et les armes de belle finition permettaient de signaler la fortune et le rang de leur propriétaire. La poignée et le fourreau des épées étaient souvent richement rehaussés d'incrustations en argent, comme ce fer de hache (à droite) *ou le talon de ce fer de lance* (ci-dessus).

A gauche *: avant l'âge viking, casques en métal et cottes de mailles composaient la panoplie des chefs de haut rang ; ce casque du VIIe siècle provient du bateau-tombe de Vendel en Suède.*

IV : La saga de l'Atlantique Nord

L'expansion viking dans l'Atlantique Nord fut motivée, dès le départ, par la recherche de nouvelles terres. En cela, elle diffère beaucoup des raids menés dans les îles britanniques. Bien que Danois et Suédois y fussent impliqués, la colonisation des îles Féroé, de l'Islande et du Groenland resta surtout l'affaire des Norvégiens.

Le Vesturhorn, cap situé sur la côte accidentée du sud-est de l'Islande, a sans doute été, pour de nombreux colons, le premier site aperçu de leur nouvelle patrie.

Les premiers explorateurs de l'Atlantique Nord furent des ermites irlandais que la *peregrinatio* – l'exil volontaire sur une terre inhabitée – avait dotés d'une connaissance inégalée de cette région. Ces voyages étant un acte de foi, les moines confiaient à Dieu le soin de les transporter sains et saufs jusqu'à un rivage et bon nombre périrent. Vers 700 pourtant, des moines étaient établis sur l'archipel des Féroé, et vers 800, ils avaient découvert l'Islande, qu'ils appelaient Thulé, et avaient même poussé leur exploration jusqu'à la banquise.

A l'origine, l'expansion viking dans cette région fut une conséquence des raids sur les îles écossaises qui débutèrent à la fin du VIIIe siècle. Séduits par un environnement naturel rappelant leur patrie, la Norvège de l'Ouest, les premiers colons commencèrent à se fixer dans l'archipel durant la première moitié du IXe siècle. C'est probablement au contact des moines irlandais qu'ils apprirent l'existence d'une terre située encore plus au nord.

Echapper au joug de l'autorité royale

Selon la tradition islandaise, la colonisation des Féroé et de l'Islande débute avec l'arrivée d'exilés ayant fui la tyrannie du roi de Norvège Haraldr Hárfagri – « à la belle chevelure » – qui établit son pouvoir sur tout le pays après sa victoire à Hafrsfjördr. Cette explication ne nous paraît guère suffisante. Alors que l'on situe la bataille de Hafrsfjördr entre 885 et

900, le moine irlandais Dicuil rapporte dès 825 que les Vikings ont atteint les Féroé et en ont chassé les ermites. Les débuts de la colonisation islandaise sont aussi antérieurs à la bataille de Hafrsfjördr : les premiers Vikings atteignirent l'Islande vers 860 et les premiers colons commencèrent à s'installer au cours de la décennie suivante. A cette époque, Haraldr Hárfagri était sans doute encore un très jeune enfant. En revanche, il se peut que son règne ait favorisé l'émigration ; la colonisation de l'Islande ne s'achève que vers 930.

Malgré son caractère légèrement anachronique, cet argument révèle peut-être une réalité politique plus générale : les chefs des établissements islandais étaient exclusivement des aristocrates de moyenne extraction – des chefs norvégiens locaux – il n'y avait parmi eux ni *jarls* ni rois. Or, les principaux perdants des progrès de la centralisation du pouvoir royal en Scandinavie au cours des VIIIe et IXe siècles étaient précisément ces chefs locaux. Emigrer vers l'Islande leur aura permis de se soutraire à l'autorité croissante des nouveaux monarques. L'organisation politique de l'Islande – qui reposait sur un découpage administratif en districts pourvus chacun d'un *thing* – assemblée saisonnière de tous les hommes libres où l'on débattait des affaires locales – et sur la tenue d'une assemblée annuelle, l'*Althing* – qui réunissait tous les hommes importants du pays, et lors de laquelle les *godar* prenaient les grandes décisions d'intérêt commun – était certainement très semblable à celle qui précéda le renforcement de la monarchie dans le reste de la Scandinavie. Le *lögsögumadr,* « récitateur de la loi », sorte de président de l'*Althing* sans pouvoir exécutif, était élu pour trois ans par les *godar.* Les décisions étaient prises en commun après délibérations, et bien que seuls les *godar* fussent habilités à siéger et à voter, ils tenaient compte des souhaits de leurs partisans et assistants, les *thingmenn,* car ces derniers pouvaient, librement et à tout moment, entrer au service d'un autre *godi.* La conversion officielle – et pacifique – de l'île au christianisme, votée lors de l'*Althing* qui se tint en 999, est probablement l'épisode le plus révélateur du fonctionnement de ce type de gouvernement.

Le fait que, par la naissance et la fortune, les *godar* constituaient une classe homogène garantissait le bon fonctionnement des institutions. Mais si, dans certains cas, la dignité de *godi* était héréditaire, elle pouvait également se perdre ou, au contraire, s'acquérir. Ainsi, l'ascension sociale de quelques familles ambitieuses mit l'équilibre de ce dispositif consensuel en péril et provoqua son effondrement. Durant le XIIIe siècle, les luttes acharnées qu'elles se livrèrent pour s'emparer du pouvoir dégénérèrent en guerres civiles. Les Islandais sollicitèrent alors l'appui du roi de Norvège Hákon IV pour restaurer la paix civile et, en 1263, l'île fut officiellement annexée à la Norvège ; ainsi, la colonie islandaise se sera révélée incapable de résister à la centralisation du pouvoir royal, à laquelle les fondateurs du système avaient cru pouvoir échapper.

Au début de la colonisation, un nombre important de colons provenaient des établissements scandinaves des Hébrides. Plusieurs chefs étaient des émigrants de deuxième génération, issus de mariages mixtes entre Celtes et Norrois. Certains étaient déjà chrétiens. La colonisation de l'Islande coïncide avec un affermissement de la résistance celte contre les Vikings, et il est possible que l'hostilité croissante des Celtes ait précipité le départ de colons scandinaves apparemment bien établis.

L'exode vers le Groenland

La colonisation du Groenland indique peut-être que la colonisation de l'Islande avait atteint son seuil de saturation. Le pays fut découvert par hasard vers 930, par un navigateur dérouté de sa course pendant une tempête. L'aspect inhospitalier du premier rivage aperçu a sans doute retardé l'intérêt des colons jusqu'à ce qu'Eiríkr Raudi – le Rouge – banni d'Islande, découvrît les fjords verdoyants du sud-ouest en doublant le cap Farewell vers 983. Voilà longtemps qu'en Islande les colons s'étaient approprié les meilleures terres. Ceux qui, tel Eiríkr le Rouge, étaient arrivés trop tard, avaient été contraints de s'installer dans des régions moins fertiles et reculées. Aussi le nombre des candidats au voyage était-il élevé.

Malgré la prouesse que constitue en soi la découverte de l'Amérique par les Scandinaves à la fin du Xe siècle, cet épisode ne marque pas un tournant historique. Il rend hommage aux qualités de marins, à l'esprit aventurier des Vikings, mais ne représente qu'un ultime sursaut de leur expansion vers l'ouest. Les distances à parcourir, l'infériorité numérique des colons, la fragilité de leurs bateaux et l'hostilité des autochtones eurent raison de l'éphémère tentative des Scandinaves pour fonder un établissement permanent. Du reste, hors d'Islande, la découverte du fameux Vinland sombra aussitôt dans l'oubli et elle reste sans rapport avec les premiers voyages d'exploration vers le Nouveau Monde, la colonisation du continent américain à la fin du XVe siècle.

Technique traditionnelle de fenaison aux îles Féroé. En dépit de son aspect désolé et de l'absence de forêts, l'archipel possédait de bonnes terres à pâture, propices à l'élevage des ovins et des bovins, ce qui constituait un atout important pour les colons norvégiens.

Ces contrées désolées – Féroé, Islande et Groenland – ne semblent guère avoir rebuté les colons norvégiens du IXe siècle, qui recherchaient avant tout de bonnes terres de pâture, la superficie des terres arables en Norvège étant réduite. Aux Féroé et en Islande, l'herbe pousse en abondance. Au début du Moyen Age, le climat était plus doux qu'aujourd'hui, et même au Groenland, il était possible de cultiver des céréales en petite quantité. Les Féroé et le Groenland étaient dépourvus de forêts mais à l'époque de la colonisation, le bouleau poussait en abondance en Islande, quoique ce type de bois fût impropre à la construction des bateaux. Les colonies souffrirent cruellement du manque de bois. Une fois usés, les bateaux des premiers colons étaient remplacés au prix de nombreuses difficultés, et les échanges commerciaux indispensables à la survie de la colonie passèrent progressivement sous contrôle étranger. A partir de 1200, la détérioration du climat marque le début d'une période, connue sous le nom de « petite glaciation », qui frappe durement les colonies islandaise et groenlandaise. En Islande, la situation fut aggravée par de violentes irruptions volcaniques ; en 1104, celle du mont Hekla, la plus dévastatrice, ensevelit la moitié de l'île sous les cendres et entraîna l'abandon de nombreuses fermes. Certaines irruptions provoquèrent la fonte des glaciers, et l'inondation des basses terres coûta la vie à de nombreux Islandais. Au XVIIe siècle, la population islandaise, qui comptait quelque 60 000 âmes à la fin de l'âge viking, avait chuté de moitié. La colonie groenlandaise, qui ne dépassa jamais 4 000 individus, s'éteignit vers 1500. Victimes d'un conservatisme culturel intransigeant, les colons du Groenland ne surent pas, à l'instar des Esquimaux, adapter leur mode de vie aux rudes conditions climatiques : à l'ombre de l'avancée des glaciers, ils s'obstinèrent jusqu'au bout à perpétuer l'économie pastorale de leurs ancêtres norvégiens.

L'originalité principale des établissements féroïens et islandais réside dans le fait qu'ils représentent les seules extensions durables de l'aire scandinave héritées de l'expansion viking. Dans le reste de l'Europe, quelques générations à peine suffirent à effacer toute trace du passage des Scandinaves, et seuls quelques emprunts lexicaux par les langues vernaculaires et la toponymie subsistent. Aux Féroé et en Islande, les colons conservèrent leur identité, celle des fjords de l'ouest de la Norvège, sur les dialectes desquels les langues féroïenne et islandaises se sont formées. L'attachement des Islandais envers leurs origines s'est manifesté par l'éclosion d'une prestigieuse tradition littéraire. De tous les pays de la sphère germanique, l'Islande est le seul à avoir conservé la mémoire de son passé culturel et religieux, et à en avoir consigné l'histoire après la christianisation.

Brattahlíd, la ferme d'Eiríkr le Rouge dans l'Etablissement de l'Est, l'une des deux colonies fondées par les Norvégiens du Groenland. Vers la fin du Xe siècle, les meilleures terres islandaises étaient déjà occupées. Les gras pâturages, libres de glace de la côte ouest du Groenland attirèrent de nombreux colons.

Les îles Féroé et l'Islande

L'installation des Vikings dans l'archipel des Féroé conduit à la découverte accidentelle de l'Islande.

Situé à 300 kilomètres environ au nord-ouest des Shetland, les Féroé constituent un archipel montagneux de dix-huit îles. Selon la *Saga des Féroïens*, le premier Viking qui y aborda était un certain Grímr Kamban. Son surnom celtique suggère qu'il avait auparavant séjourné en Irlande ou dans l'archipel des Hébrides. La plupart des colons sont vraisemblablement originaires de l'ouest de la Norvège, notamment des provinces du Sogn, du Rogaland et des Agder. La colonisation débuta vers 825.

Le climat de type océanique froid, le relief escarpé et le manque de terres arables n'étaient guère propice à l'agriculture; aussi, très tôt, les nouveaux arrivants développèrent l'élevage du mouton qui resta le revenu principal de l'économie féroïenne jusqu'au XIXe siècle. Pour profiter des pâturages de montagnes, les insulaires menaient leurs troupeaux dans des *ærgi* (pâtures) pour les mois d'été. Quelques familles aristocratiques semblent avoir pris possession des terres et les auraient ensuite partagées entre leurs descendants. Jusqu'en 895, la colonisation fut supervisée personnellement par les rois de Norvège.

Si les Vikings connaissaient l'existence de l'Islande par des témoignages irlandais – plus tard, les colons retrouvèrent des crosses, des livres et autres traces de la présence de moines –, les premiers Scandinaves n'y arrivèrent que par hasard. Le premier fut sans doute le Suédois Gardarr Svavarsson, dérouté vers 860 en voulant se rendre aux Hébrides. Il débarqua à Horn, dans l'Est, effectua le tour de l'île en bateau, puis hiverna dans le nord, à Húsavík. Trouvant cette terre accueillante, il lui donna son nom, Gardarshólmr (îlot de Gardarr). Vers 850 ou 860, le Norvégien Naddodr, qui se rendait aux Féroé, fut à son tour dévié de sa course vers l'Islande et accosta dans la région des fjords de l'est.

Selon la tradition féroïenne, Grímr Kamban, le premier colon scandinave, bâtit sa ferme dans la baie abritée du Funningsfjördur. Le damier de minuscules prairies autour du village actuel de Funningur date de la fin de l'ère viking.

C'est sur le rivage inhospitalier des fjords du Sud-Est que les premiers explorateurs scandinaves accostèrent. La rareté des ports naturels et la maigreur des pâturages sont partiellement responsables du faible peuplement de cette région. La plupart des colons préférèrent s'établir dans les fjords plus accueillants de l'Ouest.

Un autre Norvégien, Flóki Vilgerdarsson, parti du Rogaland, prit la mer vers 870 pour reconnaître l'île. Il passa un premier hiver dans le Breidafjördur, dans l'ouest cette fois, mais tout son bétail périt car il avait négligé d'engranger du fourrage. Le dégel fut long à venir et le mauvais temps l'obligea à hiverner l'année suivante au même endroit. Aigri par sa mésaventure, il baptisa l'île Island, « Pays de glace ». Le nom resta, mais ses compagnons de voyage firent un récit plus engageant, et à partir de 870, la colonisation commença.

2/ L'exploration de l'Islande, env. 860-870

- Gardarr Svavarsson, v. 860
- Naddodr
- Flóki Vilgerdarsson
- PAPOSS lieu associé à la présence de moines irlandais (« *papar* »)
- volcan en activité

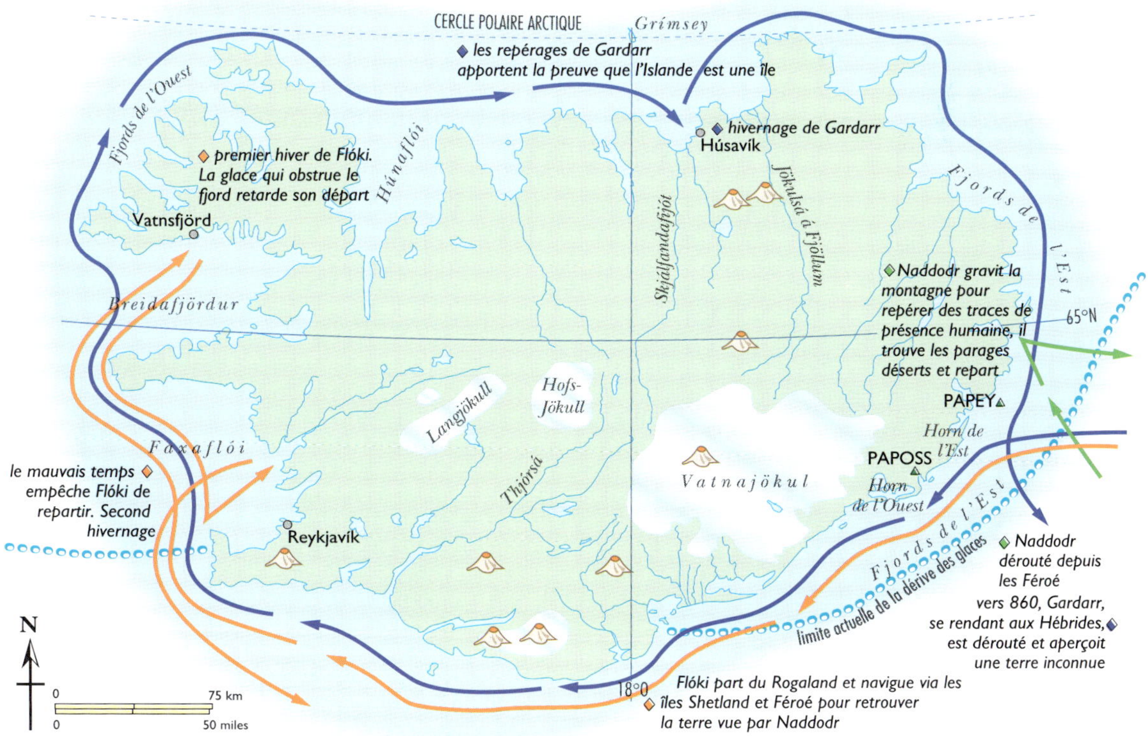

La colonisation de l'Islande

Les Vikings s'implantent en Islande ; les bonnes terres à pâturages, le long des côtes, sont partagées entre les différentes familles.

> *« Un Norvégien du nom d'Ingólfr [...] fut le premier à partir pour l'Islande. [...] Il s'établit dans le sud, à Reykjavík. [...] La forêt recouvrait alors l'Islande entre la montagne et le rivage. »*
> Le Livre des Islandais *d'Ari Thorgilsson le Savant, XIIe siècle.*

Vers la fin des années 860, le Norvégien Ingólfr Arnarson et son frère juré Hjörleifr Hródmarson s'embarquent une première fois pour l'Islande, reconnaissent les fjords de l'Est et reviennent s'établir vers 870. La première année, Hjörleifr est tué par ses esclaves et, trois ans plus tard, Ingólfr s'installe à Reykjavík. S'amorce alors un vaste mouvement d'émigration qui concerne surtout des gens originaires de l'ouest de la Norvège, mais aussi des Danois, des Suédois et des Celto-Nordiques venus des îles nord-atlantiques. Soixante ans plus tard, toutes les bonnes terres à pâture sont réparties entre les différentes familles. L'habitat s'échelonne en bordure côtière, de préférence à l'ouest, tandis que les régions montagneuses et arides de l'intérieur de l'île restent inhabitées.

Vers 930, le *Landnámabók*, ou « Livre de la Colonisation » de l'Islande rédigé au XIIe siècle, dénombre 430 colons et s'efforce de les identifier. Si les premiers arrivants sont de simples aventuriers, la plupart se recrutent parmi l'aristocratie et sont accompagnés de leur famille, de leurs suivants et de leurs esclaves. Les colons exploitent la terre qu'ils se sont appropriée soit par rachat aux premiers arrivants, soit par la force.

L'organisation de la société islandaise est plutôt de type oligarchique. Les fonctions administrative, exécutive, juridique et religieuse sont assumées par les *godar* chargés d'arbitrer les conflits, de plaider la cause et d'assurer la protection des propriétaires moins puissants. Ils président au déroulement du *thing*, l'assemblée locale et biannuelle de leur district, et de l'*Althing*, la grande assemblée annuelle instituée dès 930 qui réunit en juin tous les *godar* et les hommes libres de l'île – les puissants propriétaires terriens. L'*Althing* discute et vote sur toutes les affaires d'intérêt commun, et s'érige en tribunal pour légiférer et juger les grandes affaires civiles et criminelles. A partir de 967, l'île est découpée en quatre « quartiers », pourvus d'un nombre de voix égal à l'*Althing*, et dotés d'un tribunal propre. Par un vote unanime de l'*Althing* en 999, l'île se convertit au christianisme. Le premier évêché est installé à Skálaholt en 1056. Cette forme de gouvernement se maintiendra jusqu'au XIIIe siècle, mais l'âpreté des conflits qui déchirent les quelques puissants clans qui se partagent le pouvoir dégénérera en guerre civile, et en 1263, la Norvège en profitera pour s'inféoder l'île.

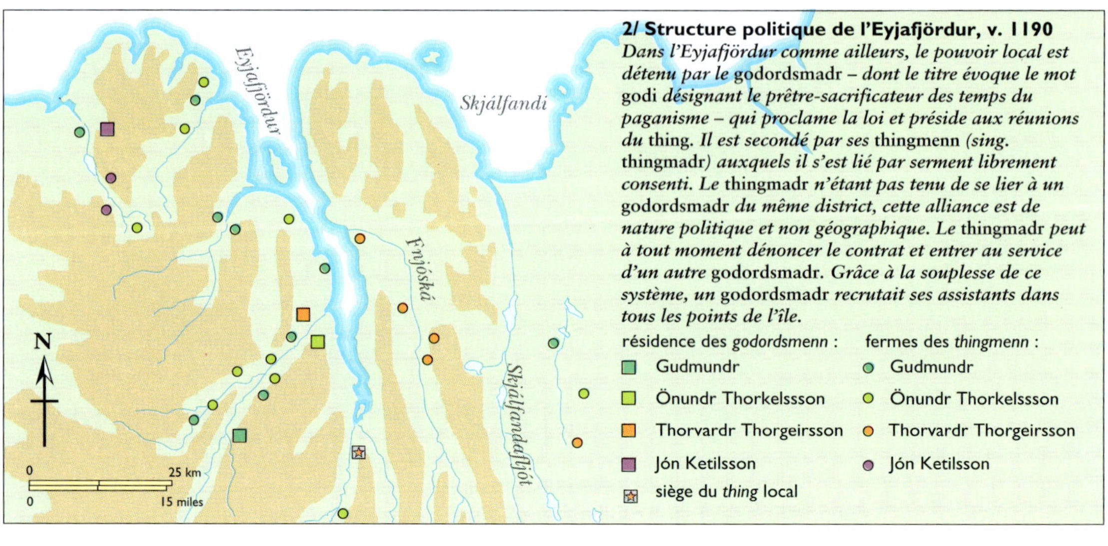

2/ Structure politique de l'Eyjafjördur, v. 1190
Dans l'Eyjafjördur comme ailleurs, le pouvoir local est détenu par le godordsmadr *– dont le titre évoque le mot* godi *désignant le prêtre-sacrificateur des temps du paganisme – qui proclame la loi et préside aux réunions du* thing. *Il est secondé par ses* thingmenn *(sing.* thingmadr*) auxquels il s'est lié par serment librement consenti. Le* thingmadr *n'étant pas tenu de se lier à un* godordsmadr *du même district, cette alliance est de nature politique et non géographique. Le* thingmadr *peut à tout moment dénoncer le contrat et entrer au service d'un autre* godordsmadr. *Grâce à la souplesse de ce système, un* godordsmadr *recrutait ses assistants dans tous les points de l'île.*

D'après J. L. Byock, *Medieval Iceland.*

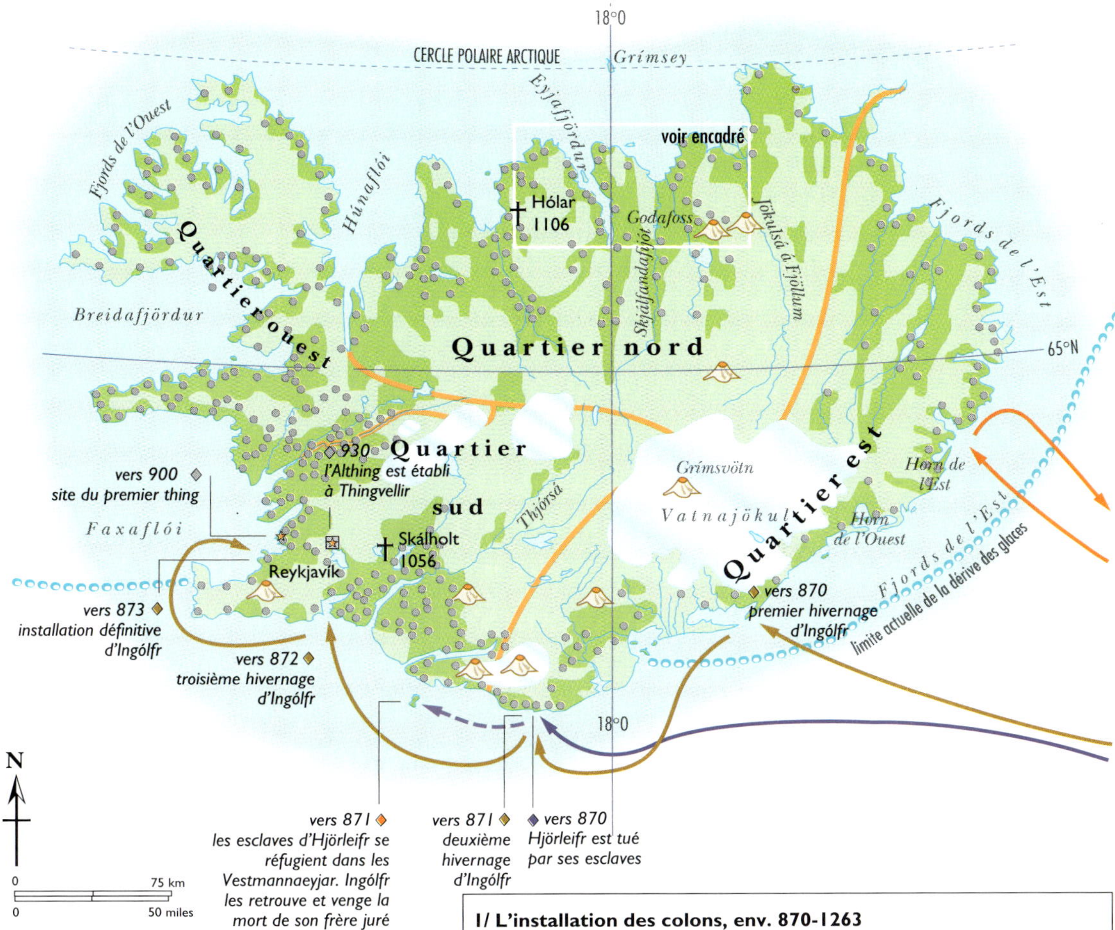

1/ L'installation des colons, env. 870-1263

- Ingólfr et Hjörleifr, fin 860
- Hjörleifr, v. 870
- Ingólfr, v. 870
- fuite des esclaves de Hjörleifr
- établissements vers 930
- division administrative
- lieu de rassemblement de l'*Althing* dès 930
- siège épiscopal et date de sa fondation
- pâturages
- volcan en activité

Les Islandais votèrent la conversion officielle de l'île au christianisme lors de l'Althing de 999. En signe de dévotion à la nouvelle foi, Thorgeirr, le Récitateur des lois, précipita les idoles païennes dans les « chutes des dieux », qui sont censées tirer leur nom de cet épisode.

La littérature islandaise

Patrie de l'une des plus anciennes traditions littéraires d'Europe en langue vernaculaire, l'Islande médiévale occupe une place particulière dans l'histoire de la civilisation occidentale.

L'isolement géographique a permis aux mythes, légendes et traditions orales germaniques anciens de traverser les siècles, tandis que la structure aristocratique de la société a entretenu la fascination des descendants des colons norvégiens pour la genèse de leur histoire et l'émergence de leur identité islandaise. La majorité des textes anciens furent consignés aux XIIe et XIIIe siècles, mais ils incorporent des récits antérieurs de deux ou trois siècles. La production littéraire ralentit après la perte d'indépendance de l'île et son rattachement en 1263 à la couronne norvégienne, puis danoise en 1385, et s'arrêta complètement vers la fin du Moyen Age. Le conservatisme de la langue islandaise est tel que les textes anciens sont plus facilement accessibles au lecteur islandais moderne que la langue de Rabelais ne l'est aujourd'hui au lecteur français.

La littérature islandaise ancienne se compose de textes poétiques et d'œuvres en prose connues sous le nom de sagas. Deux genres dominent la production poétique : la poésie scaldique et la poésie eddique. Les poèmes scaldiques, notamment ceux qui relèvent du genre héroïque, sont une source précieuse de renseignements historiques car ils furent composés par les scaldes, poètes professionnels des cours royales, pour louer les hauts faits de leurs commanditaires. A ce titre, l'impartialité leur fait parfois défaut ; pourtant, leur ancienneté les place au rang des témoignages les plus contemporains d'événements qui se sont déroulés aux Xe et XIe siècles. La poésie dite eddique est recueillie dans l'*Edda* poétique, une compilation d'une quarantaine de poèmes mythologiques et héroïques anonymes. Sans doute composés durant l'âge viking, ceux-ci s'inspirent d'écrits antérieurs de parfois plusieurs siècles. Les poèmes mythologiques constituent une

« Meurent les biens, meurent les parents,
Et toi, tu mourras de même ;
Mais la réputation jamais ne meurt.
Celle que bonne l'on s'est acquise. »
Les Dits du Très-Haut.

A droite : *Egill Skallagrímsson (fils de Grímr le Chauve), d'après un manuscrit du XVIIe siècle de la saga qui lui est consacrée. Guerrier intrépide, commerçant, agriculteur et scalde illustre, Egill incarne les paradoxes de l'âge viking. La saga comprend de nombreux poèmes qui lui sont attribués.*

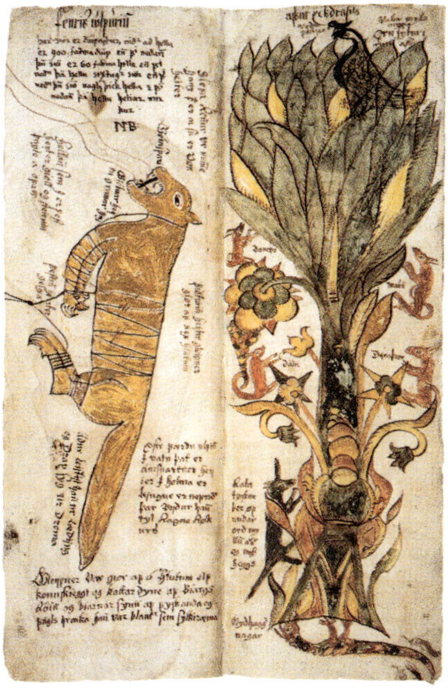

Ci-contre : *ce manuscrit islandais récent est illustré par des scènes de la mythologie scandinave ancienne. A gauche, le loup Fenrir, symbole des forces du chaos, que les dieux ont enchaîné par ruse, se libérera au Ragnarök et dévorera Ódinn. A droite, le frêne Yggdrasill, arbre colossal qui soutient l'univers.*

A droite : *page de la saga de Haraldr à la belle chevelure appartenant à la* Heimskringla *(« l'Orbe du Monde ») de Snorri Sturlusson, composée vers 1220. Ce monument retraçant l'histoire des rois de Norvège a largement contribué en Norvège à l'éveil de l'identité nationale. Bien qu'abondamment entachée de récits légendaires, cette Histoire constitue l'une des sources d'informations historiques les plus précieuses pour la période viking en Scandinavie. Ce manuscrit daté du XIVe siècle, baptisé* Codex Frisianus *d'après son propriétaire Otto Friis, est l'un des ouvrages les plus prestigieux de l'Islande médiévale.*

Ci-dessus : *durant le Moyen-Age, l'économie islandaise dépendait de l'élevage des bovins, lequel procurait une grande quantité de peaux de veau servant à la fabrication du velin, principal support d'écriture à l'époque. Ainsi, les livres étaient nombreux et relativement bon marché. La plupart des manuscrits étaient enluminés et pourvus d'une reliure robuste et sans valeur, comme la couverture en bois de cette copie du XIVe siècle de la* Saga de Njáll le brûlé.

source inappréciable d'informations sur le paganisme germanique ancien. Loin d'avoir renié leur passé, les Islandais du Moyen Age sont les seuls dans le monde germanique à avoir consigné les croyances et les rites qui avaient cours avant la christianisation. Le plus long de ces poèmes, les *Hávamál* (les Dits du Très-Haut, le Très-Haut désignant Odinn), est une œuvre composite contenant des préceptes inspirés d'une sagesse toute prosaïque qui reflètent parfaitement l'éthique de la période viking. Ces conseils de savoir-vivre s'appliquent essentiellement à la vie quotidienne du paysan scandinave, même si parfois transparaît l'importance attachée, dans cette culture, au maintien de l'honneur et de la réputation.

Les poèmes héroïques de l'*Edda* gravitent surtout autour de figures légendaires comme, dans le cycle qui lui est consacré, celle de Sigurdr Meurtrier du dragon Fáfnir (le Siegfried de la tradition germanique continentale, la *Chanson des Nibelungen*), mais présentent aussi, dans un contexte légendaire, des personnages historiques comme le Hun Atli (Attila) ou le Got Jörmunrekkr (Ermanaric).

Les sagas se laissent classifier selon le point de vue adopté et les sources exploitées par leurs auteurs, des plus historiques, comme la *Heimskringla* de Snorri Sturlusson, corpus de seize sagas qui retracent l'histoire des rois de Norvège, aux plus légendaires, véhiculant des mythes connus dans tout l'Occident médiéval, baignant dans un univers surnaturel ou inspirées des romans de chevalerie. Rédigées au XIIIe siècle par des clercs, dans un climat de grande instabilité politique et sociale, plusieurs siècles après le déroulement des événements relatés, les sagas dites des Islandais répondent sans doute au besoin de ressusciter l'âge d'or de l'Islande païenne. L'enchaînement inéluctable des vengeances d'honneur est le thème favori des auteurs. Par exemple, dans la *Saga de Njáll le Brûlé*, les engagements sacrés envers les parents et les amis et le sens intransigeant de l'honneur entraînent Njáll, homme pacifique et de bonne volonté, dans des querelles sanglantes dont il n'est pas responsable et qui auront des retombées fatales. Le destin est au centre de ces récits. Comparé aux romans de chevalerie alors en vogue dans tout l'Occident médiéval, le style resserré et le réalisme des portraits psychologiques confèrent aux sagas des Islandais une étonnante modernité. Parmi les chefs-d'œuvre du genre, la *Saga de Njáll le brûlé*, la *Saga d'Egill, fils de Grímr le Chauve* et la *Saga des gens du Val-au-Saumon* comptent parmi les fleurons du patrimoine littéraire européen.

Les Vikings au Groenland

Aux confins du monde connu, les colons islandais mènent une existence précaire dans les fjords abrités de la côte ouest.

Statuette représentant un Esquimau réalisée par un colon. Les Scandinaves établis au Groenland importèrent la culture de leur patrie d'origine sans chercher à s'inspirer du mode de vie de la société esquimaude, mieux adaptée aux conditions climatiques. Cela a vraisemblablement contribué au déclin de la colonie, rendue vulnérable par le refroidissement du climat à partir de 1300.

C'est Eiríkr le Rouge qui baptisa cette île, presque entièrement couverte par la banquise, « Pays vert », dans l'espoir d'y attirer des colons. Gunnbjörn Ulfr-Krakuson et Snæbjörn Galti, respectivement vers 900 et 978, aperçoivent les premiers les terres arides et gelées de la côte est. Vers 978, Eiríkr le Rouge s'embarque pour retrouver ces terres. Il aborde les fjords abrités de la côte ouest et découvre une région verdoyante et libre de glaces. Il rentre en Islande pour convaincre ses compatriotes de faire le voyage, et en 986 il réembarque avec 25 bateaux dont 14 seulement franchiront le cap Farewell. Les colons se fixent sur la côte ouest et y fondent deux colonies : l'Etablissement de l'Est et, à 500 kilomètres plus au nord, l'Etablissement de l'Ouest.

Au début, les colonies prospèrent. Le climat de l'Atlantique Nord s'est radouci et permet la culture des céréales dans quelques lieux abrités. Les colons élèvent des bovins et des moutons et exportent des articles prestigieux à cette époque : ivoire, peaux de morse, et fourrures d'ours polaires qui abondent dans le Nordsetr, leur territoire de chasse au nord des établissements. Au-delà de cette terre, les colons commercent avec les Esquimaux. A l'apogée de la colonisation, la population totale a dû s'élever à 4 000 personnes. L'Etablissement de l'Est a compté jusqu'à 190 fermes, 12 églises, une cathédrale, un monastère augustinien et un couvent bénédictin. L'Etablissement de l'Ouest, moins peuplé, totalisera 90 fermes et quatre églises. Les colons, venus d'Islande, ont vraisemblablement organisé leur société sur le modèle de leur patrie d'origine.

En 1261, le Groenland passe sous la souveraineté norvégienne, et, dès le début du XIVe siècle, le climat se détériore. Le bétail en souffre, les glaces isolent parfois les colons du continent pendant plusieurs années d'affilée. Une relation de 1410 rapporte que la colonie de l'Ouest s'était éteinte à cette date, tandis que celle de l'Est ne comptait plus que quelques survivants. Les fouilles cependant ont révélé que des contacts ont eu lieu après cette date, mais un bateau qui visita l'Etablissement de l'Est en 1540 ne trouva que des fermes désertes et, dans l'une d'elles, un cavadre non enseveli.

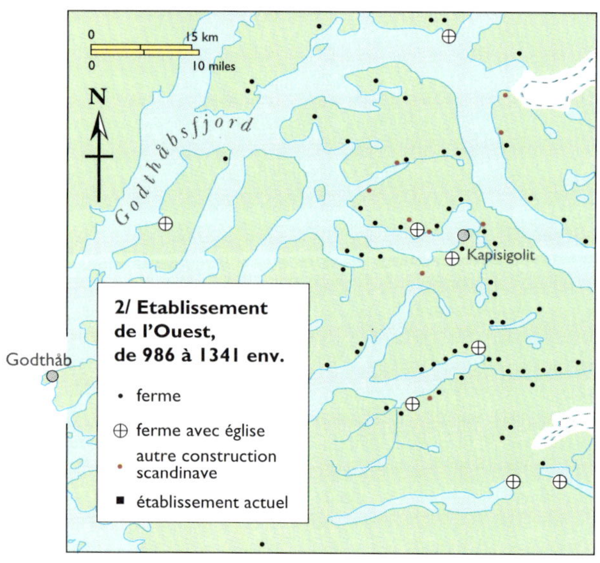

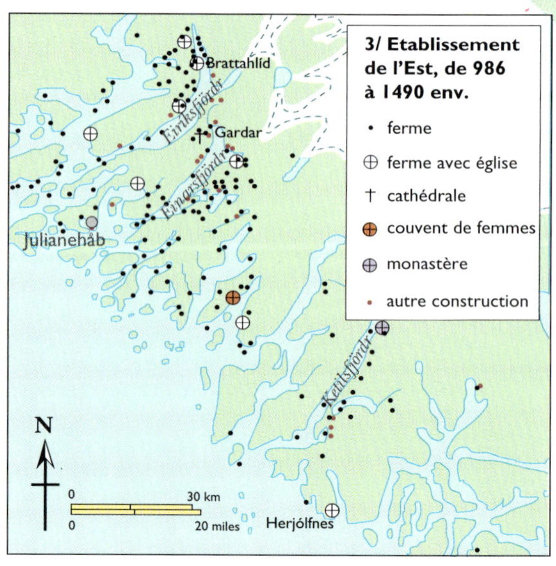

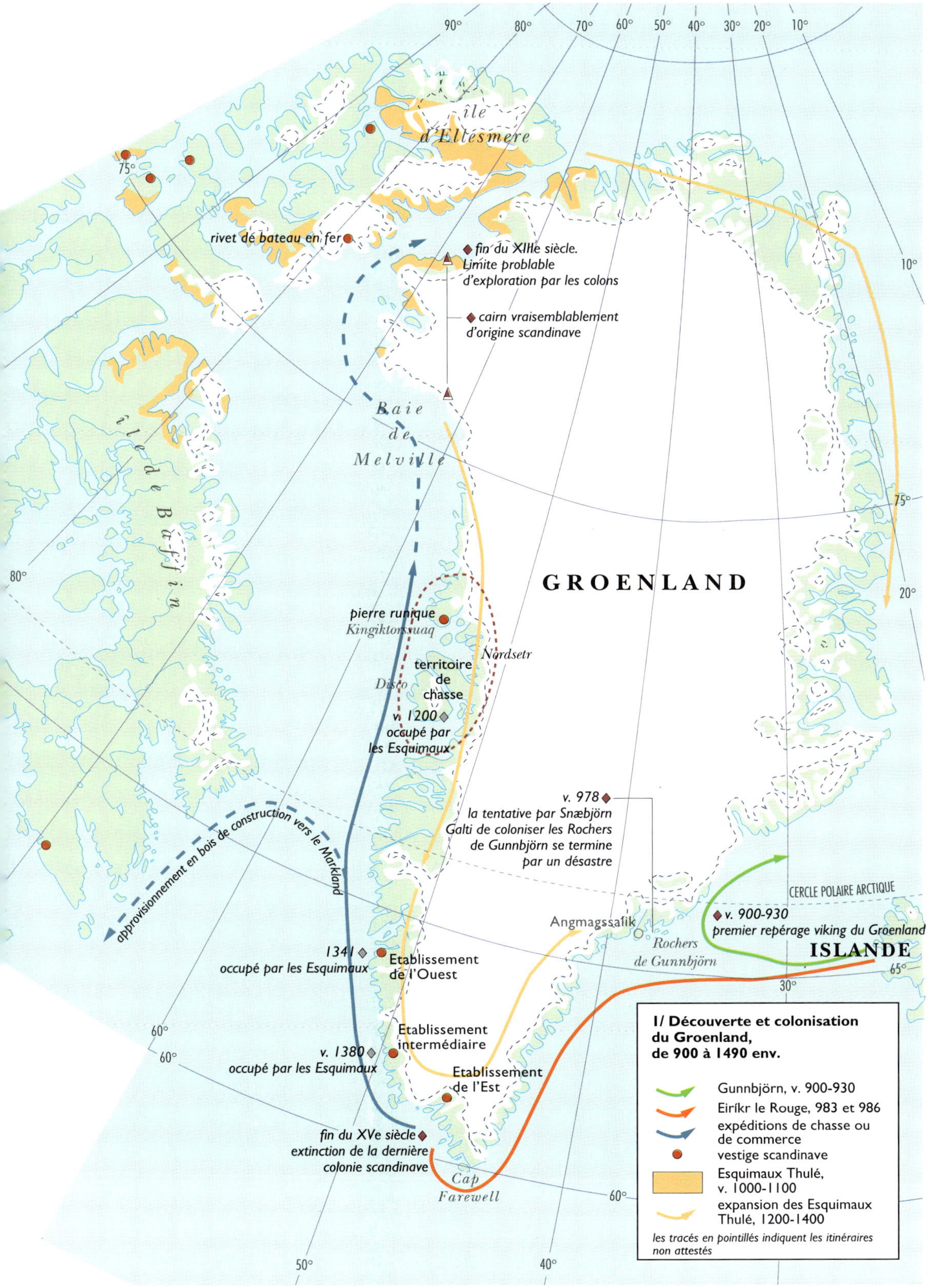
90°
80°
70°
60°
50°
40°
30°
20°
10°
île d'Ellesmere
75°
rivet de bateau en fer
fin du XIIIe siècle. Limite problable d'exploration par les colons
cairn vraisemblablement d'origine scandinave
Baie de Melville
île de Baffin
10°
75°
GROENLAND
80°
20°
pierre runique
Kingiktorssuaq
Nordsetr
territoire de chasse
Disco
v. 1200
occupé par les Esquimaux
v. 978
la tentative par Snæbjörn Galti de coloniser les Rochers de Gunnbjörn se termine par un désastre
approvisionnement en bois de construction vers le Markland
CERCLE POLAIRE ARCTIQUE
v. 900-930
premier repérage viking du Groenland
Angmagssalik
Rochers de Gunnbjörn
ISLANDE
65°
30°
1341
occupé par les Esquimaux
Etablissement de l'Ouest
60°
60°
Etablissement intermédiaire
v. 1380
occupé par les Esquimaux
Etablissement de l'Est
fin du XVe siècle
extinction de la dernière colonie scandinave
Cap Farewell
60°
50°
40°
1/ Découverte et colonisation du Groenland, de 900 à 1490 env.
Gunnbjörn, v. 900-930
Eiríkr le Rouge, 983 et 986
expéditions de chasse ou de commerce
vestige scandinave
Esquimaux Thulé, v. 1000-1100
expansion des Esquimaux Thulé, 1200-1400
les tracés en pointillés indiquent les itinéraires non attestés

Les expéditions maritimes vers le Vinland

En foulant le sol nord-américain, les colons du Groenland posent la limite de l'expansion viking vers l'ouest.

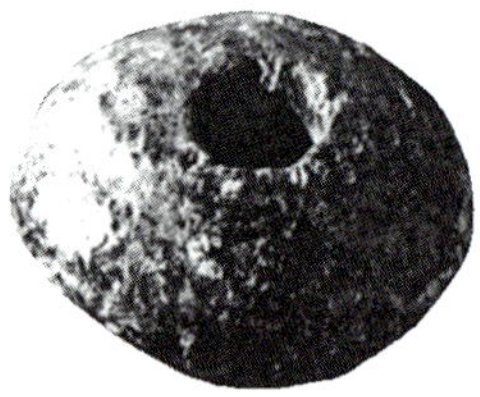

Un volant de fuseau en stéatite exhumé à L'Anse aux Meadows. Le filage et le tissage étant, dans la société viking, des occupations féminines, cet objet peut laisser supposer la présence de femmes parmi les colons.

La *Saga des Groenlandais* rapporte que vers 986, Bjarni Herjólfsson, parti d'Islande pour le Groenland, est dérouté vers l'ouest-sud-ouest et aperçoit des terres inconnues. Vers l'an 1000, Leifr Eiríksson, fils d'Eiríkr le Rouge, quitte l'Etablissement de l'Est situé au sud du Groenland et part à la recherche de ces terres. Il met le cap sur le nord-ouest et rencontre un pays montagneux dominé par des glaciers, qu'il nomme Helluland (pays des Pierres plates). En poursuivant sa course vers le sud, il aborde un rivage plat et sablonneux, doté d'un arrière-pays boisé qu'il baptise Markland (pays des Forêts). Il continue vers le sud en longeant cette terre, l'accoste et y passe un hiver. Le climat est doux, il y pousse de la vigne sauvage et les rivières regorgent de saumons. Leifr baptise ce pays Vinland (pays de la Vigne).

Helluland est probablement la Terre de Baffin, tandis que le Markland serait le Labrador. Quant au Vinland, il est plus difficile à identifier. Il s'étendait sans doute entre la rive droite du Saint-Laurent, qui marque la limite septentrionale de la vigne sauvage, et le nord du cap Cod, qui marque la limite méridionale du saumon de l'Atlantique.

Après l'expédition de Leifr, les Vikings ont tenté de coloniser le Vinland pour s'y établir de façon permanente. Des incursions ponctuelles à partir du Groenland dépourvu de forêt pour se procurer du bois dans le Markland se sont poursuivies jusqu'en 1347. L'unique objet de fabrication scandinave retrouvé à ce jour au sud de Terre-Neuve est une pièce de monnaie frappée par le roi norvégien Olaf Kyrre (1066-1080). Elle provient d'un établissement indien situé à Godard Point, dans l'Etat du Maine. Cela n'est pas suffisant pour attester d'une présence viking dans cette région : les Indiens auraient pu l'obtenir en commerçant avec les Inuits de la région arctique canadienne, lesquels étaient en contact avec les colons scandinaves du Groenland.

« Leifr prit la mer, y resta longtemps et trouva des terres auxquelles il ne s'attendait pas du tout. Il y avait là des champs de froment sauvage, des plants de vigne, et parmi les arbres, il y avait des érables. »
Saga d'Eiríkr le Rouge.

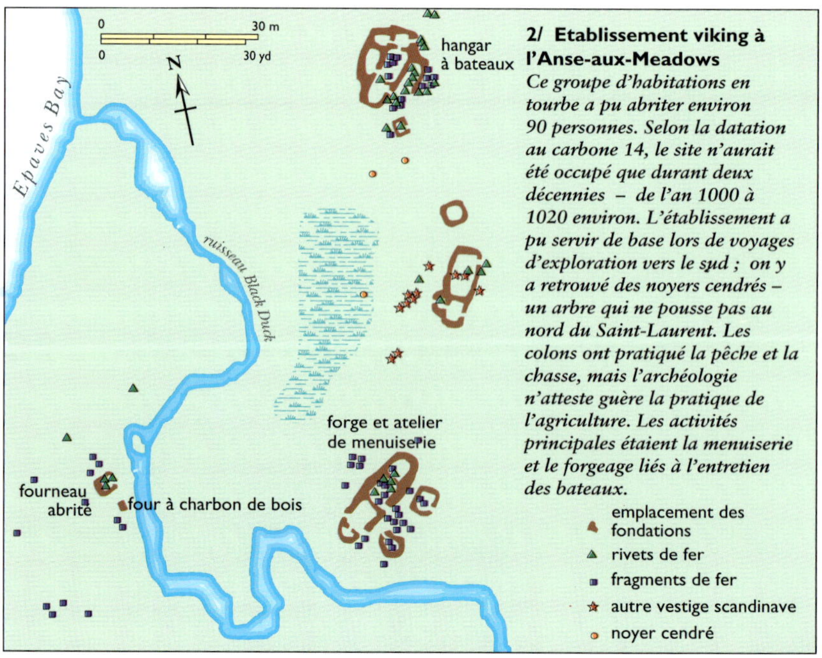

2/ Etablissement viking à l'Anse-aux-Meadows
Ce groupe d'habitations en tourbe a pu abriter environ 90 personnes. Selon la datation au carbone 14, le site n'aurait été occupé que durant deux décennies – de l'an 1000 à 1020 environ. L'établissement a pu servir de base lors de voyages d'exploration vers le sud ; on y a retrouvé des noyers cendrés – un arbre qui ne pousse pas au nord du Saint-Laurent. Les colons ont pratiqué la pêche et la chasse, mais l'archéologie n'atteste guère la pratique de l'agriculture. Les activités principales étaient la menuiserie et le forgeage liés à l'entretien des bateaux.

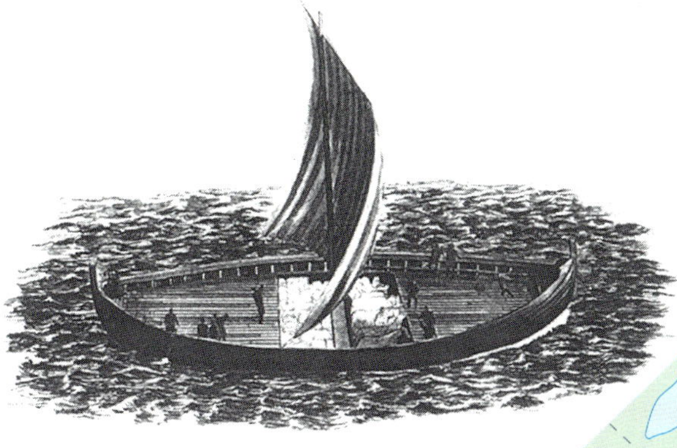

Pour traverser l'Atlantique Nord, Leifr Eiríksson a probablement navigué à bord d'un knörr, *bateau viking spacieux et très robuste, utilisé pour le transport du bétail, des chevaux et des marchandises.*

V : Les Vikings à l'Est

Les commerçants suédois remontèrent les fleuves russes pour prendre le contrôle des routes commerciales de l'Est. Les Vikings allant rejoindre la garde varègue, la garde personnelle de l'empereur byzantin, vinrent grossir leurs rangs. Ces Scandinaves, baptisés Rus par leurs contemporains, donnèrent son nom à la Russie où ils fondèrent le premier Etat unifié, avant d'adopter la langue et les coutumes de leurs sujets slaves, puis la religion et la culture byzantines.

De nombreuses pierres runiques suédoises évoquent les exploits des Vikings à l'Est. Cette inscription commémorative d'Uppland rend hommage à Rögnvaldr qui s'enrôla comme mercenaire dans l'armée byzantine.

L'expansion viking à l'est fut dominée par les Suédois. Deux termes les décrivent : *Rus* et *Væringjar* (sg. *Væringr*), sur lequel nous avons construit le mot Varègues. Rus est probablement un dérivé de *Ruotsi* – « Suédois » en finnois – à son tour dérivé du norrois *ródr*, « ramer ». *Rus* est exclusivement employé pour désigner les Scandinaves établis en Russie, jamais les Scandinaves de Scandinavie. *Væringr* est dérivé du norrois *várar* – « gage » ou « serment » et par extension, « homme lige ». Ce mot qui n'entra en usage qu'à partir du milieu du Xe siècle, sans doute pour distinguer des Rus déjà slavisés les mercenaires et les marchands scandinaves tardivement arrivés.

L'expansion scandinave à l'est de la Baltique précède de près d'un siècle le début des raids vers l'ouest. Elle fut dès le départ dominée par les activités commerciales étroitement associées au rançonnage. Des tombes de marchands scandinaves retrouvées dans les comptoirs d'Elbing et de Grobin indiquent que la première phase de cette expansion débuta vers 650. Un siècle plus tard, des Scandinaves étaient fixés dans le centre commercial finnois de Staraïa Ladoga – *Aldeigjuborg* pour les Vikings – base idéale pour exploiter les territoires situés au nord, riches en animaux à fourrure. Jusque-là, les Scandinaves s'étaient sans doute contentés d'approvisionner les marchés occidentaux. Le site de Staraïa Ladoga dominait les voies fluviales qui permettaient d'accéder facilement au cœur de la Russie. Quand, à la fin du VIIIe siècle, les marchands arabes commencèrent à pénétrer la Volga, la mise en circulation des monnaies d'argent de bonne qualité incita les Scandinaves à pousser davantage vers l'est afin de découvrir la provenance de ces nouvelles richesses. Vers les années 830, les Rus, comme on les appelait à présent, avaient achevé l'exploration du système fluvial russe et établi des contacts commerciaux directs avec les commerçants arabes de la Volga et avec les Byzantins de Constantinople. Le réseau des grands fleuves russes se prêtait à merveille au transport de marchandises sur de longues distances. Les sources navigables du Lovat – qui se déverse dans le lac Ladoga et le golfe de Finlande –, de la Dvina – qui se jette dans la mer Baltique par le golfe de Riga –, du Dniepr –

Les Rus adoptèrent très tôt le catholicisme orthodoxe de leurs voisins byzantins, tandis qu'ils conservèrent des relations commerciales avec leur patrie scandinave. Ces accessoires religieux de style byzantin ont été ramenés de Kiev en Scandinavie : un œuf de Pâques en faïence, une croix en bronze et un médaillon d'argent en pendentif destiné à contenir une relique.

qui débouche dans la mer Noire – et de la Volga – dans la mer Caspienne – jaillissent toutes dans un périmètre de quelques kilomètres situé dans l'arrière-pays de collines qui s'étend au sud de Novgorod. A l'exception de quelques tronçons où le passage d'un système fluvial à l'autre ou le contournement d'une série de rapides nécessitaient le portage des bateaux, les bateaux vikings, avec leur coque légère et leur faible tirant d'eau, pouvaient remonter ces fleuves sans interruption depuis la mer Baltique jusqu'à la mer Caspienne ou jusqu'à la mer Noire.

Kiev et Novgorod

Le négoce, moteur de l'expansion scandinave vers l'est, n'était pas toujours une activité de tout repos. Les routes qui traversaient la Russie n'étaient pas sûres et les commerçants couraient le risque d'être attaqués par les populations locales slaves et les nomades des steppes, surtout au sud de Kiev, à la hauteur des rapides réputés infranchissables du Dniepr où le passage s'effectuait par portage des bateaux. Les pillards scandinaves

La monnaie d'argent arabe fut le moteur de l'expansion suédoise en Europe orientale. Les milliers de dirhams retrouvés dans des dépôts, provenant comme celui-ci de l'île de Gotland, ne constituent qu'une infime partie des richesses qui affluèrent de l'Est vers la Scandinavie durant l'âge viking.

empruntaient aussi les routes commerciales pour lancer des raids – à vrai dire peu victorieux – sur Constantinople et les pays musulmans riverains de la mer Caspienne. Enfin, il est peu probable que l'Etat rus, qui se développa autour de Kiev et de Novgorod durant la seconde moitié du IXe siècle, ait pu être fondé sans que les Rus aient dû au préalable subjuguer les tribus slaves voisines.

Selon la *Première Chronique russe* – dite *Chronique de Nestor* – les Rus levaient des tributs auprès des peuplades slaves et finnoises de Russie qui les chassèrent ensuite. Par la suite, des rivalités incitèrent ces dernières à rappeler les Rus pour restaurer la paix et les gouverner. Vers 862, trois frères scandinaves arrivèrent dans la région. L'aîné, Rurik, s'établit à Novgorod, le second à Biéloozero et le troisième à Izborsk. A la mort de ses deux frères, Rurik prit le pouvoir dans tout le nord-ouest de la Russie.

Quelque temps plus tard, Höskuldr et Diri, deux chefs rus de Novgorod, descendirent le Dniepr et s'emparèrent de Kiev. Novgorod et Kiev restèrent deux centres rus rivaux jusqu'à ce qu'Oleg, le successeur de Rurik, prît la ville et y fondât sa capitale en 882. Bien que l'épisode des Slaves invitant les Varègues à venir les gouverner ait certainement été imaginé dans le but de légitimer l'autorité de la dynastie des princes de Kiev, la tradition russe nous paraît dans l'ensemble fondée sur des faits authentiques. Après une période durant laquelle des tributs furent levés, quelques chefs rus indépendants prirent le contrôle des comptoirs du nord-ouest de la Russie et, de là, ils soumirent la population locale slave. Finalement l'autorité du souverain de Novgorod – sans doute Rurik, bien que la réalité historique du personnage soit contestée par certains historiens – fut reconnue par tous les Rus, à l'exception de deux chefs rebelles qui fondèrent un établissement concurrent à Kiev. Oleg s'en empara plus tard pour y établir sa résidence principale.

Dans l'histoire de l'expansion des Vikings vers l'est, le rôle joué par les Scandinaves dans la fondation de l'Etat rus a suscité les controverses les plus ardentes. Ce débat fut le prétexte d'affrontements entre différents nationalismes et s'est compliqué, durant la période communiste, d'enjeux idéologiques et politiques, l'école soviétique maintenant que les Rus étaient des Slaves. Pourtant, l'ascendance scandinave des Rus est clairement attestée par les *Annales de Saint-Bertin* qui, les premières, mentionnent l'existence de ces derniers et rapportent qu'en l'an 839 le *basileus* Théophile envoya des émissaires auprès de Louis le Germanique : « Avec [ses ambassadeurs] il [*le basileus*] envoyait aussi quelques hommes qui disaient s'appeler, c'est-à-dire leur nation, Rhos, des hommes que leur roi, intitulé Chaganus, lui avait envoyés par amitié, à ce qu'ils disaient. [...] Comme l'Empereur [Louis] s'enquérait de plus près de la raison de leur voyage, il comprit qu'ils appartenaient au peuple des Suédois. » Dans un écrit légèrement postérieur à ce texte, al-Yaqubi, un commentateur arabe, identifie les Rus comme étant de la même race que celle des pirates qui attaquèrent Séville en 843-844. Enfin, l'origine des noms des premiers gouverneurs de l'Etat rus – Rurik (Hroerekr), Oleg (Helgi) et Igor (Ingvarr) – est incontestablement scandinave.

Il est donc à peu près certain que les premiers chefs de l'Etat rus venaient de Scandinavie et que leur règne contribua à la création d'un Etat politique unifié. De même, la croissance rapide des villes de la Russie du Xe siècle est largement redevable à l'activité des commerçants scandinaves. Par exemple, au IXe siècle, les Rus firent de Novgorod, qui n'était alors qu'un petit établissement slave, un centre commercial fortifié rayonnant, avant de transporter l'établissement au sein d'une nouvelle enceinte plus spacieuse baptisée « Nouvelle » – russe *nov* – « Forteresse » – russe *gorod*, norrois *gardr*. Les liens avec la Scandinavie assureront à l'Etat rus une ouverture sur le reste de l'Europe comme aucune province de Russie n'en connaîtra avant le XVIIIe siècle.

Les Scandinaves et les Slaves

En revanche, dans le domaine culturel, l'influence scandinave semble avoir été limitée. La société et la civilisation matérielle des peuples slaves d'Europe de l'Est avaient atteint un degré d'évolution similaire à celui des Vikings. Les Slaves étaient d'excellents artisans et forgerons, des commerçants dynamiques et des agriculteurs chevronnés, et de nombreuses places fortes étaient en passe de devenir de véritables villes.

Les Rus gagnaient la mer Noire et la mer Caspienne pour commercer avec les marchands arabes du califat abbasside. Dans les établissements vikings de Russie, on a retrouvé de la vaisselle arabe en céramique, en argent et en bronze.

Certes, la société slave n'avait peut-être pas la cohésion et l'efficacité des structures politiques rus, mais elle n'avait pas grand-chose à apprendre de ces étrangers. En fait, l'apport culturel fut tellement limité que la langue russe n'a pas emprunté plus de six ou sept mots au lexique norrois. L'influence scandinave est également absente des premières notions juridiques, des institutions et de la religion des Slaves.

La principale influence étrangère décelable dans l'Etat rus est byzantine et non scandinave. La conversion en 989 du prince Vladimir au catholicisme orthodoxe fit entrer la Russie dans la sphère d'influence de l'Empire byzantin et favorisa l'émergence d'une identité culturelle fort différente de celle qui prévalait dans l'Occident chrétien. L'alphabet, la littérature, l'architecture, la musique, les arts, les lois, le système scolaire et les courants politiques sont fondamentalement hérités de Byzance.

Si la présence des Scandinaves en Russie est largement attestée par l'archéologie – notamment par les 187 broches vikings retrouvées, un nombre largement supérieur aux découvertes réalisées à l'Ouest – les cimetières de l'âge viking prouvent que la communauté rus est restée minoritaire, même dans les villes, et inexistante en milieu rural. Les Rus ont dû constituer une élite de marchands et de guerriers, et bien que les Scandinaves aient continué de s'établir jusqu'au XIe siècle, leur slavisation alla croissant, au rythme des alliances et de l'exogamie. A preuve l'adoption de noms slaves par la dynastie au pouvoir : en 945 débute le règne du premier gouverneur rus portant un nom slave, Sviatoslav, fils d'Igor. Le fils de Sviatoslav, Vladimir (978-1015), adora le dieu slave Perun jusqu'à sa conversion au christianisme. Vers le milieu du Xe siècle, les armées rus comptaient de nombreux Slaves dans leurs rangs et même des chefs slaves. Les langues rus et slave étaient encore distinctes l'une de l'autre, mais les Slaves semblent avoir dominé les sphères du pouvoir car, après l'adoption officielle du catholicisme orthodoxe en 989, le slave devint la langue liturgique. Au début du XIe siècle, la slavisation des Rus était certainement achevée dans tous les domaines. Au total, l'intégration de l'élément scandinave par la population autochtone aura pris un siècle et demi, autant que ce qui fut nécessaire à l'assimilation des colons vikings fixés en Angleterre.

Au XIe siècle, les liens dynastiques avec la Scandinavie étaient encore étroits ; les guerriers vikings continuaient de passer par la Russie pour rejoindre la garde varègue de Constantinople, mais il n'y avait plus guère de commerçants parmi eux. Entre 965 et 1015, le tarissement des mines d'argent du califat provoqua le déclin, puis l'abandon des routes commerciales de l'est. Après 1066, le flux des guerriers diminua aussi, et, au sein de la garde du corps du *basileus*, la proportion de Varègues diminua au profit d'exilés anglo-saxons.

Les Vikings dans la Baltique

L'activité des Vikings autour de la mer Baltique – laquelle, aux IXe et Xe siècles, devait être une sorte de lac viking – nous est fort mal connue. Les témoignages littéraires contemporains font cruellement défaut ; les Slaves et les Baltes établis sur la rive orientale et méridionale ignoraient l'écriture, et l'alphabet runique ne se prêtait guère à la rédaction de textes longs. Enfin, l'Europe occidentale ne commença à s'intéresser aux rapports entre Slaves et Scandinaves qu'à l'extrême fin du Xe siècle.

Les Wendes, ces peuplades slaves de l'ouest, avaient fondé de nombreux comptoirs le long de la rive méridionale et la découverte d'importantes quantités de pièces d'argent arabes indique que ces centres étaient largement intégrés aux axes commerciaux qui reliaient les pays riverains de la Baltique à la Russie. Les Wendes étaient belliqueux et si, d'aventure, les Danois et les Suédois ont parfois réussi à s'emparer d'un port ou d'un centre, comme on l'attribue à un obscur Reric au début du IXe siècle, les Scandinaves ne s'aventuraient guère très avant à l'intérieur de leur territoire. Les sagas rapportent des incursions menées dans la Baltique par de grands chefs vikings comme Oláfr Tryggvason contre les Slaves et les Baltes, et il n'y a pas lieu de douter, même en l'absence de preuves littéraires moins tardives, que ces peuplades aient été la cible de raids répétés. En revanche, l'origine des fameux Vikings de Jómsborg est certainement légendaire. Selon la saga qui leur est consacrée, il s'agirait d'une confédération de mercenaires liés par une fraternité jurée. Jómsborg, leur forteresse que l'on situe à Wollin, à l'embouchure de l'Oder, aurait été interdite aux femmes, restriction peu compatible, si l'on s'en tient à des sources plus contemporaines, avec la mentalité viking. Les fouilles ont révélé la présence d'un centre de culte et de commerce slave fortifié du Xe siècle, habité par des Slaves et des Scandinaves, ce qui ne correspond guère à la description fournie par la saga, qui décrit une grande forteresse flanquée d'un port artificiel pouvant abriter 350 bateaux. Peut-être l'existence d'une bande de mercenaires au service d'un prince slave a-t-elle fourni matière à cette affabulation. Les contacts entre Wendes et Scandinaves ont favorisé les échanges dans le domaine culturel. Les Scandinaves ont pu apprendre des Slaves les techniques de construction de ponts tandis que les Slaves auront emprunté aux Vikings leurs techniques de construction de bateaux – un échange qui se révéla plus avantageux pour les Slaves qui, au XIe siècle, donnèrent aux Scandinaves l'occasion de goûter l'efficacité de leur propre savoir-faire.

Un membre de la garde varègue, la garde du corps de l'Empereur byzantin, est sans doute l'auteur de ces runes gravées dans le marbre poli de la cathédrale Sainte-Sophie à Constantinople. L'inscription, partiellement déchiffrée, mentionne un certain Hálfdan.

Les Suédois à l'Est

Les Vikings suédois remontent les grands fleuves russes et établissent un empire commercial entre la Mer Baltique et la Mer Noire.

« Les Choudes, les Slaves, les Krivitchiens et les Ves dirent alors au peuple des Rus : "Notre pays est grand et riche, mais l'ordre n'y règne pas. Venez nous gouverner et régner sur nous." »
La Première Chronique russe – dite Chronique de Nestor – v. 1113.

Tandis que l'expansion vers l'ouest fut le fait des Danois et des Norvégiens, les Suédois dominèrent celle de l'est, donnant un jour leur nom à la Russie. Dès le IXe siècle, ils y sont connus par les Slaves et les Finnois sous le nom de *Rus* – qui signifie « le peuple roux » et que l'on retrouve dans le finnois et l'estonien *ruotsi*, « Suédois ». Si, durant l'époque viking, les Suédois recherchent avant tout à s'emparer du contrôle des routes commerciales, des contacts avec le monde slave sont déjà établis avant cette période. La présence de populations scandinaves est attestée avant 700 dans les villes balte et slave d'Elbing et de Grobin, et au milieu du VIIIe siècle dans l'établissement finnois de Staraïa Ladoga situé sur la Lovat. Vers le début du IXe siècle, les Rus remontent la Volga, la Lovat et le Dniepr pour établir des échanges commerciaux avec le Califat abbasside et, plus loin au sud, avec l'Empire byzantin.

Au cours du IXe siècle, les Rus commencent à se fixer, parfois sur l'invitation des populations qui leur versent tribut, fondant des villes marchandes comme Novgorod ou favorisant l'essor d'autres comme Kiev. Vers 860, une importante population rus vit à Novgorod sous le gouvernement de Rurik (Hroerekr). Vers 882, Oleg (Helgi), le fils de Rurik, prend le contrôle de Kiev et en fait la capitale d'un Etat unifié qui s'étend du golfe de Finlande jusqu'aux abords de la Mer Noire. Bien que les Rus aient donné un jour leur nom à la Russie, la population scandinave de l'Etat de Kiev et de Novgorod ne fut jamais majoritaire. Même les villes conservèrent leur caractère slave et aucune trace d'établissement n'a été retrouvée en milieu rural. Les Rus

Cette miniature ornant l'ouvrage de l'historien byzantin Jean Scylitzes montre l'attaque de Constantinople par les Rus, repoussée par la cavalerie byzantine.

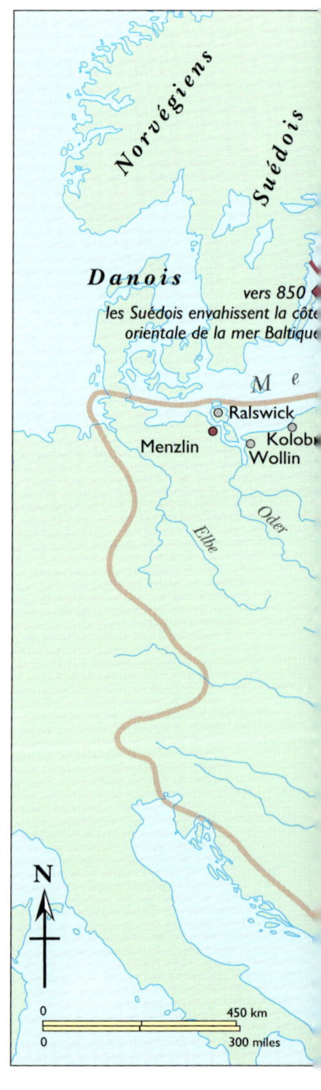

continuèrent à lever des tributs en fourrures et en esclaves auprès de leurs sujets slaves pour les revendre aux Arabes contre du métal d'argent.

Leur résidence à Kiev plaçait les Rus à une courte distance des riches rivages de la mer Noire. Comme les Vikings à l'ouest, les Rus étaient enclins, quand cela leur semblait possible, à s'emparer par la force des richesses plutôt que de les acheter. En 860 et en 907, ils lancent un assaut manqué contre Constantinople. La seconde attaque aboutit à la conclusion d'un traité en 911. Leur flotte s'est également aventurée dans la mer Caspienne. Le plus grand raid qu'ils y lancèrent, en 912-913, déboucha sur un pacte qui leur permettait de traverser le territoire khazar contre la promesse de partager le butin de leur expédition avec le khan. Lors de ce raid qui les mena à travers la Caspienne jusqu'à Bakou et l'Azerbaïdjan, les Rus ne rencontrèrent aucune opposition sérieuse. Mais les Khazars, apprenant les atrocités auxquelles les Rus s'étaient livrés, dénoncèrent leur accord et anéantirent dans une embuscade la flotte rus qui s'en revenait d'expédition.

Pièce byzantine en bronze frappée à l'effigie de Léon VI, dit « le Sage » (886-912). En repoussant une attaque contre Constantinople en 907, il constata les qualités militaires des Rus, à telle enseigne qu'une clause du traité de 911 prévoyait le recrutement de mercenaires dans leurs rangs.

Les Suédois à l'Est, 800-913

- Slaves, v. 800
- territoire contrôlé par les Rus v. 912
- centre à forte concentration scandinave
- principaux axes de la pénétration suédoise
- Askold (Höskuldr) et Dir (Diri), v. 860
- Oleg, 907
- flotte rus, 912-913
- portage
- bataille
- ville pillée

De l'identité scandinave à l'identité slave

Comme les Danois et les Norvégiens à l'ouest, les Rus furent progressivement assimilés aux populations qu'ils subjuguèrent ou administrèrent. En l'espace de quelques générations, ils adoptèrent les noms et les coutumes slaves.

« Je n'ai jamais vu corps plus parfaits que les leurs. Par leur taille, on dirait des palmiers. Ils sont blonds et de teint vermeil. Ils ne portent ni tuniques ni caftans mais un vêtement qui leur couvre un côté du corps et leur laisse une main libre. Chacun d'eux a avec lui une hache, un sabre et un couteau, et ne quitte rien de ce que nous venons de mentionner. […] Ce sont les plus malpropres des créatures de Dieu. »
Ibn Fadhlân, diplomate du califat qui observa les Rus de la Volga à Itil, 922.

Sous le règne d'Igor (912-945), fils et successeur d'Oleg, l'assimilation de l'élément scandinave devient vraiment sensible. Alors que sur le traité conclu en 911 entre Oleg et Byzance tous les signataires rus portent des noms nordiques, sur un traité similaire passé en 944 au terme d'une attaque rus manquée, bon nombre d'entre eux portent des noms typiquement slaves. Igor – qui est la forme slavisée d'Ingvarr – sera le dernier prince rus à porter un nom scandinave. Il donnera à son fils et successeur un nom slave, Sviatoslav (945-972). Malgré tout, de nombreux Scandinaves combattront sous les ordres de Sviatoslav et les campagnes qu'il mena contre les Khazars et les Bulgares de la Volga et du Danube s'inscrivent dans le droit fil de la tradition viking. Durant le règne de son fils Vladimir Ier (978-1015), l'influence slave domine dans l'Etat de Kiev, et après l'adoption officielle du catholicisme orthodoxe en 988, c'est l'influence byzantine qui présidera à l'émergence de la spécificité russe. A l'apogée de la Russie scandinave, durant le règne de Iaroslav le Sage (1019-1054), l'intégration en profondeur des Rus à la société slave est consommée.

Vers 965, peut-être à cause du tarissement des mines d'argent du califat, la circulation d'argent arabe par la Russie vers la Scandinavie commence à ralentir. Cette fois, les Suédois participent au mouvement et délaissent vers 1015 les voies commerciales de l'est. Malgré tout, le souvenir des richesses de l'Orient continue de hanter les Rus pour une génération encore et vers 1041, le Suédois Ingvarr inn vídförli – « le Grand Voyageur » – lance une grandiose expédition dans le but de rétablir les échanges commerciaux avec le monde musulman. L'entreprise se soldera par un échec. Un nombre impressionnant d'inscriptions runiques retrouvées dans la région du lac Mälar en Suède commémorent la disparition de ses compagnons tombés lors d'une terrible catastrophe en « Serkland » – « le pays des Sarrazins », quelque part en Asie centrale.

La Porte dorée de Kiev fut construite durant le règne de Iaroslav le Sage (1019-1054). En dépit de son aspect défensif, ses dimensions imposantes suggèrent que sa fonction principale était de proclamer la richesse des seigneurs rus de Kiev. (L'église à l'arrière-plan fut édifiée à une date ultérieure.)

Détail d'une fresque du XIe siècle, dans l'église Sainte-Sophie de Kiev, représentant Elisabeth, la fille de Iaroslav le Sage. Bien qu'à cette époque les Rus eussent adopté les coutumes slaves et la religion byzantine, les liens avec la Scandinavie étaient encore solides. De nombreux Scandinaves combattaient dans les armées des princes ou traversaient l'Etat rus pour rejoindre la garde impériale du basileus à Constantinople, comme Haraldr Hardrádi (p.124-125), qui épousa Elisabeth.

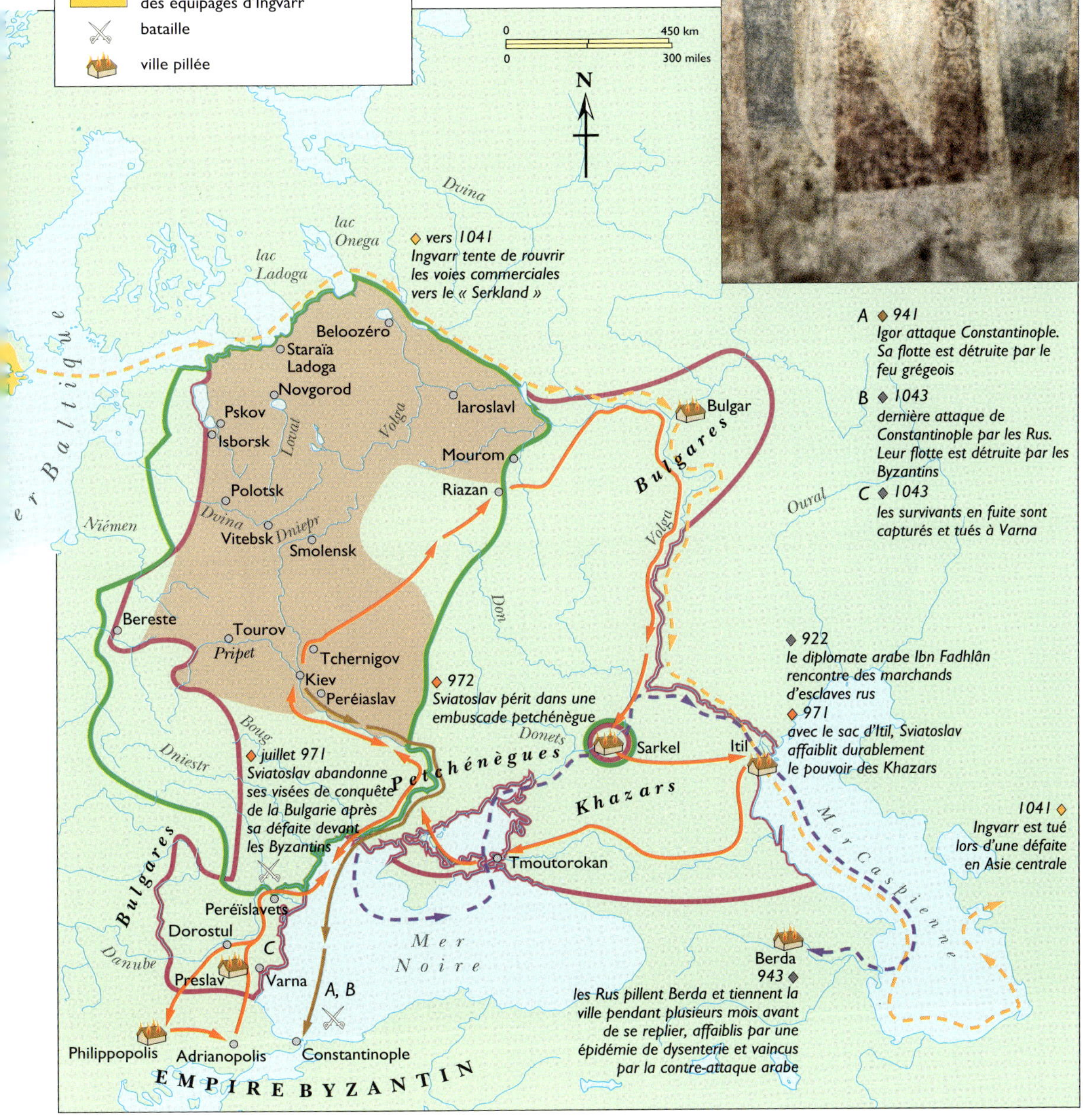

VI : Les dernières conquêtes

Le phénomène viking affecta profondément l'Europe, mais, à longue échéance, l'impact de l'Occident sur les Vikings aura été encore plus important. Entre l'an mille et le XIIe siècle, la Scandinavie s'intégra dans la chrétienté occidentale, mais, avant leur arrêt définitif, l'Europe subit une dernière vague de raids et de conquêtes.

Cet ultime regain d'activité a deux causes : la plus décisive est sans doute les progrès de la centralisation du pouvoir dans les royaumes scandinaves, qui gagnent à présent la principauté des Orcades et le royaume de Man. Les dépenses de la couronne augmentent mais la monarchie n'a pas encore mis en place une administration capable de lui assurer un revenu stable et régulier. D'autre part, à partir de 965, le tarissement progressif des mines d'argent dans le monde musulman entraîne l'abandon des routes commerciales de l'est et met un terme à l'afflux de monnaie arabe qui, au Xe siècle, fut à l'origine de la croissance économique en Scandinavie. Le besoin de réalimenter en argent les circuits commerciaux justifie la reprise des raids vers l'ouest. Pour la première fois, les Vikings suédois sont présents sur ce front car le déclin des échanges avec l'Est et la croissance de l'Etat rus rendent les opérations de pillages en Europe orientale à la fois moins lucratives et plus aléatoires.

Cette nouvelle série de raids a pour cible principale les îles britanniques. Comme lors de la première phase de l'expansion viking, les attaques prennent la forme de coups de main dirigés contre les communautés côtières

Ces pièces d'échecs en ivoire de morse du XIIe siècle proviennent de l'île de Lewis dans les Hébrides extérieures. Ce groupe représentant le roi et la reine, entouré de membres du clergé et de l'aristocratie guerrière, est le microcosme de l'Etat scandinave des débuts du Moyen Age.

Au XIIe siècle, le coup d'arrêt mis à la piraterie dans la mer Baltique par les rois scandinaves favorisa le commerce et l'émergence de nouvelles villes comme Visby sur l'île de Gotland.

vulnérables d'Irlande, du pays de Galles et de l'ouest de l'Angleterre. Le mouvement prend sa source dans les établissements scandinaves des îles du nord et de l'ouest de l'Ecosse, et se perpétuera pendant les XIIe et XIIIe siècles, longtemps après la fin des raids vikings ailleurs. La sphère géographique visée par ces attaques est déchirée par les querelles entre communautés rivales : en Irlande, royautés locales et établissements scandinaves s'affrontent ; le pays de Galles est divisé en différentes principautés ; des conflits de pouvoir opposent le royaume des Iles et de Man à la principauté des Orcades. Mais cette région est aussi convoitée par les royaumes étrangers nouvellement consolidés, l'Angleterre, l'Ecosse et la Norvège, qui tous aspirent à y étendre leur hégémonie. L'instabilité politique profitera aux pirates vikings, comme l'Orcadien Sveinn Asleifarson, longtemps après que ces derniers eurent été expulsés partout où la monarchie a instauré un pouvoir fort. Hormis quelques expéditions politiques isolées menées par des rois, comme celle de Magnús Berfættr en 1098, l'objectif de ces raids est purement lucratif. Ces incursions empoisonneront longtemps ces régions maritimes mais ne menaceront pas les territoires conquis de longue date par les Vikings en Angleterre, au pays de Galles et en Irlande : en Ecosse seulement, les raids déboucheront sur la conquête de quelques terres.

Les raids lancés depuis le Danemark et la Norvège sur l'est de l'Angleterre connurent une tout autre fortune. Après des débuts modestes, le mouvement prit de l'ampleur dans les années 990 avec Oláfr Tryggvason et Sveinn Tjúguskegg, qui, à la tête d'armées de mercenaires, entreprirent des campagnes de pillage et de rançonnage méthodiques. Sveinn régnait au Danemark et Oláfr aspirait à monter sur le trône de Norvège. Or, dans la nouvelle monarchie centralisée, acquérir et conserver un trône était devenu une affaire onéreuse, et pour atteindre leurs ambitions respectives, les deux Vikings partageaient un impérieux besoin de s'enrichir. Oláfr y parvint mais trouva la mort au combat en l'an mille, tandis que Sveinn s'imposa comme

Les motifs païens restèrent présents dans l'art scandinave bien après la conversion du Nord au christianisme. Ce détail d'une tapisserie du XIIe siècle provenant de l'église de Skog en Suède représente Odinn (à gauche), *Thórr et son marteau* (au centre) *et le dieu de la fertilité-fécondité, Freyr, tenant une gerbe de blé* (à droite).

Même si, à partir de l'an mille, les rois scandinaves apportèrent leur soutien actif à l'Eglise, la christianisation des pays scandinaves ne fut achevée qu'au XIIIe siècle, époque où fut érigée cette église en bois debout à Kaupangr, dans la province de Sogn en Norvège. Dès la fin de l'âge viking, cette technique architecturale fut employée indifféremment pour la construction des édifices religieux et profanes.

le plus puissant chef viking de son époque. Même si elles ont impliqué la participation d'armées plus nombreuses qu'au IXe siècle, ces campagnes n'en furent pas plus dévastatrices. Démonstration faite de leur supériorité militaire sur la défense anglaise, les vainqueurs se contentaient le plus souvent de négocier leur départ contre le versement d'un *danegeld*, lequel s'éleva à 21 000 livres d'argent en 1002 et à 18 000 livres d'argent en 1012. En l'absence d'appareil administratif capable de collecter l'impôt dans sa patrie, Sveinn prit l'habitude d'exploiter l'efficacité des structures mises en place dans le royaume d'Angleterre, grâce auxquelles la levée de sommes aussi fabuleuses ne semblait pas poser la moindre difficulté. Vers 1012, la loyauté des sujets anglais envers leur souverain se fit défaillante et Sveinn lança une ultime campagne qui lui valut la conquête de l'Angleterre et le titre de roi en 1013. Il n'eut guère le temps de savourer sa victoire. Son fils Knútr, après avoir écrasé la résistance anglaise renaissante, hérita du royaume en 1016.

Le triomphe de Knútr

Le règne de Knútr fut une affaire essentiellement politique. Certes, une nouvelle aristocratie accéda au pouvoir, mais cette fois contrairement au IXe siècle, l'Angleterre ne connut pas d'importante vague migratoire de colons danois. Même au terme de trente années de raids, l'Angleterre recélait des richesses beaucoup plus importantes que les royaumes scandinaves, et bien qu'il étendît sa souveraineté au Danemark, à la Norvège et, dans une certaine mesure, à la Suède, Knútr continua de résider en Angleterre. Ayant pris rapidement conscience de la supériorité des institutions de son nouveau royaume, il adopta le cérémonial dont s'entourait la monarchie chrétienne anglo-saxonne et se comporta en généreux bienfaiteur de l'Eglise, en Angleterre comme en Scandinavie. Cela lui valut d'être

le premier souverain scandinave reconnu et traité comme un égal par les autres monarchies occidentales – sa présence à Rome en 1027, lors du couronnement de l'empereur Conrad, en est un symbole éloquent.

Knútr ne sut pas se doter des institutions nécessaires au maintien de la cohésion de son vaste empire, qui ne lui survécut pas ; à sa mort en 1042, la dynastie anglo-saxonne fut restaurée en Angleterre. Le roi norvégien Haraldr Hardrádi, puis les rois danois Sveinn Estridsson et Knútr IV revendiqueront successivement la succession du trône anglais, mais leurs tentatives respectives échouèrent. En 1085, Knútr IV voulut équiper une flotte pour lancer une ultime expédition ; elle ne prit jamais la mer et une mutinerie coûta la vie au roi. Cet épisode mit un terme définitif aux velléités d'expansion des Vikings en Angleterre.

Le crépuscule de l'âge viking

Dans le reste du monde britannique insulaire, où les colons scandinaves furent progressivement absorbés par la population celtique, la transition fut moins brutale. Les Celtes reprirent à leur compte la pratique de la piraterie et des raids et en perpétuèrent la tradition jusqu'au XVIIe siècle, grâce à une version modernisée du bateau viking.

Après le démembrement de l'empire de Knútr, la Suède recouvra son indépendance et le Danemark passa brièvement sous la domination de la Norvège, jusqu'à l'accession au pouvoir de Sveinn Estridsson en 1046. Le nouveau roi de Norvège Haraldr Hardrádi contesta aussitôt son autorité. Des années de querelles dérisoires et néanmoins meurtrières s'ensuivirent jusqu'à ce qu'en 1064 Haraldr se résignât à reconnaître la souveraineté de Sveinn sur le Danemark. Le processus de centralisation du pouvoir royal entamé avant le début de l'âge viking atteignit finalement un seuil d'équilibre qui se maintiendra jusqu'à l'instauration de l'Union de Kalmar en 1397. Les monarchies danoise, suédoise et norvégienne étaient stables, mais pas suffisamment puissantes pour briser la paix entre les trois royaumes. A des degrés divers, ces royautés manquaient pourtant encore d'unité. Même le Danemark, où la tradition monarchique était la plus ancienne et la mieux implantée, fut le théâtre de guerres civiles au XIIe siècle. En 1157, au terme d'un affrontement à l'issue particulièrement indécise, le royaume fut même provisoirement divisé en trois territoires. La Norvège fut aussi fréquemment déchirée par des guerres civiles, mais l'abandon de la monarchie élective au profit d'une monarchie de droit divin, à l'image des puissantes royautés anglaise et française, lui permit, vers le milieu du XIIIe siècle, de s'imposer comme un modèle de stabilité au sein des royaumes scandinaves. L'unification de la Suède fut achevée en dernier ; Svíar et Götar ne furent définitivement réunis sous une même couronne qu'avec le règne de Knútr Eiríkson en 1172.

Dans les trois royaumes scandinaves, l'adoption du christianisme fut un facteur essentiel de centralisation du pouvoir. Les souverains qui avaient commencé à unifier le Nord – Haraldr Blátönn au Danemark, Oláfr Sköttkonungr en Suède et Oláfr Tryggvason en Norvège – menèrent de front la promotion du christianisme et la mise en place d'une administration centrale. En prônant une royauté voulue par Dieu, qui conférait au souverain une autorité suprême sur ses sujets, le christianisme servait largement les intérêts d'un monarque désireux de renforcer ses prérogatives. La conversion des pays nordiques facilita également les rapports avec les autres monarchies occidentales. L'Eglise assura l'ascension de fonctionnaires lettrés et compétents, capables de participer à la création de gouvernements forts. La création des évêchés contribua non seulement à la propagation de la nouvelle foi mais aussi au développement de nouveaux centres administratifs. Les progrès de l'administration permirent la mise en place d'un appareil fiscal capable de lever impôts, taxes, droits de douanes et amendes plus efficacement qu'autrefois et d'augmenter les revenus de la couronne.

L'influence viking subsistera en Angleterre longtemps après que les Vikings eurent cessé d'y représenter une menace. L'ornementation extravagante du portail roman de l'église de Kilpeck, dans le comté de Hereford, est typique du style viking tardif dit d'Urnes.

Le souverain n'était plus obligé de recourir aux expéditions de pillage. En outre, la croissance de la monarchie permettait désormais aux Scandinaves ambitieux d'acquérir fortune et rang par des moyens pacifiques en entrant au service de la couronne : la centralisation du pouvoir royal qui, au début, avait suscité et entretenu l'attrait pour les raids vikings, les avait, vers la fin du XIe siècle, rendu inutiles.

A l'inverse, l'Eglise, fort jalouse de son autorité spirituelle et prête, au nom de la défense de ses intérêts, à empiéter sur le pouvoir temporel, était consciente qu'en apportant son soutien à la monarchie elle facilitait son activité missionnaire. Aussi les rois pouvaient-ils généralement compter sur l'appui du clergé pour renforcer leur autorité. Le découpage du territoire en circonscriptions ecclésiastiques contribua à définir les frontières des royaumes scandinaves. Par exemple, la création en 1164 de l'archevêché d'Uppsala regroupant les évêchés du Svíarland et du Götaland, ainsi que celui d'Abo en Finlande, devança de quelques années la fixation des frontières médiévales du royaume de Suède. En substituant une religion uniforme à une quantité de croyances et de rites régionaux, le christianisme fut un vecteur d'unification et favorisa l'émergence d'une identité culturelle commune. La christianisation en profondeur des royaumes scandinaves ne sera cependant pas achevée avant la fin du XIIe siècle ; tandis que, pour faciliter leur carrière politique, certains s'empressèrent de suivre l'exemple royal, le paganisme subsistera encore longtemps parmi le peuple, surtout en Suède où le grand centre de culte païen d'Uppsala, situé à 30 kilomètres

La mort d'Oláfr Haraldsson lors de la bataille de Stiklarstadir en 1030, figurant dans un manuscrit islandais du XIIIe siècle. Oláfr s'employa énergiquement à la conversion de ses sujets au christianisme ; malgré la brutalité de ses méthodes, il fut canonisé peu après sa mort.

seulement de la capitale royale de Sigtuna, fut probablement actif jusqu'en 1110.

Les derniers païens d'Europe

L'expansion viking, interrompue après le triomphe de Knútr, redémarra vers le milieu du XIIe siècle. Si les royautés d'Europe occidentale étaient à présent trop puissantes pour être défiées, des enclaves païennes slaves – les Wendes – et finnoises subsistaient sur les rives méridionale et orientale de la Baltique. Les Wendes étaient des pirates actifs et entraînés, et les Danois eurent tout particulièrement à souffrir de leurs raids, fortement inspirés du modèle viking. Aussi, au début en tout cas, la participation des Danois et des Suédois aux croisades contre ces derniers païens d'Europe était tout autant motivée par des impératifs de défense militaire que par des convictions religieuses. Les Norvégiens rallièrent aussi le mouvement des croisades, mais ils se rendirent plus volontiers en Terre sainte. D'un point de vue tactique, rien ne différencie ces campagnes en mer Baltique des raids vikings. Mais sur le fond, elle participent exclusivement du mouvement des croisades et sont un symptôme infaillible de l'intégration de la Scandinavie à la civilisation de l'Europe continentale.

Au XIIe siècle, la participation des Scandinaves – comme ce chevalier gravé sur une pierre retrouvée à Vejerslev au Danemark – aux croisades en Terre sainte, atteste l'entrée des pays nordiques dans la mouvance politique et culturelle de l'Europe médiévale.

Les raids vikings durant le règne d'Ethelred

Ethelred, roi d'Angleterre timoré, fait face à une série persistante de raids vikings.

« Alors, l'un des guerriers vikings projeta sa lance de telle manière qu'elle s'envola de son poing et vint se ficher bien trop profondément dans le noble vassal d'Ethelred. »
La Bataille de Maldon, poème anglo-saxon.

Après la chute du royaume de York en 954, l'Angleterre jouit d'un répit de ving-six ans. Mais au cours des années 980, l'instabilité politique en Scandinavie et le tarissement des mines d'argent du califat déclenchent des raids de grande envergure conduits par des chefs déterminés. Après la mort d'Edgar en 975, l'Angleterre traverse une période de chaos. Edward, le successeur d'Edgar, meurt assassiné, il est remplacé par son frère âgé de douze ans, Ethelred, qui sera surnommé à juste titre « le Malavisé ».

En 991, Oláfr Tryggvason, un descendant de Haraldr Hárfagri exilé en Russie, ravage le Kent et le Sussex avant d'être défait à Maldon, dans l'Essex, par son chef Byrhtnoth, lequel achète le départ des Norvégiens par le versement d'un tribut de 22 000 livres d'argent. Oláfr revient pourtant deux ans plus tard, allié au roi danois Sveinn Tjuguskegg, puis il gagne la Norvège et soumet tout le pays, tandis que Sveinn rentre au Danemark. Il parvient à annexer la Norvège vers l'an mil, lors d'un combat naval contre Oláfr, au cours duquel ce dernier se noie. Sveinn devient roi du Danemark et de toute la Norvège. En 1002, Danois et Norvégiens, qui forment à présent un Etat unifié, infligent une défaite à Ethelred qui s'acquittent à nouveau d'un *danegeld* de 24 000 livres d'argent. La même année, Ethelred, averti d'une conspiration, donne l'ordre de faire massacrer tous les Anglais de souche danoise qui vivent en Angleterre. Mal lui en prend, car la tradition veut que la sœur de Sveinn compte parmi les victimes et que la vengeance fournit à Sveinn un prétexte pour revenir ravager le sud-ouest de l'Angleterre en 1003 et l'Est-Anglie en 1004. En 1005, une famine accable l'Angleterre et force Sveinn à réembarquer. Il reviendra en 1006 et quittera provisoirement le royaume l'année suivante après avoir reçu d'Ethelred une rançon de 36 000 livres d'argent.

Penny en argent frappé à l'effigie d'Ethelred, roi d'Angleterre (978-1016). Le rôle de chef militaire ne seyait guère à Ethelred. Pourtant, son sobriquet « Unræd » ne signifie pas « Unready » (le « mal préparé ») : le roi était à la tête d'un royaume puissant et disposait d'une flotte très bien équipée. La traduction « malavisé » convient davantage. Ethelred n'a pas su gagner la confiance de ses sujets et s'entourer de partenaires loyaux. En ordonnant le massacre des « Danois » du royaume, il s'est attiré des représailles danoises auxquelles il opposa un dispositif de défense incohérent, miné par des querelles internes et des conflits d'intérêt.

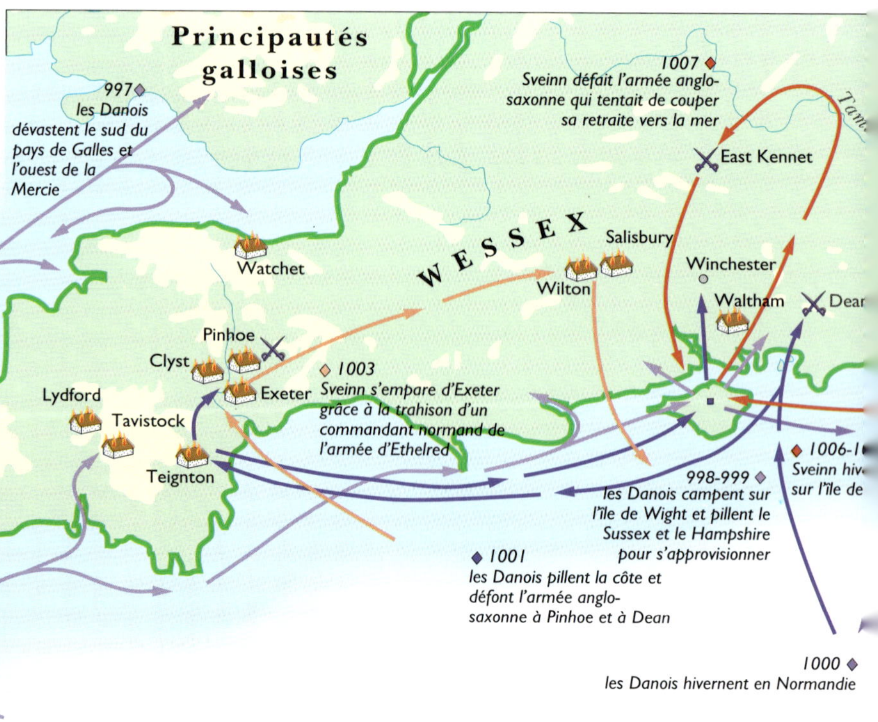

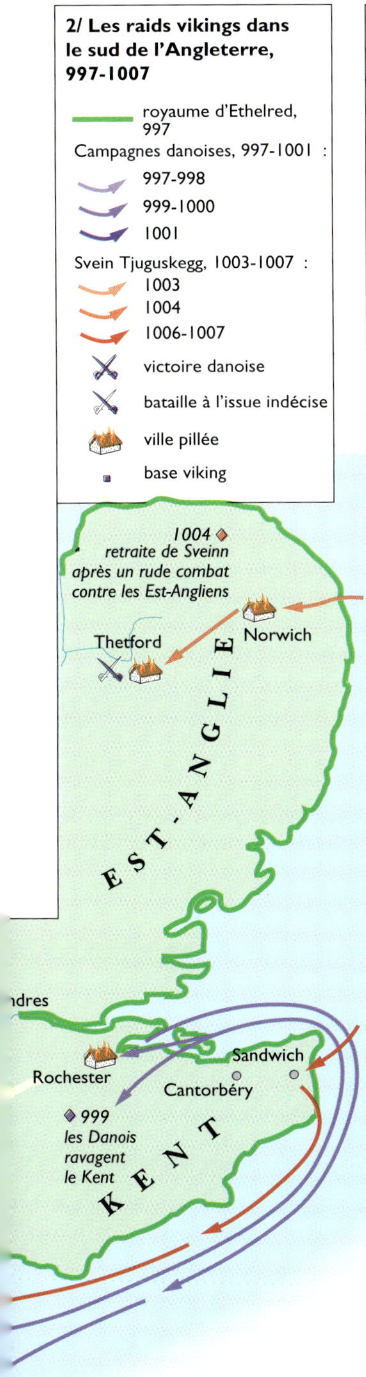
2/ Les raids vikings dans le sud de l'Angleterre, 997-1007
royaume d'Ethelred, 997
Campagnes danoises, 997-1001 :
997-998
999-1000
1001
Svein Tjuguskegg, 1003-1007 :
1003
1004
1006-1007
victoire danoise
bataille à l'issue indécise
ville pillée
base viking
1004
retraite de Sveinn après un rude combat contre les Est-Angliens
Thetford
Norwich
EST-ANGLIE
ndres
Rochester
Sandwich
Cantorbéry
999
les Danois ravagent le Kent
KENT

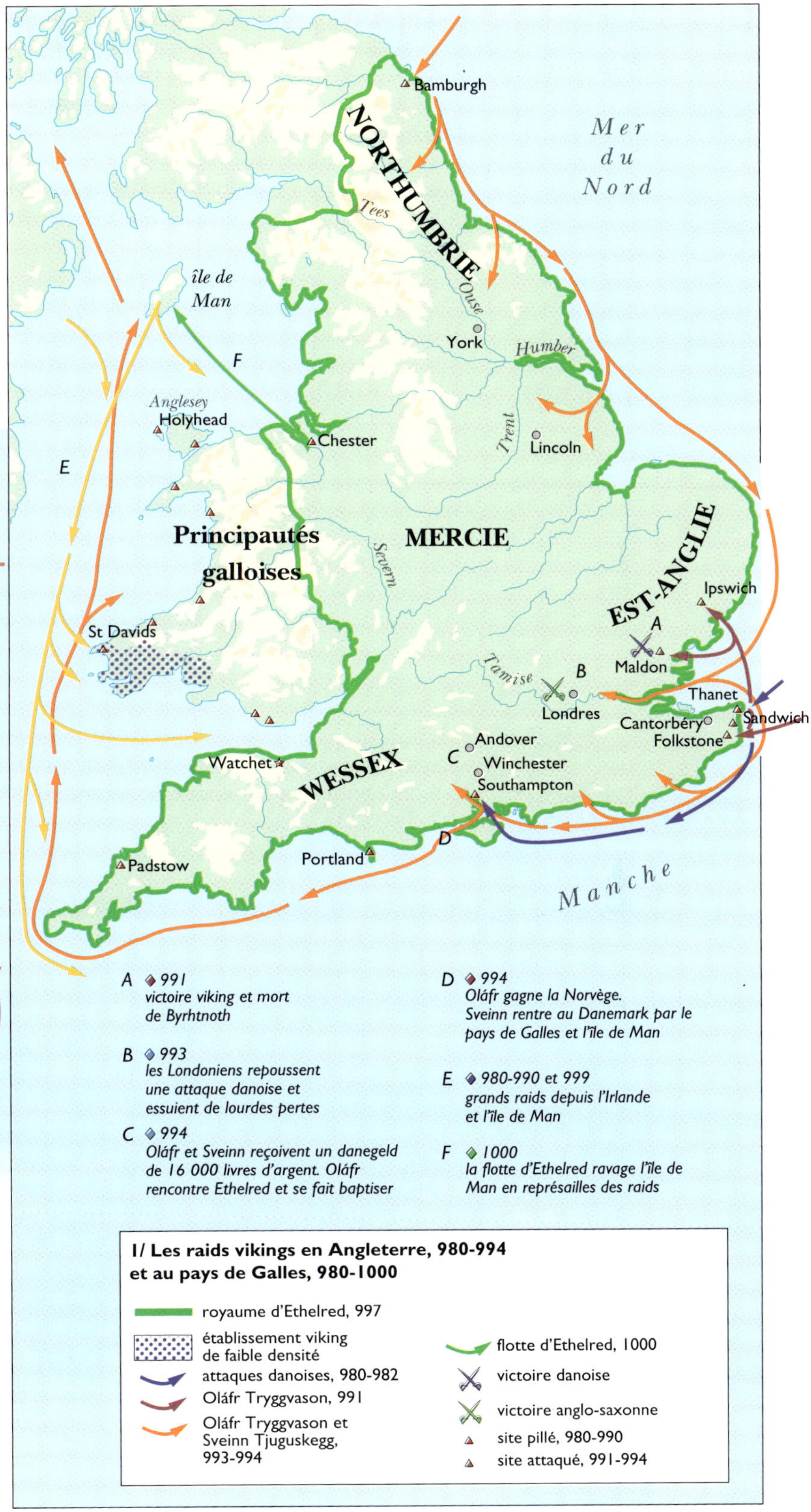
Bamburgh
Mer du Nord
NORTHUMBRIE
Tees
Ouse
York
Humber
île de Man
F
Anglesey
Holyhead
Chester
Trent
Lincoln
E
Principautés galloises
MERCIE
Severn
EST-ANGLIE
Ipswich
St Davids
A
Maldon
Tamise
B
Londres
Thanet
Sandwich
Cantorbéry
Folkstone
Andover
C
Winchester
Southampton
Watchet
WESSEX
D
Padstow
Portland
Manche
A 991 victoire viking et mort de Byrhtnoth
B 993 les Londoniens repoussent une attaque danoise et essuient de lourdes pertes
C 994 Oláfr et Sveinn reçoivent un danegeld de 16 000 livres d'argent. Oláfr rencontre Ethelred et se fait baptiser
D 994 Oláfr gagne la Norvège. Sveinn rentre au Danemark par le pays de Galles et l'île de Man
E 980-990 et 999 grands raids depuis l'Irlande et l'île de Man
F 1000 la flotte d'Ethelred ravage l'île de Man en représailles des raids
1/ Les raids vikings en Angleterre, 980-994 et au pays de Galles, 980-1000
royaume d'Ethelred, 997
établissement viking de faible densité
attaques danoises, 980-982
Oláfr Tryggvason, 991
Oláfr Tryggvason et Sveinn Tjuguskegg, 993-994
flotte d'Ethelred, 1000
victoire danoise
victoire anglo-saxonne
site pillé, 980-990
site attaqué, 991-994

Les Danois conquièrent l'Angleterre

Chapelle d'Odda, qui dépend du monastère de Deerhurst (comté de Gloucester), où fut inhumé saint Aelphège, un archevêque assassiné par les Danois en 1011 et canonisé par Knútr le Grand. Edmund se réfugia à Deerhurst après avoir été défait par Knútr à Ashingdon, en 1016.

Entre 1007 et 1013, les raids de Sveinn Tjuguskegg prennent une allure déclarée de conquête.

La période qui s'étend de 850 à 1050 environ est marquée par de grandes campagnes aux visées politiques. Les troupes de Sveinn, puis de Knútr étaient constituées de mercenaires rémunérés sur une part des *danegelds*. Même si, une fois la conquête de l'Angleterre achevée, de nombreux chefs choisirent de se fixer avec quelques-uns de leurs guerriers, la plupart des soldats rembarquèrent pour leurs patries scandinaves respectives.

Après le départ de Sveinn en 1007, Etherelred s'empressa d'ordonner la construction d'une flotte. Le projet échoua en 1009 et lorsque l'année suivantes, Sveinn et Thorkell Hávi se présentèrent à Sandwich à la tête d'une formidable flotte, leurs troupes débarquèrent sans difficultés et, durant trois années, ravagèrent avec profit tout le sud de l'Angleterre sans que la défense anglaise, de plus en plus désorganisée, fût en mesure de leur opposer une résistance efficace. Après avoir reçu en 1012 un *danegeld* de 48 000 livres, Thorkell Hávi entra au service d'Ethelred. Il fut récompensé de cette alliance en 1014 par un nouveau paiement de 21 000 livres d'argent.

Peut-être pour venger la trahison de Thorkell, Sveinn revint seul attaquer l'Angleterre au printemps 1013. Il fut rejoint à Gainsborough par des émissaires de Northumbrie et des Cinq Bourgs qui reconnurent son autorité. Sveinn marcha ensuite sur le sud et les villes d'Oxford, de Winchester et de Bath se soumirent à leur tour. Seul Londres – soutenu par Thorkell –

A ◆ *1009*
la flotte anglaise se divise à cause de querelles internes. Les Danois débarquent sans difficultés

B ◆ *1009*
raids de Thorkell dans le Hampshire, le Sussex et le Berkshire

C ◆ *printemps 1010*
Thorkell remet ses bateaux en état avant de lancer un raid victorieux sur l'Est-Anglie et la Mercie

D ◆ *printemps 1013*
la Northumbrie et les Cinq Bourgs reconnaissent la souveraineté de Sveinn

E ◆ *1013*
Winchester se soumet à Sveinn et livre des otages

F ◆ *1013*
les Londoniens, soutenus par Thorkell, résistent aux attaques de Sveinn puis se rendent la même année

G ◆ *1013*
l'ouest de la Mercie se soumet à Sveinn

H ◆ *Noël 1013*
Ethelred s'enfuit en Normandie

I ◆ *fév. 1014*
mort de Sveinn

J ◆ *printemps 1014*
après la mort de Sveinn, Ethelred rentre en Angleterre et ravage le Lindsey, obligeant les Vikings à rembarquer pour le Danemark

K ◆ *1012-1013*
base de la flotte de Thorkell

Fronton d'une tombe viking datée du début du XIe siècle, qui proviendrait de la sépulture d'un partisan de Knútr. L'ornementation est sans doute l'œuvre d'un artisan scandinave originaire du sud de l'Angleterre. Fronton découvert en 1852 dans le cimetière St-Paul à Londres.

résistait encore, mais la ville finit par se rendre en apprenant la fuite d'Ethelred en Normandie dans les derniers jours de 1013.

La souveraineté de Sveinn fut alors reconnue dans toute l'Angleterre, mais le roi mourut cinq semaines plus tard. Son successeur et fils Knútr, âgé de dix-huit ans, fut contraint de rembarquer presque aussitôt pour le Danemark car la noblesse anglaise avait rappelé Ethelreld sur le trône. Après avoir assis son pouvoir au Danemark, Knútr repartit à l'assaut de l'Angleterre, assisté de son allié norvégien, le *jarl* Eiríkr des Hladir, et de Thorkell Hávi qui venait à nouveau de rallier la cause danoise. Les troupes passèrent l'hiver à Poole Harbour et au printemps 1016, elles se mirent en route vers le nord pour s'emparer de la Northumbrie. Ethelred mourut en avril et fut remplacé par son fils Edmund Ironside qui s'illustra comme le véritable champion de la résistance anglaise. Durant l'été et l'automne, il défait Knútr sur tous les fronts dans le sud de l'Angleterre, avant d'être écrasé à Ashingdon, dans l'Essex, à la faveur d'une trahison d'Eadric Streona, le gouverneur de la Mercie. Knútr pourchassa Edmund jusque dans le Gloucestershire. Là, il s'accordèrent sur le partage du royaume. A la mort d'Edmund quelques semaines plus tard, Knútr se retrouva maître de toute l'Angleterre, du Danemark et de la Norvège.

L'empire de Knútr le Grand

En Angleterre comme au Danemark, Knútr fut un législateur et un administrateur habile, mais il ne pourra construire un empire durable.

« Knútr était exceptionnellement grand et robuste, et sa physionomie des plus attirantes à l'exception de son nez qu'il avait mince, haut perché et aquilin. Son teint était clair et sa chevelure belle et abondante. Son regard était à la fois plus doux et plus perçant que celui de la plupart des hommes. Il était généreux, bon guerrier, valeureux, et surpassait tous les hommes en allure et en noblesse. »
Kyntlinga Saga, vers 1250.

En 1016, Edmund, l'héritier d'Ethelred sur le trône d'Angleterre étant mort, Knútr se retrouve seul maître de l'Angleterre. Il confie le gouvernement de la Northumbrie à son allié norvégien Eiríkr, le *jarl* des Hladir, et celui de l'Est-Anglie à Thorkell Hávi. Choisissant de résider en Angleterre, il entreprend d'y consolider son pouvoir et, en 1017, il épouse la veuve d'Ethelred pour se concilier la noblesse autochtone. En souverain clairvoyant, il saura soutenir l'Eglise, adapter la législation sans bouleverser la tradition locale et rester populaire malgré la levée de tributs destinés à l'entretien d'une garde d'élite, les *housecarles*, et à l'équipement d'une flotte puissante.

En 1018, à la mort de son frère Haraldr, qui régnait sur le Danemark, Knútr envoie sa flotte pour assurer sa succession, y confie la régence au *jarl* Ulfr et rentre en Angleterre en 1024. Oláfr Haraldsson, Viking norvégien de sang royal, qui avait déjà profité en 1016 de l'absence d'Eiríkr des Hladir, le gouverneur de Northumbrie, pour écraser une coalition prodanoise en Norvège et se rendre maître de presque tout le pays, tente à présent d'obtenir l'indépendance de la Norvège en s'alliant au fils du roi de Suède contre le Danemark. Knútr dépêche sa flotte et une confrontation a lieu à Helgaá, en Scanie orientale. L'issue en est confuse, Ulfr est assassiné et Oláfr regagne la Norvège. Knútr l'y pourchasse en 1028 et Oláfr se réfugie en Russie. Knútr confie alors le trône norvégien au *jarl* Hákon Eiríksson et celui du Danemark à son fils Hörda-Knútr.

En 1029, le régent de Norvège se noie et Knútr envoie sa concubine Aelgifu et leur fils naturel Sveinn prendre la relève. Mais leur règne devient si impopulaire que l'emprise de Knútr sur la Norvège se relâche. L'année suivante, Oláfr rentre de Russie pour tenter de reprendre son royaume, mais il est abattu à Stiklarstadir par le peuple norvégien que la noblesse a dressé contre lui.

Knútr meurt en 1035 et son empire se démembre. En 1037, les Anglais couronnent Haraldr Harefoot, fils naturel de Knútr et d'Aelgifu ; Hörda-Knútr reste sur le trône de Danemark, tandis que le fils de saint Oláfr, Magnús le Bon, chasse Sveinn et se fait proclamer roi de Norvège. Les deux premiers meurent respectivement en 1040 et en 1042. Magnús confie la régence du Danemark à son cousin, et les Anglais élisent Edouard le Confesseur, fils d'Ethelred exilé en Normandie, restaurant ainsi la dynastie des rois du Wessex.

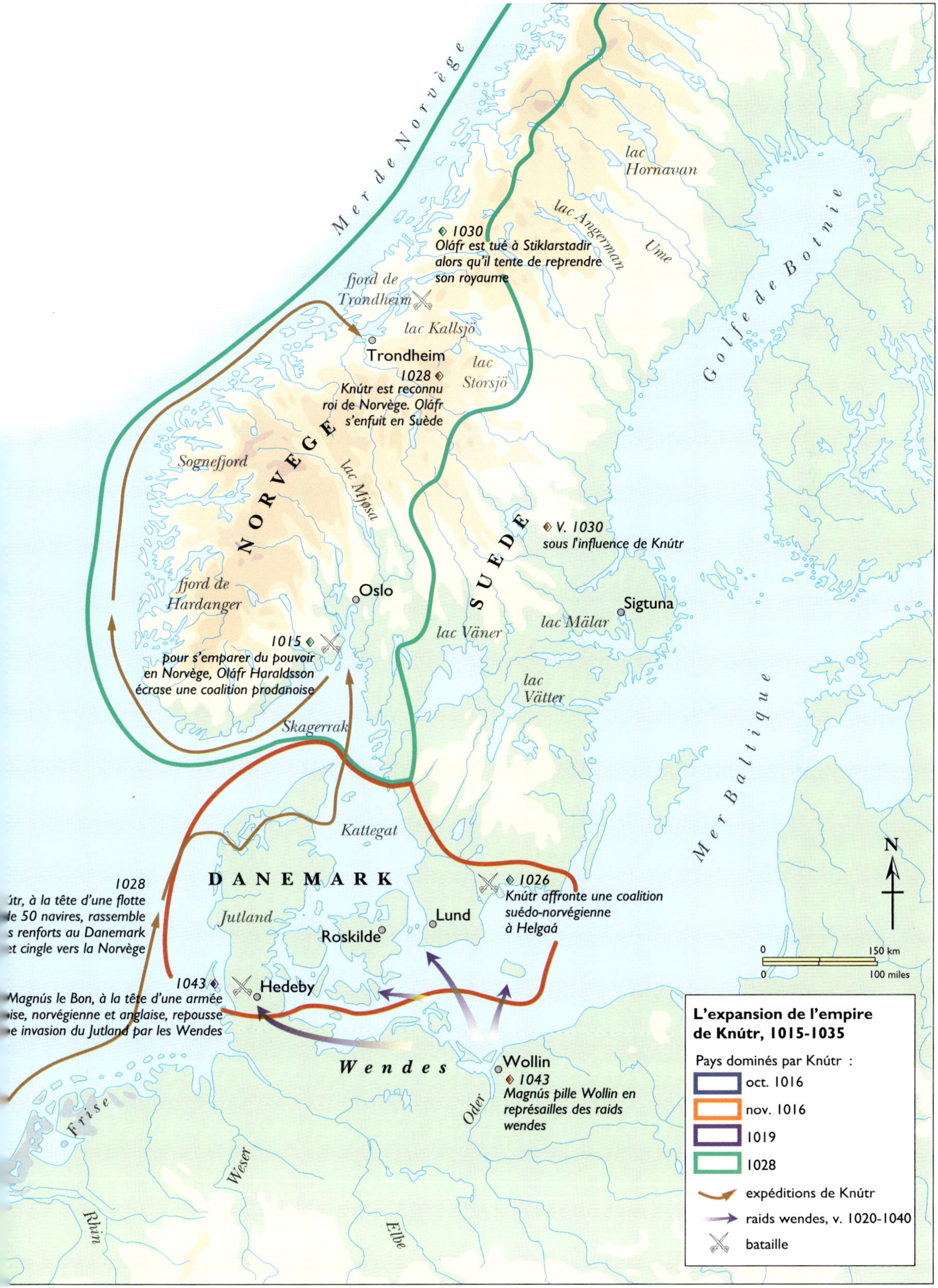
Mer de Norvège
1030
Oláfr est tué à Stiklarstadir alors qu'il tente de reprendre son royaume
lac Hornavan
lac Angerman
Ume
Golfe de Botnie
fjord de Trondheim
lac Kallsjö
Trondheim
1028
Knútr est reconnu roi de Norvège. Oláfr s'enfuit en Suède
lac Storsjö
Sognefjord
NORVEGE
lac Mjøsa
V. 1030
sous l'influence de Knútr
SUEDE
fjord de Hardanger
Oslo
Sigtuna
lac Mälar
lac Väner
1015
pour s'emparer du pouvoir en Norvège, Oláfr Haraldsson écrase une coalition prodanoise
lac Vätter
Skagerrak
Mer Baltique
Kattegat
1028
útr, à la tête d'une flotte
le 50 navires, rassemble
s renforts au Danemark
et cingle vers la Norvège
DANEMARK
1026
Knútr affronte une coalition suédo-norvégienne à Helgaá
Jutland
Lund
Roskilde
N
0
150 km
100 miles
1043
Hedeby
Magnús le Bon, à la tête d'une armée
ise, norvégienne et anglaise, repousse
e invasion du Jutland par les Wendes
Wendes
Wollin
1043
Magnús pille Wollin en représailles des raids wendes
Oder
Frise
Weser
Rhin
Elbe
L'expansion de l'empire de Knútr, 1015-1035
Pays dominés par Knútr :
oct. 1016
nov. 1016
1019
1028
expéditions de Knútr
raids wendes, v. 1020-1040
bataille

L'« éclair du Nord »

Haraldr Hardrádi, dit « l'Eclair du Nord », a guerroyé jusqu'à Jérusalem avant de trouver la mort en tentant de s'emparer de l'Angleterre.

Haraldr Hardrádi commence sa carrière à l'âge de quinze ans, aux côtés de son demi-frère Oláfr Haraldsson qu'il aide à reconquérir la Norvège. Ils sont vaincus en 1030 à Stiklarstadir, dans le Trøndelag. Oláfr est tué et Haraldr s'enfuit en Suède. De là, il gagne la Russie où il s'engage comme mercenaire. Trois ans plus tard, il se rend à Constantinople et s'enrôle dans la garde varègue du *basileus*. En neuf années de campagnes, Haraldr a acquis fortune et renommée, et entend s'octroyer une part du royaume dano-norvégien gouverné par Magnús le Bon.

A la mort de Magnús en 1047, son neveu Sveinn Estridsson est proclamé roi du Danemark tandis que Haraldr s'attribue le trône de Norvège et rêve d'unifier le royaume. Il s'ensuit des années de luttes féroces, Haraldr lançant d'incessantes attaques contre le Danemark sans jamais parvenir à

La garde du basileus *– l'empereur byzantin – était formée de mercenaires scandinaves, surtout suédois, les Varègues. Sur cette miniature d'un manuscrit de l'historien Jean Scylitzes, on reconnaît l'armement viking : hache, étendard orné d'un blason à trois points et écu.*

« Le roi Haraldr […] à la belle chevelure, à la barbe fournie et aux longues moustaches […]. Il était brutal envers ses ennemis, impitoyable envers ses opposants […] mais généreux envers ses amis. »
Saga de Haraldr l'Impitoyable.

prendre le dessus. En 1064, Haraldr doit finalement se résoudre à reconnaître la souveraineté de Sveinn au Danemark, laquelle ne sera plus remise en cause jusqu'à sa mort en 1074. Dans l'intervalle, Haraldr doit faire face à de fréquents soulèvements norvégiens suscités par les méthodes brutales qu'il emploie pour affirmer son autorité, et qui lui vaudront d'être surnommé Haraldr l'Impitoyable.

La mort en 1066 du roi d'Angleterre Edouard le Confesseur incite Haraldr à mener une ultime et fatale expédition. Il partage ses desseins avec deux autres prétendants à la succession : Guillaume le Bâtard, duc de Normandie – le futur Guillaume le Conquérant – et Harold Godwinson, *earl* du Wessex, sur lequel les Anglais ont porté leur choix. Le Norvégien et le Normand projettent donc d'envahir l'Angleterre pour tenter de détrôner l'héritier. Haraldr se présente avec 300 navires à l'embouchure de la Humber. Il écrase l'armée anglaise à Fulfort Gate et s'empare de York le 20 septembre. Il périt cinq jours plus tard avec une grande partie de son armée lors de la bataille de Stamford Bridge. Le vainqueur, Harold Godwinson, doit alors regagner le sud du pays à marches forcées pour affronter Guillaume. La rencontre a lieu à Hastings dix-neuf jours plus tard. Epuisée, l'armée de Harold est vaincue et l'*earl* du Wessex meurt.

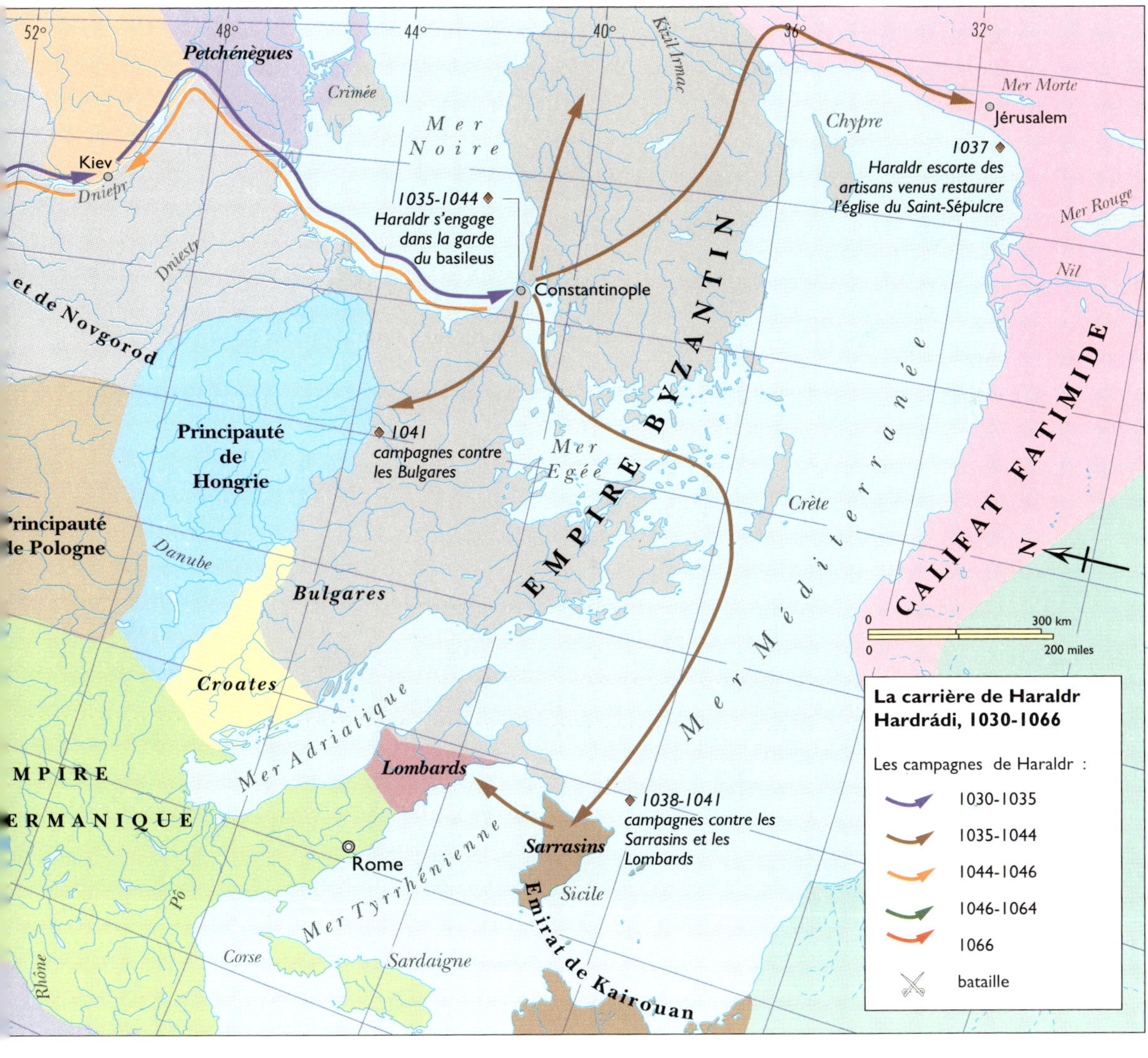

Ultimes essais pour vaincre l'Angleterre

Guillaume de Normandie occupe l'Angleterre, mais son autorité est contestée par des rebelles anglais qui encouragent les assauts menés par des Scandinaves depuis le Danemark et l'Irlande.

« A cause des ravages perpétrés par les Normands en Angleterre [...], une telle famine se répandit que les hommes [...] se mirent à dévorer de la chair humaine, des chevaux, des chiens et des chats. [...] Les cadavres pourrissant dans les maisons et dans les rues offraient un spectacle épouvantable. »
Siméon de Durham.

Après avoir remporté la victoire à Hastings, Guillaume de Normandie prend rapidement le contrôle du sud-est du pays, et tout porte à croire que les Anglais vont unanimement le reconnaître comme roi. Pourtant, deux ans plus tard, sa légitimité est mise à l'épreuve par une série de révoltes.

Le roi du Danemark Sveinn Estridsson a repris à son compte les prétentions de Haraldr Hardrádi sur le trône d'Angleterre après la mort de ce dernier. Aussi est-ce à Sveinn que les rebelles offrent la couronne d'Angleterre. En 1069, Sveinn envoie donc son fils Knútr II le Saint à la tête d'une flotte de 240 bateaux, qui accoste à Douvres, puis navigue vers le nord en longeant la côte, et rejoint les rebelles sur la Humber. L'armée anglo-danoise gagne York, où elle met en pièces la garnison normande. Guillaume arrive avec des troupes, ne parvient pas à provoquer l'affrontement et doit faire demi-tour pour écraser une révolte dans les Midlands. Vers Noël, il marche à nouveau sur York et force les Danois à se replier sur la Humber.

Guillaume entreprend alors une brutale mise à sac du Danelaw, tant en représailles des attaques danoises que pour empêcher l'envahisseur d'y séjourner. Sveinn ne se décourage pas, il rejoint son fils Knútr sur la Humber au printemps 1070 ; en juin, une partie de la flotte danoise gagne le Nordfolk pour rallier les rebelles anglais commandés par Hereward. Ensemble, ils mettent à sac Peterborough. La résistance anglaise est près de s'effondrer et Sveinn obtient de Guillaume de quitter le pays avec son butin.

Cinq ans plus tard, à l'invite de deux *jarls* normands, Knútr II lance, à la tête d'une flotte dano-norvégienne de 200 navires, une nouvelle expédition contre l'Angleterre. Mais il arrive trop tard, Guillaume a neutralisé la rébellion et s'est rendu maître de la situation. La flotte de Knútr pille York et rentre au Danemark. En 1085, Knútr II, à présent roi du Danemark, prépare un ultime assaut. Mais les Danois n'épousent plus ses visées et une mutinerie fait échouer l'entreprise. Knútr meurt assassiné l'année suivante.

Scène de la tapisserie de Bayeux montrant la flotte de Guillaume le Conquérant approchant des côtes anglaises. En 1066, les Normands avaient adopté la langue et les coutumes françaises, mais la forme des bateaux trahit des survivances de l'héritage scandinave.

Les Vikings et la rébellion anglaise, 1066-1071
Sveinn Estridsson, 1069-1070
Knútr II, 1075
fils de Hróaldr et Irlando-Norrois, 1068
fils de Hróaldr et Irlando-Norrois, 1069
oppositions à l'autorité de Guillaume, 1068-1070
campagnes de Guillaume, 1069-1070
invasion de Guillaume, 1066
ville pillée
5°0
0°
55°N
50°
0 65 km
0 40 miles
N
Mer du Nord
Mer d'Irlande
Manche
Durham
Déc. 1069 Guillaume reprend York
Oct. 1069 prise de York par Knútr II et les rebelles anglais
York
Pontefract
Début 1070
1075 : 200 bateaux danois débarquent à l'invitation d'earls rebelles et mettent à sac York
Chester
Nottingham
Stafford
nov. 1069 Guillaume écrase une révolte anglaise
Peterborough
Norwich
juin 1070 sac de Peterborough par les Danois et les rebelles anglais commandés par Hereward
Ely
1070 retraite danoise
1071 défaite des rebelles anglais
1069-1070 raids pirates menés par les fils de Hróaldr et des Irlando-Norrois
Ipswich
Little Berkhampstead
déc. 1066 la noblesse anglaise se soumet à Guillaume
Wallingford
Londres
Bristol
Sandwich
Cantorbéry
Douvres
Salisbury
Winchester
Hastings
Pevensey
sept. 1069 240 navires commandés par Sveinn Estridsson débarquent à l'instigation des rebelles anglais
Chichester
Exeter
28 sept. 1066 invasion de l'Angleterre par Guillaume de Normandie
St-Valéry
Nov. 1066 renforts
Dives/mer

Le royaume des archipels et de Man

Comme dans le reste du monde viking au XIe siècle, les Scandinaves établis en Ecosse commencent à instaurer des gouvernements centralisés.

Des nombreuses belles églises en pierre construites par les Norvégiens dans les archipels écossais après la christianisation, l'église Saint-Magnús sur l'île d'Egilsay aux Orcades est la seule à subsister. La tour mesurait 4 ou 5 mètres de plus et était coiffée d'un toit conique, dans le style des clochers de monastère irlandais.

Thorfinnr (1014-1064), le plus jeune des quatre fils de Sigurdr Digri, finit par se rendre maître du Caithness en 1035 et conquit le Sutherland et le Ross en écrasant à deux reprises l'armée écossaise. En y rattachant l'île de Man, des terres en Galloway et en Irlande, toutes les Hébrides et les Shetland, il se retrouva bientôt à la tête d'un vaste territoire. Bien qu'ayant reconnu la souveraineté de la Norvège sur les Orcades, il n'en fut pas moins un *jarl* puissant doublé d'un habile administrateur. Il unifia la société insulaire en créant une élite de conseillers, les *gædingar*, intermédiaires entre les *jarls* et la population, et en fondant, au retour d'un pèlerinage à Rome en 1050, le premier évêché des Orcades, près de Brough of Birsay.

A la mort de Thorfinnr, l'unité du dominion fut de nouveau ébranlée par l'arrivée d'une armée norvégienne conduite par Haraldr l'Impitoyable, qui rêvait alors de soumettre toute l'Angleterre – entreprise qui se solda par sa mort en 1066 à Stamford Bridge –, puis par les conflits entre les successeurs de Thorfinnr, qui aboutirent au partage des îles et favorisèrent l'accession à la tête des Hébrides du premier *jarl* hébridais, Gudrødr dit « Crovan », originaire d'Islay. Il conquit l'île de Man en 1079 et régnera sur ce royaume unifié jusqu'à sa mort, en 1095. Ces seize années de règne représentent pour les îles une période de stabilité qui se traduit par un regain d'autonomie. En divisant son royaume en cinq districts qui mandaient au total 32 représentants pour siéger à l'assemblée annuelle de Tynwald (*Thingvöllr,* « le lieu de réunion »), Gudrødr Crovan compléta l'organisation administrative du pouvoir central dont l'actuel parlement de Man est issu.

A la fin du XIe siècle, l'indépendance des archipels fut de nouveau menacée par la couronne norvégienne : en 1095, le roi Magnús III Berfættr conclut un traité avec Malcolm III Canmore, roi d'Ecosse, exauçant l'ancienne revendication norvégienne sur les Hébrides et la presqu'île du Kintyre. Pour écraser l'opposition des insulaires, Magnús lança en 1098 une foudroyante expédition punitive, dernière campagne viking de cette envergure en mer d'Irlande, à l'issue de laquelle il pilla le Galloway et Anglesey, se rendit maître de Dublin et imposa son pouvoir à toutes les îles. Il fut tué en Irlande en 1103. Oláfr Bitlingr, le fils de Gudrødr, lui succéda et gouverna les Hébrides jusqu'à sa mort en 1153. Comme lui et ses successeurs auront la sagesse de reconnaître la souveraineté norvégienne et de s'allier les rois d'Ecosse et d'Irlande, le royaume connaîtra une certaine renaissance.

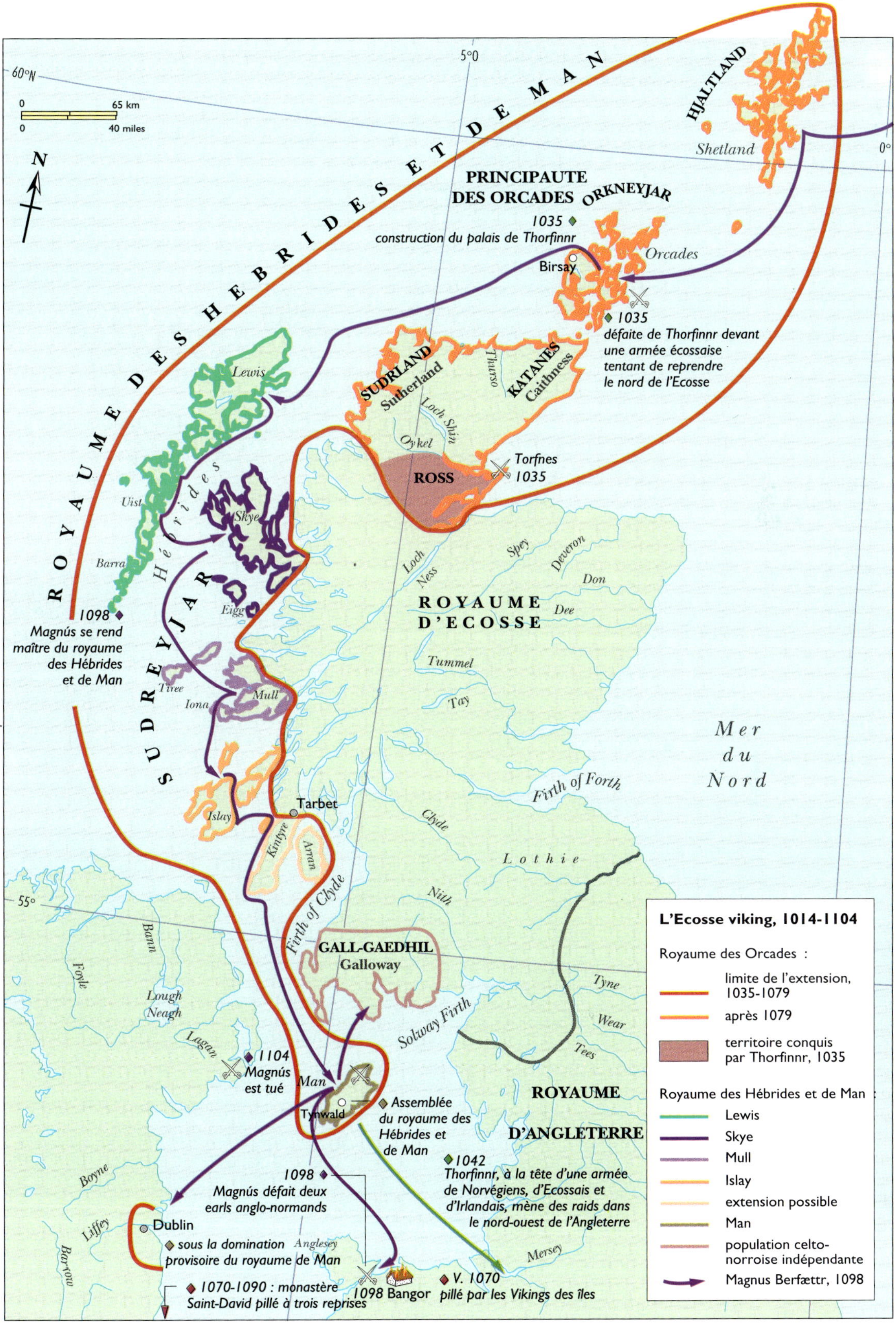

ROYAUME DES HEBRIDES ET DE MAN
HJALTLAND
Shetland
PRINCIPAUTE DES ORCADES
ORKNEYJAR
1035
construction du palais de Thorfinnr
Birsay
Orcades
1035
défaite de Thorfinnr devant une armée écossaise tentant de reprendre le nord de l'Ecosse
SUDRLAND
Sutherland
Thurso
KATANES
Caithness
Loch Shin
Oykel
Lewis
Torfnes 1035
ROSS
Uist
Hébrides
Skye
Barra
SUDREYJAR
Eigg
1098
Magnús se rend maître du royaume des Hébrides et de Man
Loch Ness
Spey
Deveron
Don
ROYAUME D'ECOSSE
Dee
Tummel
Tiree
Mull
Iona
Tay
Mer du Nord
Firth of Forth
Tarbet
Islay
Clyde
Kintyre
Arran
Lothie
Firth of Clyde
Nith
Bann
Foyle
GALL-GAEDHIL
Galloway
Lough Neagh
Tyne
Solway Firth
Wear
Lagan
1104
Magnús est tué
Tees
Man
Tynwald
Assemblée du royaume des Hébrides et de Man
ROYAUME D'ANGLETERRE
1042
Thorfinnr, à la tête d'une armée de Norvégiens, d'Ecossais et d'Irlandais, mène des raids dans le nord-ouest de l'Angleterre
Boyne
1098
Magnús défait deux earls anglo-normands
Liffey
Dublin
sous la domination provisoire du royaume de Man
Anglesey
Mersey
Barrow
1070-1090 : monastère Saint-David pillé à trois reprises
1098 Bangor
V. 1070 pillé par les Vikings des îles
0 65 km
0 40 miles
60°N
55°
5°0
0°
N
L'Ecosse viking, 1014-1104
Royaume des Orcades :
limite de l'extension, 1035-1079
après 1079
territoire conquis par Thorfinnr, 1035
Royaume des Hébrides et de Man :
Lewis
Skye
Mull
Islay
extension possible
Man
population celto-norroise indépendante
Magnus Berfættr, 1098

Le déclin de l'Ecosse viking

Au cours du XIIe siècle, le pouvoir des chefs vikings dans les archipels s'affaiblit.

« En 1156, durant la nuit de l'Epiphanie, une bataille navale s'engagea entre Gudrødr et Sumarlidi, et il y eut de lourdes pertes de part et d'autre. Au lever du jour, ils se partagèrent le royaume des Hébrides. »
Chronique de Man.

Au XIIe siècle, l'assimilation dans les îles des Vikings à la population celte était achevée, comme en témoigne l'ascension de Sumarlidi ou Somerled, seigneur d'Argyll d'ascendance norvégienne et écossaise. L'écrasante défaite que ce dernier infligea en 1156 au large d'Islay au Norvégien Gudrødr II, roi des Hébrides et de Man depuis 1154, auquel il reprend le sud des Hébrides, suivie deux ans plus tard par la conquête de Man, porta un coup fatal à l'influence scandinave dans cette région. La celtisation ira désormais grandissant, même si les successeurs de Somerled, hostiles à la politique du roi écossais, continuèrent de reconnaître la souveraineté norvégienne.

Dans le même temps, le déclin de la puissance des *jarls* orcadiens s'amorce, aggravé par la mainmise du roi norvégien Sverrir sur les Orcades et sur les Shetland. L'affaiblissement du pouvoir favorisera un ultime regain de la piraterie dans ces eaux. La *Saga des Orcadiens* rapporte comment l'Orcadien Sveinn Asleifarson, sans doute le dernier guerrier viking, entretenait une bande de 80 hommes dans son domaine de Garsay et combinait méthodiquement l'exploitation de sa ferme à deux expéditions annuelles : après les semailles, il partait en « raid de printemps » dont il rentrait à la mi-juin, puis, après avoir rentré ses récoltes, il repartait en « raid d'automne » jusqu'au milieu de l'hiver. Ses opérations de pillage l'entraînèrent aux Hébrides, au pays de Galles et en Irlande. Durant trente années, sa flotte croisa en mer d'Irlande jusqu'aux îles Sorlingues. Sveinn trouva la mort en 1171 alors qu'il tentait de prendre Dublin.

Au XIIIe siècle, le roi d'Ecosse William, farouchement déterminé à soumettre définitivement tous les archipels, commença par reprendre le Ross, le Caithness et le Sutherland en 1202, puis revendiqua les Hébrides et Man. Pour l'en dissuader, le roi de Norvège Hákon IV prit la tête en 1263 d'une importante expédition. Les deux armées se rencontrèrent à Largs et, au terme d'une échauffourée à l'issue indécise, la flotte norvégienne se replia. Hákon mourut peu après aux Orcades. Par le traité de Perth, Magnús Lagabætir, héritier du trône norvégien, se verra contraint de céder les Hébrides et Man au roi d'Ecosse Alexandre III contre une rente à perpétuité.

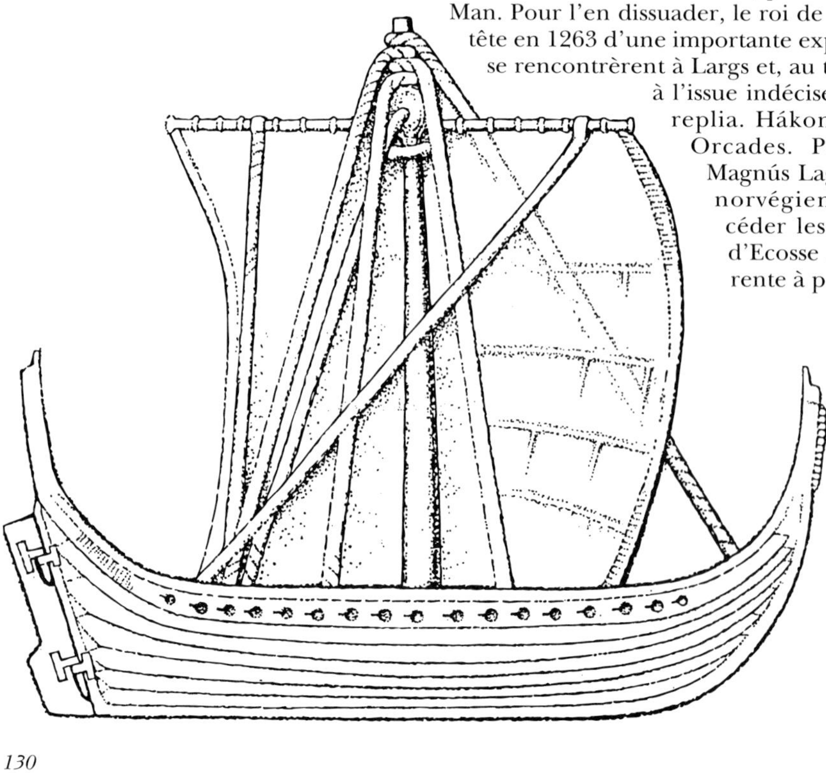

Galère hébridaise – un nyvaig *– sculptée sur la tombe du roi Alexandre MacLeod à Rodel. L'influence norroise est encore décelable sur ce type d'embarcation en usage à partir du XIIe siècle, en dépit d'une innovation : la rame-gouvernail y a été remplacée par un gouvernail arrière, plus efficace.*

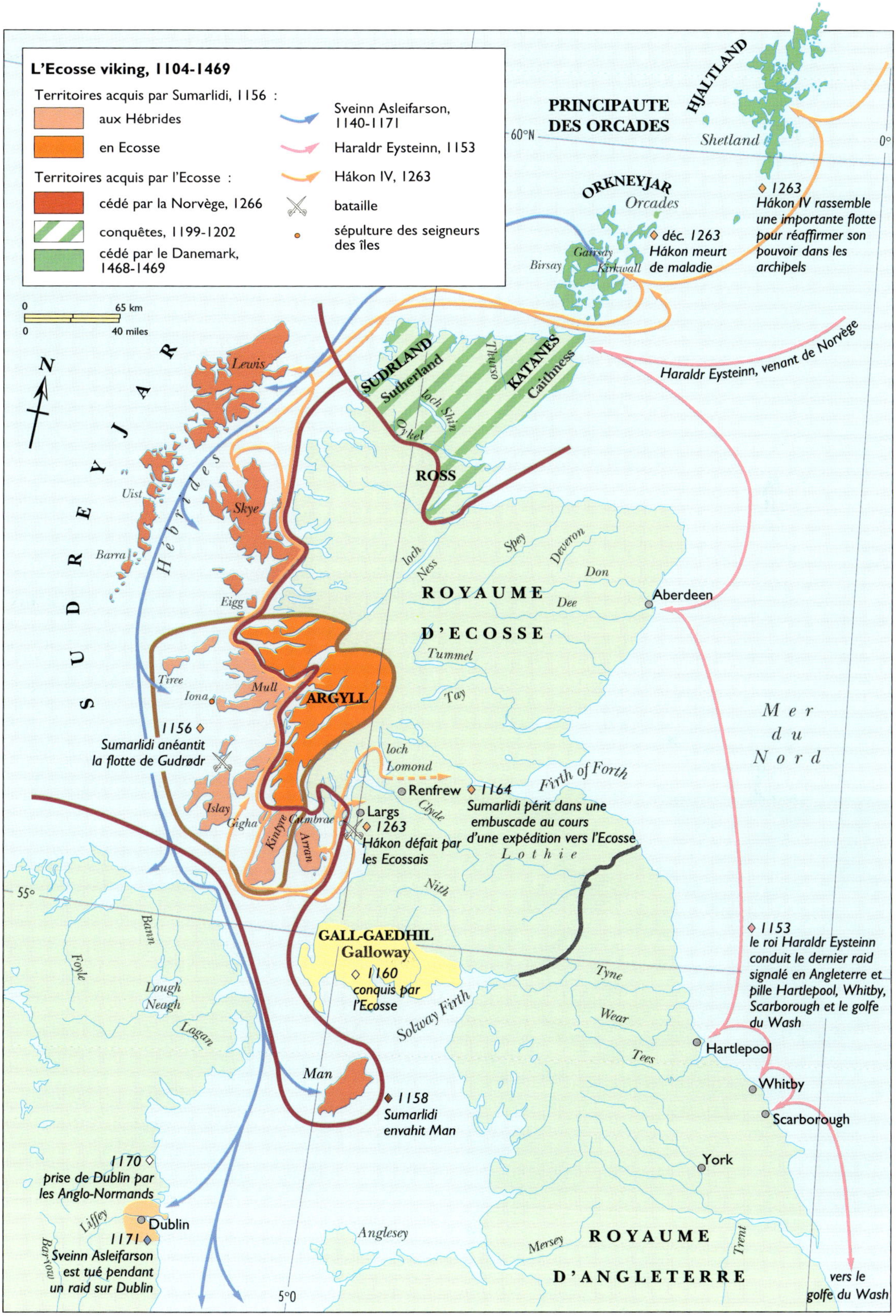
L'Ecosse viking, 1104-1469
Territoires acquis par Sumarlidi, 1156 :
aux Hébrides
en Ecosse
Territoires acquis par l'Ecosse :
cédé par la Norvège, 1266
conquêtes, 1199-1202
cédé par le Danemark, 1468-1469
Sveinn Asleifarson, 1140-1171
Haraldr Eysteinn, 1153
Hákon IV, 1263
bataille
sépulture des seigneurs des îles
0 65 km
0 40 miles
N
PRINCIPAUTE DES ORCADES
HJALTLAND
Shetland
60°N
0°
ORKNEYJAR
Orcades
Gairsay
Birsay
Kirkwall
◇ déc. 1263 Hákon meurt de maladie
◇ 1263 Hákon IV rassemble une importante flotte pour réaffirmer son pouvoir dans les archipels
Haraldr Eysteinn, venant de Norvège
SUDRLAND
Sutherland
loch Shin
Oykel
Thurso
KATANES
Caithness
ROSS
SUDREYJAR
Lewis
Uist
Hébrides
Skye
Barra
Eigg
loch Ness
Spey
Deveron
Don
Aberdeen
ROYAUME D'ECOSSE
Dee
Tummel
Tay
Tiree
Iona
Mull
ARGYLL
1156 ◇ Sumarlidi anéantit la flotte de Gudrødr
Mer du Nord
loch Lomond
Renfrew
◇ 1164 Sumarlidi périt dans une embuscade au cours d'une expédition vers l'Ecosse
Firth of Forth
Clyde
Islay
Gigha
Kintyre
Cumbrae
Arran
Largs
1263 Hákon défait par les Ecossais
Lothie
Nith
55°
Bann
Foyle
GALL-GAEDHIL
Galloway
◇ 1160 conquis par l'Ecosse
◇ 1153 le roi Haraldr Eysteinn conduit le dernier raid signalé en Angleterre et pille Hartlepool, Whitby, Scarborough et le golfe du Wash
Tyne
Lough Neagh
Lagan
Solway Firth
Wear
Tees
Hartlepool
Whitby
Scarborough
Man
◆ 1158 Sumarlidi envahit Man
York
1170 ◇ prise de Dublin par les Anglo-Normands
Liffey
Dublin
1171 ◆ Sveinn Asleifarson est tué pendant un raid sur Dublin
Barrow
Anglesey
Mersey
Trent
ROYAUME D'ANGLETERRE
5°O
vers le golfe du Wash

Les premières églises scandinaves

La christianisation des pays du Nord introduisit de nouvelles tendances dans l'art et l'architecture scandinaves.

Les premières églises scandinaves furent construites sur l'initiative de la monarchie et de la noblesse. Aux Xe et XIe siècles, l'architecture des édifices consistait en un assemblage de volumes rectangulaires en bois. Le plan était très sobre mais les fragments de bois peint et sculpté qui subsistent sur de nombreuses parois suggèrent que l'intérieur pouvait être richement rehaussé de fresques historiées. On peut encore admirer le degré d'achèvement de cet art sur le portail sculpté de l'église d'Urnes, dans l'ouest de la Norvège. Au Danemark et en Suède, la pierre remplaça le bois dès le XIe siècle, tandis qu'en Norvège l'architecture en bois connut un essor remarquable au XIIe siècle. Construites à même le sol, ces premières églises dites « en bois debout » ne pouvaient résister à l'humidité plus de vingt-cinq ans. Les églises norvégiennes plus récentes sont bâties sur des fondations en pierre, recouvertes d'un plancher supportant les cloisons. Grâce à cette technique d'isolation, certaines d'entre elles nous sont parvenues intactes.

Les premières églises scandinaves en pierre furent construites à Roskilde, sous le règne de Knútr le Grand. Si la main-d'œuvre autochtone excellait dans l'art de construire des églises en bois, l'absence de tradition scandinave dans le domaine de l'architecture en pierre rendit nécessaire le recrutement d'ouvriers étrangers. Les ressemblances de certains vestiges avec l'architecture religieuse de l'est de l'Angleterre nous renseignent sur la provenance des maçons et témoignent de l'influence de la culture anglo-saxonne introduite au Danemark par Knútr le Grand. A sa mort, en 1016, les liens avec l'Angleterre se relâchèrent et l'architecture religieuse danoise entra dans la mouvance artistique de la Germanie. Le style de la cathédrale de Ribe n'est pas seulement inspiré de l'art roman germanique, les pierres furent aussi importées de Rhénanie. La plus somptueuse cathédrale danoise du XIIe, construite à Lund, dans la province de Scanie aujourd'hui sué-

Ci-dessous : *de nombreux artisans scandinaves travaillant à la décoration des nouvelles églises continuèrent de s'inspirer des motifs païens. Les sculptures du portail de l'église en bois debout de Hylestad en Norvège illustrent des épisodes de la légende de Sigurdr Meurtrier du dragon Fáfnir.*

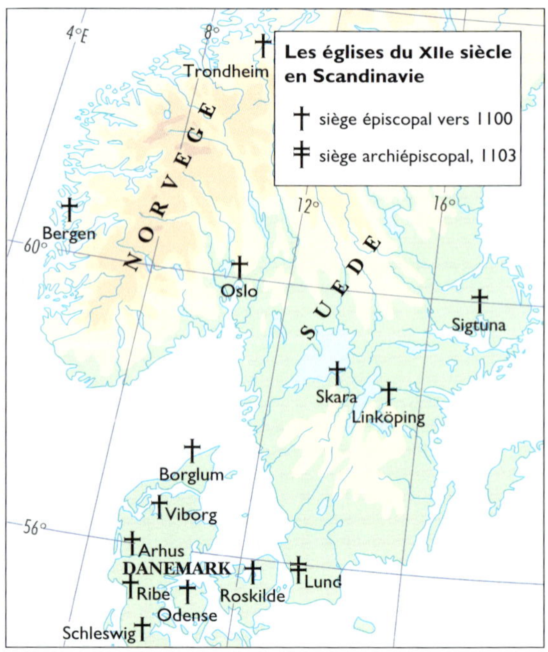

A droite : *les églises en bois debout étaient des édifices aux dimensions élevées et souvent rehaussés d'une ornementation raffinée – portails sculptés, multiplication des absides, flèches, fleurons de gable en forme de tête de dragon – qui donnait à l'ensemble une allure presque orientale. Elles comptent sans doute parmi les monuments les plus originaux de la fin de l'âge viking. L'église de Sogne en Norvège date de la seconde moitié du XIIe siècle.*

Ci-dessous : *au XIIe siècle, les principales églises danoises étaient construites en pierre, souvent par des maçons étrangers ; la cathédrale de Viborg est construite en pierre de granit locale admirablement taillée. Comme les cathédrales de Ribe et de Lund, elle dénote une forte influence du style anglo-normand et du roman germanique.*

doise, illustre un mélange d'influences germanique, anglo-normande et italienne et montre l'ouverture croissante de la Scandinavie aux influences européennes.

Au XIIe siècle, la Norvège entretint surtout des contacts avec les îles britanniques et l'autorité de l'archevêché de Trondheim s'étendit aux évêchés de Kirkwall, dans l'archipel des Orcades et de Peel, sur l'île de Man. Lors de la reconstruction de la cathédrale au XIIe siècle, les maçons furent recrutés à Lincoln. La nouvelle cathédrale manifeste une forte influence du premier gothique anglais. Ce style est également décelable dans les églises de Bergen du XIIe siècle, peut-être parce que la première abbaye cistercienne de Lyse, au sud de Bergen, fut fondée par des moines de l'abbaye de Fountain dans le Yorkshire. En Suède, le style des rares églises des XIe et XIIe siècles qui subsistent est dominé par l'école germanique.

La Scandinavie après les Vikings

Au Moyen Age, les Etats scandinaves se constituèrent en monarchies chrétiennes et devinrent la cible des raids menés par les peuples moins bien établis de l'est.

Ci-dessus : *cette tapisserie provenant de l'église de Baldishol en Norvège, fin XIIe siècle, montre un chevalier typique de cette époque : le cavalier portant casque et cotte de mailles, équipé d'une lance courte et d'un écu effilé vers le bas, remplaça l'infanterie traditionnelle des Vikings.*

La mort de Haraldr Hardrádi à Stamford Bridge et l'échec des tentatives danoises de reconquête de l'Angleterre marquent la fin de l'âge viking. Les raids continuèrent cependant : le roi danois Haraldr III (1074-1080) toléra des coups de main dans la Baltique en échange d'une part de butin, et le roi norvégien Haraldr Eysteinn dirigea une expédition sur les côtes anglaises en 1153. La piraterie n'était désormais plus le fait des Scandinaves, qui en devenaient plutôt les victimes. Depuis le début du XIe siècle, le sud du Danemark en particulier subissait les assauts des pirates wendes – les Slaves de la Baltique – et, vers 1100, le problème prit une ampleur inquiétante. Malgré des raids de représailles, les Danois se révélèrent incapables d'opposer une résistance efficace.

Vers 1100, la christianisation du Danemark et de la Norvège était pratiquement achevée. Mais en Suède, le paganisme persistait et le centre de culte d'Uppsala continua d'être florissant. La conversion du pays ne sera achevée qu'un siècle plus tard. Vers l'an mille, le Danemark était déjà un royaume unifié et, vers 1100, les forts particularismes régionaux qui avaient retardé l'unification de la Norvège s'atténuèrent. En Suède, les Svíar et les Götar étaient généralement gouvernés par un même souverain, mais l'unification ne fut scellée qu'en 1172. Les monarchies scandinaves étaient toujours électives et, au XIIe siècle, les rivalités de succession dégénérèrent fréquemment en guerres civiles.

A l'aube du XIIIe siècle, en dépit de l'instabilité politique, les royaumes scandinaves s'étaient considérablement développés. Danois et Suédois étaient massivement impliqués dans les croisades contre les peuplades païennes wendes et finnoises établies au sud et à l'est de la Baltique. Durant le règne de Valdemar II (1202-1241), les Danois contrôlaient toute la Baltique mais ils durent rapidement céder leur empire aux Germains. Au milieu du XIe siècle, les Suédois entreprirent la conquête des Finnois et, en 1292, ils avaient étendu leur territoire à la Carélie. Au-delà, toute tentative d'expansion vers l'est était déjouée par la principauté de Novgorod. La Norvège renforça sa domination sur les établissements scandinaves du Groenland et d'Islande en annexant ces deux pays à la couronne, respectivement en 1261 et 1263. Comme les Danois et les Suédois, les Norvégiens participèrent aux croisades en Terre sainte, mais ces expéditions – par exemple, en 1107, le pèlerinage à Jérusalem du roi norvégien Sigurdr Jórsalafari – ne débouchèrent pas sur de nouvelles conquêtes territoriales.

« Les Danois ne sont remarquables que par leurs guerres civiles », Chronique de Helmold, XIIe siècle.

A droite : *cette église ronde de l'île danoise de Bornholm dans la mer Baltique, fut construite au XIIe siècle, époque où les raids wendes atteignirent leur intensité . maximale. En cas d'attaque, les églises rondes de Bornholm pouvaient servir de refuge à la population.*

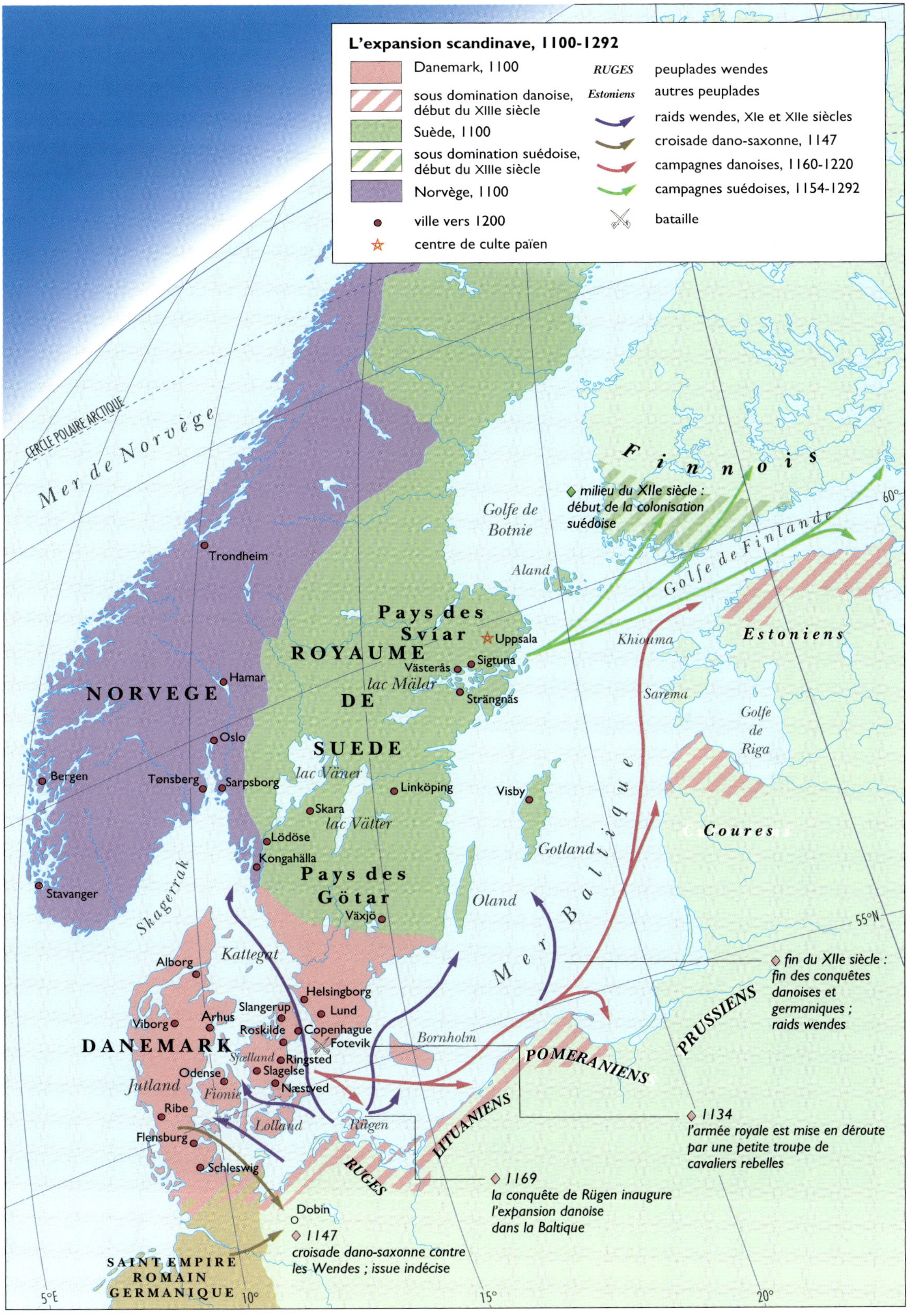

L'expansion scandinave, 1100-1292
Danemark, 1100
sous domination danoise, début du XIIIe siècle
Suède, 1100
sous domination suédoise, début du XIIIe siècle
Norvège, 1100
ville vers 1200
centre de culte païen
RUGES peuplades wendes
Estoniens autres peuplades
raids wendes, XIe et XIIe siècles
croisade dano-saxonne, 1147
campagnes danoises, 1160-1220
campagnes suédoises, 1154-1292
bataille
CERCLE POLAIRE ARCTIQUE
Mer de Norvège
Golfe de Botnie
Aland
Finnois
milieu du XIIe siècle : début de la colonisation suédoise
Golfe de Finlande
60°
Pays des Sviar
Uppsala
ROYAUME DE SUEDE
Västerås
Sigtuna
lac Mälar
Strängnäs
Trondheim
Hamar
NORVEGE
Oslo
Bergen
Tønsberg
Sarpsborg
lac Väner
Linköping
Visby
Skara
lac Vätter
Lödöse
Kongahälla
Stavanger
Skagerrak
Pays des Götar
Växjö
Gotland
Oland
Khiouma
Sarema
Estoniens
Golfe de Riga
Coures
Mer Baltique
55°N
Kattegat
Alborg
Helsingborg
Slangerup
Lund
Arhus
Viborg
Roskilde
Copenhague
Fotevik
DANEMARK
Sjælland
Ringsted
Odense
Slagelse
Jutland
Fionie
Næstved
Ribe
Lolland
Rügen
Flensburg
Schleswig
Bornholm
POMERANIENS
PRUSSIENS
LITUANIENS
RUGES
fin du XIIe siècle : fin des conquêtes danoises et germaniques ; raids wendes
1134 l'armée royale est mise en déroute par une petite troupe de cavaliers rebelles
1169 la conquête de Rügen inaugure l'expansion danoise dans la Baltique
Dobin
1147 croisade dano-saxonne contre les Wendes ; issue indécise
SAINT EMPIRE ROMAIN GERMANIQUE
5°E
10°
15°
20°

Rois et chefs vikings, 800-1100

Rois du Danemark

Premiers rois

v. 720	Angantyr
† en 810	Godfred
810-812	Hemmingr
812-813	Haraldr Klakk (déposé)
812-813	Reginfred (déposé)
813-854	Horik
819-827	Haraldr Klakk (déposé)
v. 854- 857	Horik II
v. 873	Sigfrid
873 env.	Hálfdan
† v. 900	Helgi (peut-être légendaire)
v. 900-936	dynastie suédoise (Oláfr, Gnupa, Gurd, Sigtryggr)
v. 936-940	Hardegon

Dynastie des Jelling

v. 940-958	Gormr Gamli (le vieux)
958-987	Haraldr I Blátönn (à la dent noire)
987-1014	Sveinn Tjúguskegg (à la barbe fourchue)
1014-1018	Haraldr II
1019-1035	Knútr Ríki (le Grand) (roi d'Angleterre 1016)
1035-1042	Hörda-Knútr
1042-1046	Magnús inn Gódi (le Bon) (roi de Norvège 1035)

Dynastie de Sveinn Estridsson

1046-1074	Sveinn Estridsson
1074-1080	Haraldr III
1080-1086	Knútr Helgi (le Saint)
1086-1095	Oláfr la Famine
1095-1103	Eiríkr le Magnanime

Rois de Norvege

v. 880-930	Haralr Hárfagri (à la belle chevelure)
v. 930-936	Eiríkr Blódöx (« à la hache sanglante », déposé, roi de York 948-954)
v. 936-960	Hákon Gódi (le Bon)
v. 960-970	Haraldr Gráfeld (à la fourrure grise)
995-1000	Oláfr Tryggvason
1015-1030	Oláfr Haraldsson Helgi (le Saint)
1030-1035	Sveinn, fils de Knútr le Grand et d'Aelgifu (régence danoise, déposé)
1035-1046	Magnús inn Gódi (le Bon)
1045-1066	Haraldr Hardrádi (l'Impitoyable)
1066-1069	Magnús II
1067-1093	Oláfr Haraldsson Kyrri (le Débonnaire)
1093-1095	Hákon Magnússon
1095-1103	Magnús Oláfsson Berfættr (le Déchaux)

Rois des Sviar

v. 829	Björn Járnsída (Flanc de fer)
v. 850	Oláfr
980-995	Eiríkr le Victorieux
995-1022	Oláfr Sköttkonungr Eiríksson
1022-1050	Onundr Jacob
1050-1060	Omundr Gamli (le Vieux)
1060-1066	Steinkell Rögnvaldsson
1066-1070	Hallsteinn (déposé)
1070-?	Hákon Raudi (le Rouge)
?-1080	Ingi Steinkelsson (déposé)
1080-1083	Blót-Sveinn (le Sacrificateur)
1083-1110	Ingi (réintronisé)

Rois de Dublin

† en 852-856	Ragnall
v.856-871	Oláfr Hvíti (le Blanc)
871-873	Ivarr
† en 875	Eysteinn Oláfsson
† en 881	Bárdr
† en 888	Sigrødr
† en 896	Sigtryggr Ier
v. 902	Hingamund
917-921	Sigtryggr II Caéch (le Bigleux) (roi de York 921)
921-934	Gudfridr (roi de York 927)
934-941	Oláfr Gudfridsson (roi de York 939)
941-945	Blakari
945-980	Oláfr Kvaran
989-1042	Sigtryggr Silkiskegg (Barbe de soie)
1036-1038/	
1046-1052	Echmarcach (Margadr)
1052-1072	Diarmait MacMáel
1072-1095	Gudrødr (expulsé)
1095-1114	Muirchertach

Rois de York

876-877	Hálfdan Háleggr (Grandes Jambes, déposé)
v. 883-895	Gudrødr II Ljómi
v. 900-902	Knútr
env. 919-921	Sigfrid
902	Æthelwold
902-910	Hálfdan
902-910	Eowils
902-910	Ivarr Beinlauss
919-921	Rögnvaldr
921-927	Sigtryggr (roi de Dublin 917)
927	Gudfridr (chassé, roi de Dublin 917)
927-939	Adalsteinn (Athelstane) (roi du Wessex 924)
939-941	Oláfr Gudfridsson (roi de Dublin 934)
941-943	Oláfr Kvaran (chassé, roi de Dublin 945)
943-944	Rögnvaldr II (expulsé)
944-946	Edmund (roi du Wessex 939)
946-948	Eadred (roi du Wessex 946-956)
948	Eiríkr Blódöx (à la hache sanglante)
949-952	Oláfr Kvaran (expulsé)
952-954	Eiríkr Blódöx (expulsé, roi de Norvège v. 930-936)

Jarls des Orcades

v. 870	Rögnvaldr de Møre
† en 892	Sigurdr Eysteinsson Ríki (le Puissant)
v. 893	Guthormr Sigurdarsson
v. 894	Hallardr (abdique)
v. 985-910	Torf-Einarr Rögnvaldsson
† en 954	Arnkell Torf-Einarsson
† en 954	Erlendr
† v. 963	Thorfinnr Torf-Einarsson Hausakljúfr (le Fendeur de crânes)
	Hávardr Thorfinnsson inn Arsæli (Bonnes Années)
	Ljótr Thorfinnsson
	Hlödvir Thorfinnsson
	Skúli Thorfinnsson
v. 985-1014	Sigurdr Hlödvisson Dígri (le Gros)
1014-1018	Sumarlidi Sigurdarson
1014-1020	Einarr Rangmunnr (Bouche torse)
1014-v. 1030	Brúsi Sigurdarson
v. 1020-1065	Thorfinnr Hávi (le Haut)
1037-1046	Rögnvaldr Kali Kolsson (déposé)
1064-1093	Páll (déposé)
1093-1103	Sigurdr Magnússon Jórsalafari (le Hiérosolymitain) (roi de Norvège 1103-1130)

Ducs de Normandie

v. 911-925	Rollon (Hrólfr)
v. 925-942	Guillaume Longue Epée
942-996	Richard Ier
996-1026	Richard II
1026-1027	Richard III
1027-1035	Robert le Magnifique
1035-1087	Guillaume le Conquérant (roi d'Angleterre 1066)

Princes de Kiev

v. 862-879	Rurik (Hrœrekr, seigneur de Novgorod)
v. 879-913	Oleg (Helgi)
913-945	Igor (Ingvarr)
945-972	Sviatoslav Ier
972-978/980	Iaropolk Ier
978/980-1015	Vladimir (Valdimarr) dit le Grand ou saint Vladimir
1015-1054	Iaroslav dit le Sage (Jarizleifr Valdamarson, sa dynastie survécut jusqu'en 1271

Bibliographie

QUELQUES SOURCES MEDIEVALES ET ANCIENNES EN FRANÇAIS

Annales de Saint-Bertin, trad. F. Gras, J. Viellard, S. Clémencet, Paris, 1964.

L'Edda poétique, trad. et présentée par R. Boyer, Paris, Fayard, 1992.

L'Edda. Récits de mythologie nordique par Snorri Sturluson (sélection), trad. et annotée par F.-X. Dillmann, Paris, Gallimard, coll. L'Aube des peuples, 1981.

La Geste des Danois par Saxo Grammaticus, trad. par J.-P. Troadec et présentée par F.-X. Dillmann, Paris, Gallimard, coll. L'Aube des peuples, 1995.

Le Livre de la colonisation de l'Islande (extraits) trad. par R. Boyer, Paris, Mouton, 1973.

Les Sagas islandaises, trad. et présentées par R. Boyer, Paris, Gallimard, Bibliothèque de la Pléiade, 1987, 3e éd. 1994 (contient, entre autres, les sagas dites du Vinland).

La Saga des Orcadiens, trad. et présentée par J. Renaud, Paris, Aubier, 1990.

La Saga des Féroïens, trad. et présentée par J. Renaud, Paris Aubier Montaigne, 1983.

La Saga de saint Oláfr, trad. et présentée par R. Boyer, Paris, Payot, 1992.

La Saga de Haraldr l'Impitoyable, trad. et présentée par R. Boyer, Paris, Payot poche, 1979.

La Saga d'Oláfr Tryggvason, trad. et présentée par R. Boyer, Paris, Imprimerie nationale, 1992.

La Saga des Vikings de Jómsborg, trad. et présentée par R. Boyer, Bayeux, Heimdal, 1982.

OUVRAGES GENERAUX

Boyer, Régis, *Les Vikings. Histoire et civilisation,* Paris, Plon, 1992.

Boyer, Régis, *La Vie quotidienne des Vikings (800-1050),* Paris, Hachette, 1992.

Boyer, Régis, *Le Mythe viking dans les lettres françaises,* Paris, Porte-Glaive, 1986.

Musset Lucien, *Les Invasions germaniques, la seconde vague,* Paris, PUF, coll. Nouvelle Clio, 1969.

Renaud, Jean, *Orcades, Shetland et Hébrides dans le monde viking,* Göppingen, Kümmerle Verlag, 1988.

Renaud, Jean, *Les Vikings et les Celtes,* Rennes, Ouest-France, 1992.

Renaud, Jean, *Les Vikings et la Normandie,* Rennes, Ouest-France, 1989.

Index

Les numérotations en **gras** renvoient à des cartes ou à des illustrations, celles en italiques à des citations.

GENERAL

NOMS DE LIEU

Crédits photographiques

Avec l'aimable autorisation de :

Det arnamagnæanske Institut, Copenhague : 94, 95

Arxiu Mas, Barcelone : 59, 106, 124

Ashmolean Museum, Oxford : 66

Bodleian Library, Oxford : 67 (p. 81 W. 1670)

British Museum : 39, 70, 101, 103, 118

Canadian Heritage and Parks, Canada : 98

Codex Photographic Archive, Londres : 68, 78b, 107, 120, 133 en bas

Corpus Christi College, Cambridge : 49

English Heritage : 54

Historic Monuments and Buildings, Irlande du Nord : 74 (bas, à gauche)

Werner Forman Archive : 8, 10 (Musée national historique de Stockholm), 19 (Musée de Silkeborg, Danemark), 21 (collection d'antiquités de l'université d'Oslo), 25 (Musée national historique de Stockholm), 30 (Musée national, Copenhague), 33 (Thjodminjasafn, Reykjavík, Islande), 38 (Musée universitaire des antiquités nationales, Uppsala, Suède), 40, 41 haut, à droite (Musée des bateaux vikings, Bygdøy), 41 au centre (collection d'antiquités de l'université d'Oslo), 43 (Musée national historique de Stockholm), 45 haut, à droite (Musée national, Copenhague), 52 (Musée de la navigation, Bergen), 72 (Musée historique de l'université de Bergen), 84 (Musée des bateaux vikings, Bygdøy), 85 en haut et 85 en bas à droite (Musée national, Copenhague), 85 au centre (Musée national historique de Stockholm), 116 (Stofnun Arna Magnússonar á Islandi, Reykjavík, Islande), 121, 132 (collection d'antiquités de l'université d'Oslo), 133 en haut (musée de Frederiksborg, Danemark)

John Haywood : 16, 18, 20, 22, 27, 50, 76, 78 en haut, 86, 88, 90, 91, 93, 111, 113, 114, 128, 134 en bas

Collection Michael Holford/musée de Bayeux : 81, 126

Musée de Liverpool (Direction des musées nationaux de Merseyside) : 44, 45 (bas, à droite)

Musée des arts décoratifs d'Oslo : 134

Direction nationale du cinéma, Norvège : 102

Musée national de Copenhague : 34

Musée national des antiquités écossaises : 110

Musée national d'Irlande : 53, 74 (bas, à droite)

San Paolo Fuori le Mura, Rome/Instituto Poligrafico e Zecco dello Stato, Rome : 56

Stiftsbibliotek de Saint-Gall, Suisse : 64

Ted Spiegel, South Salem, New York : 105, 109

Musée des bateaux vikings, Roskilde : 29, 41

Photothèque du Centre archéologique de York : 108